中国职业经理人协会 编写

全国职业经理人培 150
中国职业经理人协会职业经理人资质培养指定教材

职业经理人

PROFESSIONAL MANAGER

培养教程

第一册

中国职业经理人协会　编写

主　编：周景勤

副主编：王若军　陈红军

经济管理出版社
ECONOMY & MANAGEMENT PUBLISHING HOUSE

图书在版编目（CIP）数据

职业经理人培养教程/中国职业经理人协会编 . —北京：经济管理出版社，2023.11
ISBN 978-7-5096-9432-9

Ⅰ.①职…　Ⅱ.①中…　Ⅲ.①企业领导学—教材　Ⅳ.①F292.91

中国国家版本馆 CIP 数据核字（2023）第 223623 号

责任编辑：胡　茜
助理编辑：张玉珠
责任印制：黄章平
责任校对：张晓燕

出版发行：经济管理出版社
　　　　　（北京市海淀区北蜂窝 8 号中雅大厦 A 座 11 层　100038）
网　　址：www.E-mp.com.cn
电　　话：（010）51915602
印　　刷：唐山昊达印刷有限公司
经　　销：新华书店
开　　本：787mm×1092mm/16
印　　张：157.25
字　　数：3291 千字
版　　次：2024 年 1 月第 1 版　　2024 年 1 月第 1 次印刷
书　　号：ISBN 978-7-5096-9432-9
定　　价：668.00 元（全五册）

·版权所有　翻印必究·
凡购本社图书，如有印装错误，由本社发行部负责调换。
联系地址：北京市海淀区北蜂窝 8 号中雅大厦 11 层
电话：（010）68022974　　邮编：100038

编审委员会

主　　任：文海英

副 主 任：周景勤　陈　军　康　臻　何帮喜　叶祺仁

委　　员：王国强　潘立生　王若军　陈红军　张耀峰　沈　建
　　　　　姜学祥　白海洋　李　晓　孙朝阳　冉晓军　郭　恒
　　　　　李爱华　袁　亮　侯学东　侯爱民　于　民　张耀昭
　　　　　李景宇　古斯特　赵　苟　张梦琪

主　　编：周景勤

副 主 编：王若军　陈红军

撰稿人员：周景勤　王若军　陈红军　侯爱民　李　晓　高　鹏
　　　　　曹守兰　高　奇　周　烨　柴少宗　李丽霞　周　楠
　　　　　蔡兰英　段　旭　陈红伟　陈孟良　岳炳红　韩红梅
　　　　　贾桂玲　牛　晶　柯丽菲　王钰铮　周晶晶　皮　倩
　　　　　李黎红　王　杨　赵慧娟　刘　颖　狄浩林　祝晓燕
　　　　　王慧敏　奚雅芳　刘益宏　孟德花　吴志成　曹炳正
　　　　　张　华　丁　杰　田春霖　冯学东　宋　博　徐　雪
　　　　　郭　炬　苑　鑫　杨　洋　马媛媛　王业娜

支持单位：中国社会科学院工业经济研究所

北京经济管理职业学院（原北京市经济管理干部学院）

浙江量子教育科技股份有限公司

北京天问管理咨询有限公司

出版资助：XIMA希玛｜民银国际 MINYIN INTERNATIONAL｜DEEP MIND

民银国际控股集团有限公司

序

文海英

党的二十大报告明确以中国式现代化全面推进中华民族伟大复兴，强调要统筹教育、科技、人才发展，深入实施人才强国战略，加快建设规模宏大、结构合理、素质优良的人才队伍。推进中国式现代化，实现高质量发展，关键要依靠创新驱动，充分发挥人才引领、人才支撑作用。二十届中央财经委员会第一次会议提出"加快建设以实体经济为支撑的现代化产业体系"，这是党中央从全局上统筹经济社会发展，推进中国式现代化建设的新要求。

企业是实体经济的主体，也是现代产业的基础，企业兴则经济兴，企业强则国家强，企业要实现创新发展、可持续发展，关键在人才。职业经理人是人才队伍的重要组成部分，是企业经营管理人才中的中高端人才，担负着企业经营管理和创新发展的重要使命，既是企业经营战略的制定者、组织者，也是企业创新活动的推动者、引领者，在某种程度上决定着企业的成败兴衰。

中国职业经理人协会作为唯一以"职业经理人"命名的国家级人力资源行业协会，自成立以来，一直致力于推动建立中国职业经理人制度、推进建设中国特色职业经理人才队伍、推行建造中国职业经理人才市场服务体系。协会研究提出了中国特色职业经理人才理论体系框架，发布了职业经理人才职业资质社会培养、评价、认定、服务"四个工作指引"和《关于职业经理人认知的概述》；会同有关单位组织编写了企业管理通用能力培训、景区职业经理人资质评价与认定、健康服务业职业经理人专业能力培训等教材；探索建立了职业经理人线上线下相结合的人才培养新模式，围绕社会、行业、企业需要，开展了多种类型的职业经理人和职业化人才的培训工作，为各行各业培养了数以万计的人才。

培养造就中国式现代化需要的高素质职业经理人才，是中国职业经理人协会的使命和任务。为建立科学的职业经理人才资质评价体系和完善的教育培养体系，强化和提高我国职业经理人才自主培养能力，逐步形成统一规范的全国职业经理人才培养工作新格局，中国职业经理人协会组织编写了全国职业经理人培养规划教材《职业经理人培养教程》。这部教材力求突出系统性、针对性、指导性、实践性，重点围绕职业经理人才的职业化、专业化、市场化和国际化，总结和吸收了国内外有关职业经理人的理论研究和实践应用成果，以充分体现职业资质培养的新思维、新观念、新方法。希望本教程的出版发行能够更好地规范职业经理人才资质培养与评价工作，切实帮助职业经理人提升能力素质。

祝贺《职业经理人培养教程》在党的二十大后开局之年出版。

是为序。

2023 年 5 月 11 日于北京

前 言

当前，我国社会主义建设进入了一个新时代，世界政治经济也正面临一个前所未有的变局，中国的企业面临着划时代的变革。如何提高企业经营管理水平，如何实现企业的高质量发展，企业经营管理人才是关键因素之一。据统计，目前我国有 8000 多万家企业，需要职业化和专业化完备与具有优良职业资质的职业经理人才从事经营管理工作，有 1.7 亿多个市场主体在从事各类市场经营管理业务活动，需要提升经营管理业务学习能力。每年有数以千万计的人要进入经营管理工作领域，这些人都需要系统化的学习经验和管理知识，进行经营管理能力的提升和职业素质的训练。

职业经理人是长期从事企业经理社会职业的企业经理人，其核心工作是经营管理企业，必然要具备相应的从业资历和条件，即职业资质。因此，企业经理岗位或职位由具备职业经理人职业资质的人来担任，是企业经营管理与企业发展的必然要求，也是企业提高经营管理水平的必然要求。中国职业经理人协会《职业经理人才职业资质社会评价工作指引（2018 年）》对职业经理人才职业资质评价设定了六个维度，即职业素养、职业能力与技能、职业知识及技术、职业经历、职业业绩、职位适配度。该指引规定了职业经理人才职业资质的组成结构和内容体系。

中国职业经理人协会《职业经理人才职业资质社会培养工作指引（2018 年）》提出了职业经理人才社会培养工作的任务是推动建立以职业资质培养为核心的社会培养体系，提高职业经理人才队伍的职业资质水平和经营管理能力。职业经理人才社会培养的内容包括：①基础性培养，即对从事企业经理职业的人的基础性和普遍性培养；②个性化培养，是在基础性培养的基础上，针对职业发展和工作需要对职业经理人进行的补短板、强弱项的培养；③企业特殊需要的培养，即针对企业的特殊要求进行的培养；④行业特殊需要的培养，即针对企业所在行业的特殊要求进行的培养。

本教程是为中国职业经理人职业资质社会培养而编写的。

一、职业经理人"工作内容"与教材结构相结合

教程设计了企业概论、企业经营管理工作和企业发展管理工作实务模块，让学习

者能够通过学习对企业的层次和结构、企业经营管理和发展管理的工作拥有基本的了解，对自己的职业工作内容和"怎么干"拥有基本的认识和把握。此外，教程还设置了职业素养、职业能力与技能、职业知识模块，学习者能够通过学习本书掌握从事企业经理工作所需的能力、方法、技能和知识。

二、基础性、全面性、台阶性、开放性相结合

教程兼顾企业经理工作和职位岗位的层次，设计编写基础性的内容。力求初级职业经理人通过对本书的学习，为从事经营管理工作打好理论基础，并根据自身能力进行台阶式的学习。初学者可以根据基础的差异选择不同的学习起点，本教程兼顾了不同层次职业经理人的学习需要。同时，教程设计了职业经理人培养的基本框架，学习者可以根据知识更新和能力提升的需要，在相应模块里增设对应的学习内容。

三、专业性和应用性相结合

教程在每一个相关内容安排上力求做到理论、方法论、具体方法、发展趋势及案例、阅读资料的配套协调，使学习者通过学习阅读能够学到理论要点，掌握工作内容和方法，并通过案例学习掌握实践经验，也可以通过阅读专栏了解理论渊源与发展脉络，提高自身的工作适应能力。

四、系统性和发展性相结合

教程对职业经理人从事经营管理工作应当具备的职业素养、职业能力、职业知识进行了系统化的设计和论述，并从工作岗位与职位层级方面进行发展性设计。针对企业经营管理工作的基层、中层和高层管理者设计和选取知识提升、视野拓展和能力进阶等方面的学习培养内容和项目。在层次与岗位上，本教程将职业经理人职业化发展和专业化培养有机融合，为职业经理人才的培养制定了较为完整的专业学习训练体系。

五、纲要性和引示性相结合

职业经理人职业资质社会化培养，包括专业化教育和"干中学"锻炼两个基本层面。专业化教育主要是对职业知识、职业素养、职业能力、职业技能的系统化学习培养，体现为院校培养和社会培养。其中，对职业知识的学习主要在院校完成，对职业素养、职业能力、职业技能的学习主要在社会培养中完成。"干中学"锻炼主要在职业岗位上进行，其包括历练、职业业绩积累和职位适配的调适等培养锻炼内容。本教程为专业化培养提供了一个纲要，为职业经理人职业资质培养提供了训练框架。

　　本教程的编辑出版，可以为那些以经营管理企业为主要职业选择的人士提供系统化专业学习的内容体系框架；可以为正在企业经营管理岗位上工作的人士提供职业资质进阶的学习资料；可以为从事职业经理人培养和企业经营管理培训的职业工作者提供课程和项目开发参考。本教程对院校的经济管理人才培养改革也会有所裨益。

　　本教程为全国职业经理人培养规划教材，由中国职业经理人协会组织编写。中国职业经理人协会对有关职业经理人理论进行了系统研究，特别是在对职业经理人资质社会培养、评价、认定列出专项课题项目进行研究的基础上，制定了职业经理人资质社会培养教程编写方案。北京经济管理职业学院（原北京市经济管理干部学院）骨干教师承担了具体的编写任务，他们怀着不断完善职业经理人资质社会培养知识体系的情怀，在积极吸收有关工商管理培训教程、职业经理人培训相关教材和培训经验的基础上，结合新时代职业经理人社会培养的新要求，进行了相关的职业经理人素养、知识、能力体系的创新性整理和开发。中国社会科学院工业经济研究所提供了系统的学术支持。北京天问管理咨询有限公司提供了大量的咨询服务。经济管理出版社，特别是承担编辑校对工作的同志，付出了大量辛劳。民银国际控股集团有限公司提供倾力资助，使本教程得以顺利出版。浙江量子教育科技有限公司非常关注本教程的编写出版，提供了有力支持。在此，向他们表示诚挚的敬意和谢意！

　　在教程编写过程中，许多专家学者和从事职业经理人工作的同仁提出了诚恳的意见和建议，教程吸收采纳了国内外许多专家学者的学术和研究成果，恕不一一列出他们的名字，在此，一并表示衷心的感谢。

　　我们期待本教程的出版为我国职业经理人事业的发展，特别是为中国职业经理人资质培养与评价工作做出应有的贡献，期待为职业经理人才成长发展做出贡献，更期待广大读者的批评指正和宝贵意见。

周景勤

2023 年 5 月

总目录

第一册

第一部分　企业概论

第一章　企业组成结构 ·· 3

　第一节　企业组成要素 ·· 3

　　一、企业资源 ·· 3

　　二、企业资本与资产 ·· 7

　　三、企业组织 ··· 12

　　四、企业制度 ··· 23

　　五、企业文化 ··· 25

　第二节　企业的功能 ··· 31

　　一、经济功能 ··· 32

　　二、社会功能 ··· 33

　　三、政治功能 ··· 33

　第三节　企业的性质 ··· 33

　　一、企业是契约 ··· 34

　　二、企业的特性 ··· 34

第二章　企业治理制度 ··· 40

　第一节　现代企业制度 ······································· 40

　　一、企业制度与现代企业制度 ······························ 40

　　二、现代企业制度的基本特征 ······························ 41

　　三、现代企业制度的主要内容 ······························ 43

　第二节　现代企业治理体系 ··································· 46

　　一、企业治理体系 ··· 46

二、公司治理结构 ·· 47

三、公司治理原则 ·· 47

第三节 企业权力机构 ·· 51

一、股东及分类 ·· 51

二、股东的权利义务及法律地位 ·· 52

三、股东（大）会运行机制与表决机制 ·································· 59

第四节 企业决策机构 ·· 62

一、董事的选举与任免 ·· 63

二、董事会职能、规模与构成 ·· 65

三、董事会会议运行机制与评价 ·· 70

第五节 企业执行机构 ·· 73

一、高级管理者的界定与特征 ·· 73

二、高级管理者制度 ·· 74

三、高级管理者的激励机制 ·· 76

四、高级管理者的约束机制 ·· 81

第六节 企业监督机构 ·· 83

一、监事会的内涵 ·· 83

二、监事会制度的形成与发展 ·· 84

三、监事会的职权 ·· 86

四、监事会的运行机制 ·· 87

第三章 企业管理制度 ·· 93

第一节 管理科学 ·· 93

一、管理科学的规定性 ·· 93

二、管理科学的实现形式 ·· 95

三、管理科学与管理创新 ·· 96

第二节 企业管理制度内涵、类型与功能 ·································· 97

一、企业管理制度的含义 ·· 97

二、企业管理制度的类型 ·· 99

三、企业管理制度的基本功能 ··· 100

第三节 企业管理制度结构 ·· 102

一、管理的方针和原则 ··· 102

二、管理的目的和实现的目标 ··· 102

三、管理的空间和时间范围 ……………………………… 102

四、管理的方法和手段 ……………………………………… 102

五、管理程序 ………………………………………………… 102

六、管理者、管理权力与管理责任 ……………………… 103

七、管理中的考核评价标准、考核程序和方法 ………… 103

八、利益分配和实施奖惩 ………………………………… 103

第四节　现代企业管理的基本特征 ……………………… 104

一、企业经营战略的国际化 ……………………………… 104

二、职工的培训与考核：企业生存与发展的基础 ……… 104

三、企业管理的中心：技术与产品创新 ………………… 104

四、民主管理：激发内生动力 …………………………… 105

五、分散与集中相结合的管理体制 ……………………… 105

六、企业系统性无缝反应 ………………………………… 105

七、重视企业文化建设 …………………………………… 105

第五节　影响企业管理制度形成的主要因素 …………… 105

一、企业的产权制度 ……………………………………… 105

二、企业的生产经营结构 ………………………………… 106

三、企业所处环境的变化 ………………………………… 106

四、企业的经验 …………………………………………… 106

五、学习与借鉴 …………………………………………… 106

六、创新 …………………………………………………… 107

第六节　企业管理制度的制定 …………………………… 108

一、制定企业管理制度的原则 …………………………… 108

二、企业管理制度制定工作流程和内容 ………………… 109

第七节　现代企业职能管理制度体系 …………………… 113

一、市场营销管理制度 …………………………………… 113

二、产品、技术研究与开发管理制度 …………………… 115

三、人力资源开发与管理制度 …………………………… 116

四、财务管理制度 ………………………………………… 118

五、生产与作业管理制度 ………………………………… 120

六、成本管理制度 ………………………………………… 123

七、质量管理制度 ………………………………………… 124

八、考核管理制度 ………………………………………… 127

第四章 职业经理人制度 ·· 133

  第一节 职业经理人的定义与内涵 ··· 133

    一、职业经理人的定义 ··· 133

    二、职业经理人的性质 ··· 137

    三、职业经理人的特征 ··· 138

    四、职业经理人类型划分 ··· 139

  第二节 职业经理人职业资质 ··· 144

    一、职业经理人职业资质含义 ·· 144

    二、职业经理人职业资质标准 ·· 146

    三、职业经理人职业资质评价 ·· 152

    四、职业经理人职业资质社会化认定 ······························ 158

  第三节 职业经理人制度 ··· 159

    一、职业经理人制度的定义、内涵与功能 ······················· 160

    二、职业经理人制度建立和运行的基础环境 ···················· 162

    三、职业经理人制度的层次和体系 ·································· 163

  第四节 建立中国特色职业经理人制度 ··································· 173

    一、建立和推行职业经理人制度是一项重要改革任务 ········ 173

    二、建立中国特色职业经理人制度的特点 ······················· 175

  第五节 建立职业经理人制度的重点 ······································ 176

    一、职业经理人选拔制度 ··· 176

    二、职业经理人契约化管理制度 ······································· 179

    三、职业经理人薪酬制度 ··· 190

    四、职业经理人绩效评价管理制度 ·································· 195

    五、职业经理人监督管理制度 ·· 196

    六、职业经理人职业信用管理制度 ·································· 199

  第六节 职业经理人市场 ··· 202

    一、职业经理人市场参与主体 ·· 202

    二、职业经理人市场机制 ··· 203

    三、职业经理人市场功能 ··· 204

    四、职业经理人市场建设 ··· 205

附 录 ·· 224

  附录1 中国职业经理人协会职业经理人才职业资质社会评价工作指引

    （2018年） ·· 224

附录2 中国职业经理人协会职业经理人才职业资质社会培养工作指引
（2018年）·· 246

附录3 中华人民共和国国家标准（GB/T 26998—2020）《职业经理人
考试测评》··· 257

参考文献 ··· 265

第二册

第二部分 企业职能管理业务实务

第五章 企业方针管理 ··· 269

　第一节 企业方针管理 ··· 269

　　一、什么是企业方针 ··· 269

　　二、企业方针的内涵 ··· 270

　　三、企业方针的形式 ··· 271

　　四、企业方针管理的特点 ··· 272

　第二节 企业方针的制定 ·· 273

　　一、企业方针制定的原则 ··· 273

　　二、企业方针的制定流程 ··· 274

　第三节 企业方针的实施 ·· 279

　　一、企业方针实施的原则 ··· 279

　　二、企业方针实施的基本步骤 ··· 279

　第四节 企业方针总结 ·· 294

　　一、企业方针总结的主体 ··· 294

　　二、企业方针总结的主要流程 ··· 295

第六章 企业决策管理 ··· 304

　第一节 决策概述 ··· 304

　　一、决策的内涵 ··· 304

　　二、决策的特点 ··· 307

　　三、决策的原则 ··· 307

　　四、决策的类型 ··· 308

　　五、决策的方法 ··· 310

六、决策科学化 ···················· 318

第二节 企业决策方案的制定 ··········· 318

一、提出决策问题 ················· 318

二、确定决策目标 ················· 320

三、拟定决策方案 ················· 320

四、决策方案评价 ················· 321

五、遴选确定决策方案 ·············· 321

第三节 企业决策实施与控制 ··········· 321

一、制定决策实施方案 ·············· 321

二、决策颁布与宣传 ··············· 322

三、决策执行 ··················· 322

四、决策实施的监督和控制 ··········· 322

五、决策实施总结 ················· 322

第七章 企业人才队伍建设与人力资源管理 ······ 323

第一节 企业人才队伍建设 ············ 323

一、人才的内涵与特性 ·············· 323

二、企业人才资源管理 ·············· 326

三、企业人才队伍的结构及其优化 ······· 339

第二节 人力资源管理 ··············· 349

一、企业人力资源概述 ·············· 349

二、企业人力资源管理的特征与功能 ····· 352

三、企业人力资源管理工作的基本内容 ···· 354

四、绩效管理 ··················· 371

第八章 企业财务、金融、投资管理 ········· 411

第一节 企业财务管理 ··············· 411

一、企业财务管理概述 ·············· 411

二、财务管理方法 ················· 419

三、企业财务管理指标体系与功能 ······· 420

四、企业财务报表分析 ·············· 428

第二节 企业金融管理 ··············· 445

一、企业金融管理概述 ·············· 445

二、企业价值及管理 ·· 452

三、企业金融业务管理实务 ·· 455

第三节 企业投资管理 ·· 471

一、投资管理概述 ·· 471

二、企业投资管理实务 ·· 474

第九章 市场营销与客户管理 ·· 482

第一节 市场营销管理 ·· 482

一、市场营销管理概述 ·· 482

二、企业市场需求分析与预测 ······································ 486

三、企业营销渠道管理 ·· 520

四、企业营销组织管理 ·· 550

第二节 客户管理 ·· 574

一、客户管理概述 ·· 574

二、客户需求分析与预测 ·· 583

三、客户关系管理 ·· 592

第十章 企业产品与工艺技术研发管理 ···································· 600

第一节 企业产品与工艺技术研发管理概述 ···························· 600

一、企业产品及其特征 ·· 600

二、企业生产工艺技术 ·· 606

三、企业产品与工艺技术研发周期管理 ······························ 607

四、企业产品与企业生产工艺技术开发战略 ·························· 619

第二节 企业产品与生产工艺开发竞争力分析 ·························· 621

一、企业产品竞争力分析 ·· 621

二、企业生产工艺技术竞争力分析 ·································· 626

第三节 企业产品与工艺技术开发组织及流程管理 ···················· 628

一、企业产品开发组织及流程管理 ·································· 628

二、企业生产工艺技术开发组织及流程管理 ·························· 632

第十一章 企业行政后勤管理 ·· 644

第一节 企业行政后勤概述 ·· 644

一、企业行政后勤管理理论 ·· 644

二、企业行政后勤管理的方法 ………………………………… 646

三、企业行政后勤管理的工具 ………………………………… 649

第二节 企业行政后勤管理工作内容和流程 …………………… 653

一、财产物资管理 …………………………………………… 653

二、印证文书管理 …………………………………………… 666

三、会议接待管理 …………………………………………… 674

四、考勤与出差管理 ………………………………………… 679

五、环境与安全管理 ………………………………………… 683

第三节 企业办公系统管理内容与实务 ………………………… 690

一、企业办公系统管理的意义 ……………………………… 692

二、企业办公系统的基本功能 ……………………………… 693

三、企业办公系统建设模式 ………………………………… 694

四、企业办公系统建设要点 ………………………………… 695

五、企业办公系统日常管理 ………………………………… 696

第四节 员工生活福利管理内容与实务 ………………………… 697

一、员工食堂管理 …………………………………………… 697

二、员工宿舍管理 …………………………………………… 699

三、员工医疗保险管理 ……………………………………… 701

四、员工心理健康管理 ……………………………………… 702

五、员工文娱活动管理 ……………………………………… 704

第三部分　企业生产与运营管理实务

第十二章　企业生产与运营管理概述 ………………………… 709

第一节 企业生产运营管理系统 ………………………………… 709

一、生产运营管理内涵 ……………………………………… 709

二、企业生产运营系统 ……………………………………… 711

三、合理组织生产运营过程的基本要求 …………………… 714

四、现代企业生产运营系统的特性 ………………………… 717

五、现代企业生产运营管理的新要求和新趋势 …………… 718

第二节 生产计划与作业计划 …………………………………… 721

一、生产计划的制订 ………………………………………… 721

二、生产作业计划的编制 …………………………………… 723

第三节　生产控制 ……………………………………………………… 729

　　一、生产控制系统和控制活动 ………………………………………… 729

　　二、生产控制的主要内容 ……………………………………………… 730

第四节　现场管理 ……………………………………………………… 731

　　一、现场管理概述 ……………………………………………………… 731

　　二、现场管理的内容 …………………………………………………… 732

　　三、现场管理 5S 的实施方法 ………………………………………… 733

第十三章　供应链管理 ………………………………………………… 737

第一节　供应链概述 …………………………………………………… 737

　　一、供应链含义 ………………………………………………………… 737

　　二、供应链结构 ………………………………………………………… 737

　　三、供应链的流程 ……………………………………………………… 738

　　四、供应链的基本类型 ………………………………………………… 738

第二节　供应链管理概述 ……………………………………………… 739

　　一、供应链管理含义 …………………………………………………… 739

　　二、供应链管理思想 …………………………………………………… 740

　　三、供应链管理原理 …………………………………………………… 740

　　四、供应链管理机制 …………………………………………………… 742

第三节　企业供应链开发与管理 ……………………………………… 744

　　一、供应商评估与选择 ………………………………………………… 744

　　二、供应商绩效管理 …………………………………………………… 746

第四节　供应链管理的发展趋势 ……………………………………… 749

　　一、供应链管理绿色化 ………………………………………………… 749

　　二、差别化与定制化供应管理 ………………………………………… 749

　　三、面向顾客的价值流管理 …………………………………………… 750

　　四、集成化供应链动态联盟 …………………………………………… 750

第五节　企业采购管理 ………………………………………………… 752

　　一、采购管理内涵 ……………………………………………………… 752

　　二、采购计划与采购预算 ……………………………………………… 753

　　三、企业采购方式选择 ………………………………………………… 757

　　四、采购工作流程 ……………………………………………………… 759

　　五、采购成本管理 ……………………………………………………… 761

第十四章　企业资源管理 ···················· 764

第一节　企业资源管理概述 ···················· 764
一、企业资源管理的含义 ···················· 764
二、企业资源管理的主要内容 ···················· 764
三、企业资源管理的功能 ···················· 765
四、企业资源管理的原则 ···················· 766

第二节　企业资源类型和结构 ···················· 767
一、企业资源类型 ···················· 767
二、企业资源结构 ···················· 770

第三节　企业资源管理工作实务 ···················· 770
一、企业资源分析 ···················· 770
二、企业运营与企业资源整合 ···················· 772

第十五章　信息与数据管理 ···················· 782

第一节　企业信息与数据管理概述 ···················· 782
一、信息与信息资源 ···················· 782
二、企业信息管理内涵 ···················· 785
三、企业数据化管理及其特点 ···················· 787

第二节　企业信息分类 ···················· 788
一、企业内部信息 ···················· 788
二、企业外部信息 ···················· 789

第三节　企业信息与数据管理工作实务 ···················· 790
一、企业信息管理与企业信息链 ···················· 790
二、企业信息管理工作实务流程 ···················· 791

第十六章　企业项目化管理 ···················· 804

第一节　项目管理概述 ···················· 804
一、企业项目管理内涵 ···················· 804
二、项目管理过程 ···················· 806
三、项目管理方法类型 ···················· 807

第二节　项目管理组织及其运行机制 ···················· 808
一、项目管理机构及其形式 ···················· 808

二、项目管理人员 ·· 810

三、项目管理目标及其责任体系 ································ 810

第三节　项目计划管理 ·· 811

一、项目计划管理内涵 ·· 811

二、项目计划管理的内容 ······································ 811

三、网络计划技术方法 ·· 811

第四节　项目实施及控制 ·· 812

一、项目资源配置 ·· 812

二、指挥协调 ·· 813

三、评估与激励 ·· 813

四、控制与修正 ·· 813

第五节　企业项目化管理实务 ···································· 813

一、项目型企业 ·· 814

二、企业项目化管理组织建设 ································ 815

二、项目进度流程管理 ·· 820

四、项目成本管理 ·· 823

第十七章　质量管理 ··· 826

第一节　质量管理概述 ·· 826

一、质量定义及含义 ·· 826

二、质量管理定义及含义 ······································ 829

第二节　企业质量管理的组织体系 ······························ 834

一、企业质量管理组织机构 ···································· 834

二、企业质量管理工作体系 ···································· 836

第三节　企业质量管理标准体系 ·································· 837

一、国际质量管理标准体系 ···································· 837

二、国家质量管理标准体系 ···································· 837

三、行业和专业质量管理标准体系 ·························· 838

四、地方质量管理标准体系 ···································· 838

五、企业质量管理标准体系 ···································· 839

第四节　全面质量管理 ·· 839

一、全面质量管理的内涵 ······································ 839

二、全面质量管理的原则 ······································ 841

三、全面质量管理的基本内容 ………………………………………… 842

四、推行全面质量管理的步骤 ………………………………………… 843

第五节 企业质量管理主要方法和工具 ………………………………… 844

一、PDCA 循环 ………………………………………………………… 845

二、因果图 ……………………………………………………………… 846

三、排列图 ……………………………………………………………… 849

四、六西格玛（6σ）管理 …………………………………………… 851

第六节 企业质量管理变革与创新 ……………………………………… 855

一、促进质量管理变革与创新的因素 ………………………………… 855

二、质量管理变革与创新的内容 ……………………………………… 856

第十八章 成本管理 ……………………………………………………… 858

第一节 企业成本概述 …………………………………………………… 858

一、企业成本定义 ……………………………………………………… 858

二、企业成本分类 ……………………………………………………… 860

第二节 企业成本管理概述 ……………………………………………… 864

一、企业成本管理内涵 ………………………………………………… 864

二、企业成本管理的基本内容 ………………………………………… 864

第三节 企业成本管理方法 ……………………………………………… 876

一、目标成本法 ………………………………………………………… 876

二、标准成本法 ………………………………………………………… 881

三、变动成本法 ………………………………………………………… 882

四、作业成本法 ………………………………………………………… 883

第四节 成本控制 ………………………………………………………… 896

一、成本控制概述 ……………………………………………………… 896

二、成本控制的主要工作和程序 ……………………………………… 899

第五节 战略成本管理 …………………………………………………… 901

一、战略成本管理内涵 ………………………………………………… 901

二、战略成本管理的特征 ……………………………………………… 903

三、战略成本管理的实施 ……………………………………………… 904

第十九章 安全生产管理 ………………………………………………… 913

第一节 安全生产管理概述 ……………………………………………… 913

一、企业安全生产管理定义及含义 ·················· 913

二、现代安全生产管理的特点 ····················· 915

第二节　安全生产管理原理 ························· 916

一、系统原理 ··································· 916

二、科学决策原理 ······························· 917

三、目标管理原理 ······························· 918

四、预防与控制原理 ····························· 920

五、强制性原理 ································· 921

第三节　企业安全生产责任制 ······················· 922

一、企业是安全生产管理的主体 ·················· 922

二、强化企业安全生产管理主体责任地位 ············ 923

三、落实安全生产责任制 ························· 925

四、责任人 ··································· 925

五、安全生产责任分配 ··························· 927

第四节　企业安全生产教育培训 ····················· 933

一、安全生产教育培训的种类 ···················· 933

二、安全生产教育培训的形式 ···················· 934

第五节　安全生产检查 ····························· 935

一、安全生产检查的目的 ························· 935

二、安全生产检查的内容 ························· 936

三、安全生产检查的种类 ························· 937

四、安全生产检查的方法 ························· 938

五、安全生产检查的实施 ························· 939

第六节　生产现场安全管理 ························· 941

一、生产过程中的安全管理 ······················ 941

二、生产现场安全管理的具体措施 ·················· 945

第七节　企业安全文化建设 ························· 946

一、企业安全文化的概念 ························· 946

二、企业安全文化的体现形式 ···················· 946

三、企业安全文化建设模式 ······················ 947

四、企业安全文化活动 ··························· 948

五、企业安全文化建设手段 ······················ 949

第八节　企业安全生产管理创新 ····················· 951

一、责任制落实创新 ··· 951

二、安全培训创新 ··· 951

三、安全宣传创新 ··· 952

四、安全管理机制创新 ··· 952

参考文献 ··· 954

第三册

第四部分　企业可持续发展管理实务

第二十章　企业可持续发展概述 ····························· 959

第一节　可持续发展概述 ······································· 959

一、可持续发展的含义 ··· 959

二、可持续发展的主要内容 ····································· 960

三、可持续发展的能力建设 ····································· 961

第二节　企业可持续发展概述 ··································· 962

一、企业可持续发展的内涵 ····································· 962

二、企业可持续发展的维度 ····································· 969

三、企业可持续发展战略的实施 ································· 970

第二十一章　企业战略管理 ································· 976

第一节　企业战略概述 ··· 976

一、企业战略的定义 ··· 976

二、企业战略的内涵 ··· 976

三、企业战略的构成要素 ······································· 978

四、企业战略的特征 ··· 980

五、企业战略的层次与类型 ····································· 981

第二节　企业战略管理概述 ····································· 989

一、企业战略管理的定义 ······································· 989

二、企业战略管理的内涵 ······································· 990

三、企业战略管理特性 ··· 991

四、企业战略管理过程 ··· 991

第三节　企业战略的制定 ······································· 992

一、企业战略分析 ……………………………… 992

二、企业战略的制定过程 ……………………………… 1000

第四节　企业战略实施 ……………………………… 1012

一、企业战略实施的框架设计 ……………………………… 1012

二、企业战略实施的阶段划分 ……………………………… 1015

三、企业战略实施的年度推进 ……………………………… 1016

四、企业战略实施过程的评估与控制 ……………………………… 1018

第五节　企业战略变革 ……………………………… 1021

一、企业战略变革的含义 ……………………………… 1021

二、企业战略变革的路径 ……………………………… 1021

三、企业战略变革的类型 ……………………………… 1022

四、战略变革的基本步骤 ……………………………… 1022

五、战略变革的保障措施 ……………………………… 1023

第六节　企业战略创新 ……………………………… 1023

一、企业战略创新的含义 ……………………………… 1023

二、企业战略创新的实施 ……………………………… 1023

第二十二章　企业可持续发展与企业文化建设 ……………………………… 1041

第一节　企业可持续发展与企业文化的关系 ……………………………… 1041

一、企业文化的结构与内涵 ……………………………… 1041

二、企业可持续发展与企业文化的关系 ……………………………… 1042

第二节　企业可持续发展与企业价值观建设 ……………………………… 1043

一、企业价值观的含义 ……………………………… 1043

二、企业价值观的特质 ……………………………… 1043

三、企业可持续发展价值观的建立 ……………………………… 1045

四、企业领导人在企业可持续发展价值观建立中的关键作用 …………… 1046

第三节　企业可持续发展与企业家精神 ……………………………… 1047

一、企业家精神的定义及内涵 ……………………………… 1047

二、企业家精神的主要内容 ……………………………… 1047

三、企业家精神对企业可持续发展的作用 ……………………………… 1048

第四节　企业可持续发展与企业品牌文化建设 ……………………………… 1052

一、品牌概述 ……………………………… 1052

二、企业品牌文化 ……………………………… 1054

三、企业品牌文化的价值 ···················· 1056

四、企业品牌文化建设的措施与途径 ·············· 1058

第五节 企业可持续发展的质量文化建设 ·············· 1062

一、企业质量文化的内涵 ···················· 1062

二、企业可持续发展的质量文化建设的措施与途径 ········· 1063

第二十三章 企业资本经营管理 ···················· 1065

第一节 资本经营管理概述 ···················· 1065

一、资本经营的定义与含义 ·················· 1065

二、资本经营的内容 ······················ 1066

三、资本经营的特征 ······················ 1073

第二节 企业资本经营的形式与类型 ·············· 1074

一、扩张型资本经营模式 ···················· 1075

二、收缩型资本经营模式 ···················· 1076

三、内部调整资本经营模式 ·················· 1076

第三节 资本经营评估 ······················ 1076

一、资本经营评估的含义 ···················· 1076

二、资本经营评估的程序 ···················· 1077

三、资本经营评估报告的主要内容 ·············· 1077

四、企业价值评估 ························ 1077

第四节 企业资本经营设施条件 ·················· 1078

一、完善规范的资本市场 ···················· 1078

二、法律和政策体系 ······················ 1078

三、企业的资本经营机制 ···················· 1079

四、社会保障体系 ························ 1079

第五节 资本经营风险 ······················ 1079

一、资本经营风险的内涵 ···················· 1079

二、资本经营风险的特点 ···················· 1080

三、资本经营风险的类型 ···················· 1080

四、资本经营风险管理的主要程序 ·············· 1082

第六节 资本经营效益分析 ···················· 1083

一、融资效率 ·························· 1083

二、资本经营收益的内涵 ···················· 1084

三、资本经营收益预测 ……………………………………… 1085

四、资本经营收益控制 ……………………………………… 1086

第七节　资本经营与企业可持续发展 …………………………… 1086

一、选择合理的经营方式，实现资本经营形式多样化 ………… 1086

二、培养经营管理与资本经营的复合型人才 …………………… 1087

三、创造良好的企业外部环境 …………………………………… 1087

四、加强资本经营中介组织的建设 ……………………………… 1087

五、处理好资产管理与企业法人治理的关系，完善资本经营的
决策机制 ……………………………………………………… 1087

第二十四章　企业兼并重组 ………………………………………… 1089

第一节　企业兼并概述 …………………………………………… 1089

一、企业兼并的定义 ……………………………………………… 1089

二、企业兼并的类型 ……………………………………………… 1089

三、企业兼并的形式 ……………………………………………… 1092

四、企业兼并的方法 ……………………………………………… 1094

第二节　企业重组概述 …………………………………………… 1094

一、企业重组的定义 ……………………………………………… 1094

二、企业重组的方式 ……………………………………………… 1095

三、企业重组的内容 ……………………………………………… 1095

第三节　企业兼并程序 …………………………………………… 1096

一、兼并决策 ……………………………………………………… 1096

二、企业兼并成本与收益分析 …………………………………… 1097

三、兼并初期工作 ………………………………………………… 1097

四、兼并实施阶段 ………………………………………………… 1098

五、兼并后的整合 ………………………………………………… 1098

第四节　企业兼并重组整合 ……………………………………… 1098

一、经营战略的整合 ……………………………………………… 1098

二、战略型资产的整合 …………………………………………… 1099

三、组织机制的整合管理 ………………………………………… 1099

四、管理系统的有效整合 ………………………………………… 1100

五、人力资源的整合管理 ………………………………………… 1100

六、财务管理的再造 ……………………………………………… 1101

七、企业文化的整合 ………………………………………………… 1101

第二十五章 企业公共关系管理 ……………………………………… 1109

第一节 企业公共关系管理概述 ………………………………… 1109

一、企业公共关系概述 …………………………………………… 1109

二、企业公共关系管理的内涵 …………………………………… 1111

第二节 企业公共关系战略管理 ………………………………… 1117

一、企业公共关系战略管理的内涵 ……………………………… 1117

二、企业公共关系战略的基本框架 ……………………………… 1118

第三节 企业利益相关者管理 …………………………………… 1121

一、企业利益相关者的定义 ……………………………………… 1121

二、企业利益相关者的分类 ……………………………………… 1121

三、利益相关者对企业的影响 …………………………………… 1124

四、企业利益相关者角色与行为 ………………………………… 1126

五、企业利益相关者关系管理措施 ……………………………… 1131

第四节 企业社会责任管理 ……………………………………… 1131

一、企业社会责任概述 …………………………………………… 1131

二、企业履行社会责任与企业可持续发展 ……………………… 1135

三、企业社会责任管理体系 ……………………………………… 1137

第二十六章 企业生态建设管理 ……………………………………… 1144

第一节 企业生态化的内涵 ……………………………………… 1144

一、企业生态化的含义 …………………………………………… 1144

二、企业生态化的特征 …………………………………………… 1147

三、企业生态化的功能 …………………………………………… 1148

第二节 企业生态管理的内容 …………………………………… 1149

一、生态管理是管理史上的一次深刻革命 ……………………… 1149

二、企业生态管理的主要内容 …………………………………… 1149

第三节 企业绿色生产和绿色经营 ……………………………… 1150

一、企业绿色生产和绿色经营的含义 …………………………… 1150

二、企业绿色生产和绿色经营的内容 …………………………… 1151

三、企业绿色管理 ………………………………………………… 1157

第四节 企业生态文化建设 ……………………………………… 1160

一、企业生态文化的内涵与构成 ……………………………… 1160

二、企业生态文化建设的内容和措施 ………………………… 1163

第五节 企业环境管理体系建设 …………………………………… 1166

一、企业环境责任 ……………………………………………… 1166

二、企业环境管理体系的含义 ………………………………… 1167

三、建立和完善环境管理体系对企业发展的意义和影响 …… 1167

四、企业环境管理体系建设的主要内容 ……………………… 1169

五、企业环境管理体系建设的主要措施 ……………………… 1176

第二十七章 企业创新管理 …………………………………………… 1179

第一节 企业创新概述 ……………………………………………… 1179

一、企业创新含义 ……………………………………………… 1179

二、企业创新特性 ……………………………………………… 1181

三、企业创新类型 ……………………………………………… 1183

第二节 企业管理创新概述 ………………………………………… 1197

一、企业管理创新含义 ………………………………………… 1197

二、企业管理创新要素 ………………………………………… 1198

第三节 企业创新能力 ……………………………………………… 1200

一、企业创新能力含义 ………………………………………… 1200

二、企业创新市场能力 ………………………………………… 1200

三、企业创新技术能力 ………………………………………… 1201

四、企业创新整合能力 ………………………………………… 1201

第四节 企业创新管理体系 ………………………………………… 1203

一、企业创新管理含义 ………………………………………… 1203

二、企业创新管理要素 ………………………………………… 1205

三、企业创新机制与过程 ……………………………………… 1207

四、企业创新管理体系 ………………………………………… 1210

第二十八章 企业法务管理 …………………………………………… 1264

第一节 企业法务管理概述 ………………………………………… 1264

一、企业法务管理内涵 ………………………………………… 1264

二、企业法务管理工作内容 …………………………………… 1264

三、企业法务管理的特征 ……………………………………… 1271

四、企业法务管理与企业可持续发展 ················· 1272

第二节　企业法务管理主要任务 ······················ 1274

一、企业法务管理组织设置 ························· 1274

二、企业法务管理人员选配 ························· 1281

第三节　企业法律风险管理 ·························· 1284

一、企业法律风险管理概述 ························· 1284

二、企业法律风险管理体系的构建 ··················· 1290

三、企业法律风险管理实施 ························· 1292

第四节　企业合规管理 ····························· 1294

一、企业合规概述 ······························· 1294

二、企业合规管理概述 ···························· 1298

三、企业合规管理的原则 ·························· 1299

四、企业合规管理的要素 ·························· 1299

五、企业合规管理体系 ···························· 1301

第二十九章　企业国际化经营管理 ···················· 1322

第一节　企业国际化经营概述 ······················· 1322

一、企业国际化经营的含义 ························· 1322

二、企业国际化经营的模式 ························· 1323

三、企业国际化经营与企业可持续发展 ················· 1330

第二节　企业国际化经营环境分析 ···················· 1333

一、政治环境分析 ······························· 1333

二、经济环境分析 ······························· 1335

三、科学技术环境分析 ···························· 1336

四、社会环境分析 ······························· 1336

第三节　企业国际化经营战略 ······················· 1336

一、企业国际化经营的战略选择 ····················· 1337

二、企业国际化经营的路径选择 ····················· 1337

第四节　国际市场细分与选择策略 ···················· 1340

一、对国际市场进行细分 ·························· 1340

二、选择目标市场 ······························· 1341

第五节　中国企业国际化经营管理的重点 ················ 1349

一、着力培养国际化经营管理人才 ··················· 1349

二、实施国际品牌宣传推广 ·· 1351

三、跨文化整合 ··· 1351

四、强化绿色经营 ·· 1352

五、履行企业社会责任 ··· 1352

六、打造企业核心竞争力 ·· 1353

参考文献 ·· 1356

第四册

第五部分　职业经理人职业素养

第三十章　职业经理人职业认知 ·· 1361

第一节　职业经理人职业认知 ·· 1361

一、职业经理人的定义与含义 ·· 1361

二、职业经理人的职业特性 ··· 1362

三、企业经理和职业经理人 ··· 1365

四、职业经理人管理能力资质 ·· 1365

第二节　职业经理人职业生涯规划与管理 ·························· 1368

一、职业生涯和职业生涯规划内涵 ·································· 1368

二、职业生涯规划与管理的理论 ····································· 1369

三、职业经理人的内涵与特点 ·· 1371

四、职业经理人职业生涯规划制定及其管理实施 ··············· 1372

第三节　职业与事业 ··· 1374

一、职业经理人职业选择与拓展 ····································· 1374

二、现代社会、企业发展对职业经理人的新要求 ··············· 1375

三、"新管理"与职业经理人职业发展 ····························· 1378

四、职业经理人职业发展趋势 ·· 1379

第三十一章　职业经理人地位与角色 ····································· 1383

第一节　初级职业经理人地位与角色 ································· 1384

一、企业基层管理者和初级职业经理人 ····························· 1384

二、初级职业经理人基层管理者的地位和角色 ···················· 1384

三、初级职业经理人基层管理者的素质和能力 ···················· 1385

第二节　中级职业经理人地位与角色 ⋯⋯⋯⋯⋯⋯⋯⋯⋯⋯⋯⋯⋯⋯⋯⋯ 1387

一、企业中层管理的特点 ⋯⋯⋯⋯⋯⋯⋯⋯⋯⋯⋯⋯⋯⋯⋯⋯⋯⋯ 1387

二、中级职业经理人的地位与角色 ⋯⋯⋯⋯⋯⋯⋯⋯⋯⋯⋯⋯⋯⋯ 1390

三、中级职业经理人的素质和能力 ⋯⋯⋯⋯⋯⋯⋯⋯⋯⋯⋯⋯⋯⋯ 1393

第三节　高级职业经理人地位与角色 ⋯⋯⋯⋯⋯⋯⋯⋯⋯⋯⋯⋯⋯⋯⋯⋯ 1393

一、企业高层管理 ⋯⋯⋯⋯⋯⋯⋯⋯⋯⋯⋯⋯⋯⋯⋯⋯⋯⋯⋯⋯⋯ 1393

二、企业高层经理的地位和任务 ⋯⋯⋯⋯⋯⋯⋯⋯⋯⋯⋯⋯⋯⋯⋯ 1397

三、高级经理人的来源、选拔与聘用 ⋯⋯⋯⋯⋯⋯⋯⋯⋯⋯⋯⋯⋯ 1399

四、高级职业经理人力资本配置机制 ⋯⋯⋯⋯⋯⋯⋯⋯⋯⋯⋯⋯⋯ 1400

第三十二章　职业经理人职业道德 ⋯⋯⋯⋯⋯⋯⋯⋯⋯⋯⋯⋯⋯⋯⋯⋯⋯⋯ 1405

第一节　职业道德定义与内涵 ⋯⋯⋯⋯⋯⋯⋯⋯⋯⋯⋯⋯⋯⋯⋯⋯⋯⋯⋯ 1406

一、道德 ⋯⋯⋯⋯⋯⋯⋯⋯⋯⋯⋯⋯⋯⋯⋯⋯⋯⋯⋯⋯⋯⋯⋯⋯⋯ 1406

二、职业道德 ⋯⋯⋯⋯⋯⋯⋯⋯⋯⋯⋯⋯⋯⋯⋯⋯⋯⋯⋯⋯⋯⋯⋯ 1407

三、职业经理人职业道德 ⋯⋯⋯⋯⋯⋯⋯⋯⋯⋯⋯⋯⋯⋯⋯⋯⋯⋯ 1407

第二节　职业经理人职业道德：忠诚 ⋯⋯⋯⋯⋯⋯⋯⋯⋯⋯⋯⋯⋯⋯⋯⋯ 1409

一、忠诚于职业：是经理人职业思想和信念要求 ⋯⋯⋯⋯⋯⋯⋯ 1409

二、忠诚于企业：是对企业忠诚的内涵和行为要求 ⋯⋯⋯⋯⋯⋯ 1409

第三节　职业经理人职业道德：责任 ⋯⋯⋯⋯⋯⋯⋯⋯⋯⋯⋯⋯⋯⋯⋯⋯ 1410

一、职业责任感的内涵与内容 ⋯⋯⋯⋯⋯⋯⋯⋯⋯⋯⋯⋯⋯⋯⋯⋯ 1410

二、责任的表现形式 ⋯⋯⋯⋯⋯⋯⋯⋯⋯⋯⋯⋯⋯⋯⋯⋯⋯⋯⋯⋯ 1410

三、责任与心态 ⋯⋯⋯⋯⋯⋯⋯⋯⋯⋯⋯⋯⋯⋯⋯⋯⋯⋯⋯⋯⋯⋯ 1411

第四节　职业经理人职业道德：敬业 ⋯⋯⋯⋯⋯⋯⋯⋯⋯⋯⋯⋯⋯⋯⋯⋯ 1412

一、敬业的内容和要求 ⋯⋯⋯⋯⋯⋯⋯⋯⋯⋯⋯⋯⋯⋯⋯⋯⋯⋯⋯ 1412

二、敬业的行为形式和表现 ⋯⋯⋯⋯⋯⋯⋯⋯⋯⋯⋯⋯⋯⋯⋯⋯⋯ 1413

三、敬业思想修炼方法 ⋯⋯⋯⋯⋯⋯⋯⋯⋯⋯⋯⋯⋯⋯⋯⋯⋯⋯⋯ 1413

第五节　职业经理人职业道德：纪律与规矩 ⋯⋯⋯⋯⋯⋯⋯⋯⋯⋯⋯⋯ 1415

一、工作纪律规范和规矩 ⋯⋯⋯⋯⋯⋯⋯⋯⋯⋯⋯⋯⋯⋯⋯⋯⋯⋯ 1415

二、严格自律，规范执行规章制度 ⋯⋯⋯⋯⋯⋯⋯⋯⋯⋯⋯⋯⋯⋯ 1416

三、敢于和善于做斗争 ⋯⋯⋯⋯⋯⋯⋯⋯⋯⋯⋯⋯⋯⋯⋯⋯⋯⋯⋯ 1416

第六节　职业经理人职业道德：社会责任担当 ⋯⋯⋯⋯⋯⋯⋯⋯⋯⋯⋯ 1416

一、企业社会责任理论 ⋯⋯⋯⋯⋯⋯⋯⋯⋯⋯⋯⋯⋯⋯⋯⋯⋯⋯⋯ 1416

二、企业履行社会责任的主要内容和形式 ⋯⋯⋯⋯⋯⋯⋯⋯⋯⋯ 1417

三、职业经理人应履行企业社会责任 ……………………… 1418

第七节　职业经理人职业道德：竞业避止 ………………… 1419

一、竞业避止理论和规则 …………………………………… 1419

二、遵守竞业避止规定 ……………………………………… 1420

三、保守企业商业秘密 ……………………………………… 1420

四、保护企业知识产权 ……………………………………… 1420

第八节　职业经理人职业道德：职业行为规范 …………… 1421

一、职业行为规范定义与内涵 ……………………………… 1421

二、树立遵守职业规范观念 ………………………………… 1421

三、养成职业自律习惯，杜绝以权谋私，以位谋私 …… 1421

第三十三章　职业经理人职业作风 ………………………… 1424

第一节　职业作风定义及内涵 ……………………………… 1424

一、职业作风的定义 ………………………………………… 1424

二、职业作风的内涵 ………………………………………… 1424

第二节　求真务实 …………………………………………… 1425

一、调查研究，全面了解企业发展实际状况 …………… 1426

二、认识事物的本质，把握事物发展规律 ……………… 1426

三、从实际出发，真实干，求实效 ……………………… 1428

第三节　艰苦奋斗 …………………………………………… 1430

一、奋发进取，振奋精神 …………………………………… 1430

二、精打细算，厉行节约 …………………………………… 1433

三、居安思危，克服享乐 …………………………………… 1434

四、不怕挫折，目标执着 …………………………………… 1441

第四节　方向与毅力 ………………………………………… 1444

一、工作方向和目标 ………………………………………… 1444

二、审时度势 ………………………………………………… 1446

三、自信与定力 ……………………………………………… 1448

第五节　包容正派 …………………………………………… 1449

一、包容共融 ………………………………………………… 1449

二、追求共识 ………………………………………………… 1450

三、广纳善言 ………………………………………………… 1451

四、坚持原则 ………………………………………………… 1452

第六节　廉洁自律 ···································· 1453

一、严守法纪 ······························ 1454

二、秉公办事 ······························ 1454

三、率先垂范 ······························ 1454

第七节　进取与超越 ·································· 1454

一、时刻保持使命感和责任感 ············ 1455

二、克服职业疲倦和自满思想 ············ 1455

三、把握企业机遇创造性发展 ············ 1456

四、突破瓶颈实现创新发展 ·············· 1457

第三十四章　职业经理人职业心理 ················ 1460

第一节　职业经理人职业心理内涵与特点 ········ 1460

一、职业心理内涵 ························ 1460

二、职业心理特点 ························ 1461

第二节　职业经理人的良好心理品质 ············ 1461

一、认知清晰 ······························ 1461

二、自信通达 ······························ 1464

三、担当自强 ······························ 1466

四、克制不倦 ······························ 1469

第六部分　职业经理人职业能力与技能

第三十五章　职业经理人职业能力概述 ············ 1477

第一节　能力理论 ···································· 1477

一、能力理论概述 ························ 1477

二、能力素质模型概述 ·················· 1479

第二节　职业经理人职业能力体系结构 ·········· 1484

一、基本管理能力 ························ 1486

二、基本职业工作能力 ·················· 1487

三、专业管理能力 ························ 1490

四、行业能力 ···························· 1498

第三十六章　职业经理人基本管理能力 ············ 1504

第一节　观察能力 ···································· 1504

一、观察的概念和方法 …………………………………… 1504

二、工作过程观察技巧 …………………………………… 1506

三、工作状态中观察力的表现和要求 …………………… 1507

四、培养良好的观察力 …………………………………… 1508

第二节　思维能力 ………………………………………… 1510

一、思维的概念与特点 …………………………………… 1510

二、思维方法和技巧 ……………………………………… 1513

三、创造能力与创新思维 ………………………………… 1515

四、科学思维文化和氛围的塑造 ………………………… 1518

第三节　认知能力 ………………………………………… 1519

一、认知的含义与方法 …………………………………… 1519

二、认知过程与工具 ……………………………………… 1522

三、影响认知的因素 ……………………………………… 1524

四、提高认知能力的方法和途径 ………………………… 1525

第四节　想象能力 ………………………………………… 1526

一、想象能力的概念与分类 ……………………………… 1526

二、想象能力在管理活动中的作用 ……………………… 1528

三、想象能力的培养 ……………………………………… 1529

四、想象能力的技巧 ……………………………………… 1530

五、职业经理人如何提升想象能力 ……………………… 1531

第五节　应变能力 ………………………………………… 1532

一、应变能力的内涵 ……………………………………… 1532

二、应变能力解析 ………………………………………… 1532

三、职业经理人应变能力的表现 ………………………… 1533

四、职业经理人应变能力修炼途径 ……………………… 1533

五、应对事物异常变化的措施与途径 …………………… 1534

第六节　时间管理能力 …………………………………… 1536

一、时间管理的内涵 ……………………………………… 1536

二、时间管理方法 ………………………………………… 1537

三、时间管理技巧 ………………………………………… 1540

四、职业经理人提升时间管理能力的途径 ……………… 1540

第七节　压力管理能力 …………………………………… 1542

一、压力及压力管理 ……………………………………… 1542

二、正效压力和负效压力效应 ················· 1546

三、职业经理人提高压力管理能力的途径 ········· 1548

第八节　心理调适能力 ····················· 1552

一、心理调适的内涵 ····················· 1552

二、提高心理调适能力的方法 ··············· 1554

三、职业经理人提高心理调适能力的途径 ········· 1557

第三十七章　职业经理人职业工作能力 ············· 1563

第一节　职业基本工作能力概述 ··············· 1563

一、职业经理人职业基本工作内容 ············· 1563

二、职业经理人职业基本工作特点 ············· 1564

第二节　职业经理人职业基本工作能力体系结构 ······· 1565

一、领导能力概述 ······················ 1565

二、职业经理人领导能力的主要内容 ··········· 1566

第三节　领导能力 ······················· 1566

一、领导力概述 ······················· 1566

二、职业经理人领导能力的主要内容 ··········· 1569

三、职业经理人提高领导力的途径与方法 ········· 1570

第四节　决策能力 ······················· 1571

一、决策与决策能力 ····················· 1571

二、决策的方法 ······················· 1573

三、决策的科学化与规范化 ················· 1574

第五节　组织协调能力 ····················· 1575

一、组织协调与组织协调能力 ··············· 1575

二、组织设计与运行机制 ·················· 1576

三、人岗与任务及其任务间的匹配 ············· 1581

四、提高组织协调能力的方法和途径 ··········· 1583

第六节　部署工作能力 ····················· 1585

一、部署工作概述 ······················ 1585

二、设计工作任务，细化分解任务指标 ·········· 1586

三、制定工作职责和考核标准 ··············· 1587

四、组织与分配工作资源 ·················· 1590

五、制订员工绩效改进计划并实施 ············· 1591

第七节　目标管理能力 ……………………………………………… 1592

　　一、目标管理的理论、方法和工具 ……………………………… 1592

　　二、目标管理的实施 ……………………………………………… 1596

　　三、职业经理人实施目标管理重点关注事项 …………………… 1600

第八节　业绩管理能力 ……………………………………………… 1603

　　一、业绩管理概述 ………………………………………………… 1603

　　二、制定业绩管理方案 …………………………………………… 1606

　　三、业绩管理的实施途径和工作机制 …………………………… 1607

第九节　管理控制能力 ……………………………………………… 1609

　　一、控制工作概述 ………………………………………………… 1609

　　二、控制工作的类型 ……………………………………………… 1610

　　三、控制工作的方法 ……………………………………………… 1613

　　四、控制工作的核心内容 ………………………………………… 1617

第十节　信息分析与整合能力 ……………………………………… 1620

　　一、信息与信息能力概述 ………………………………………… 1620

　　二、信息分析与整合能力 ………………………………………… 1624

　　三、信息资源优化运用 …………………………………………… 1626

第十一节　创新管理能力 …………………………………………… 1629

　　一、企业创新管理概述 …………………………………………… 1629

　　二、企业创新管理体系 …………………………………………… 1633

　　三、创新要素的获取与配置 ……………………………………… 1636

　　四、创新实施 ……………………………………………………… 1637

　　五、培养创新团队和创新人才 …………………………………… 1638

　　六、创新文化培育与创新环境营造 ……………………………… 1641

第三十八章　职业经理人管理技能 …………………………………… 1644

第一节　表达与沟通 ………………………………………………… 1644

　　一、口头表达技能 ………………………………………………… 1644

　　二、文字表达技能 ………………………………………………… 1651

第二节　计划与执行 ………………………………………………… 1667

　　一、计划理论、方法和工具 ……………………………………… 1667

　　二、执行 …………………………………………………………… 1678

第三节　指挥与控制 ………………………………………………… 1680

一、指挥 ·· 1680

二、控制 ·· 1686

第四节　监督与考核 ··· 1695

一、监督 ·· 1695

二、考核 ·· 1706

第五节　总结与评价 ··· 1719

一、总结 ·· 1719

二、评价 ·· 1724

第三十九章　企业常用管理工具与方法 ······················· 1743

第一节　企业战略与运营工具与方法 ·························· 1743

一、PEST 分析 ·· 1743

二、SWOT 分析法 ··· 1748

三、价值链分析 ··· 1755

四、波特五力分析 ··· 1760

五、鱼骨图分析法 ··· 1765

六、PDCA 循环 ··· 1767

七、精益管理 ··· 1770

八、邯钢经验 ··· 1780

九、标杆管理法 ··· 1783

十、OEC 管理法 ·· 1792

第二节　信息化管理工具 ····································· 1813

一、ERP（企业资源计划） ··································· 1813

二、CRM 客户管理系统 ······································ 1817

三、管理驾驶舱 ··· 1818

四、商业智能决策支持系统（BI） ···························· 1820

第三节　互联网和人工智能管理工具与方法 ···················· 1822

一、企业管理平台 ··· 1822

二、企业生态链管理 ··· 1825

三、人工智能管理工具与方法 ································· 1827

参考文献 ·· 1830

第五册

第七部分 职业经理人职业知识与技术

第四十章 管理经济学 ……………………………………………… 1835

第一节 市场供求与市场均衡 ………………………………… 1835

一、需求概述 ………………………………………………… 1835

二、供给概述 ………………………………………………… 1841

三、均衡理论及其运用 …………………………………… 1844

第二节 生产成本分析 ………………………………………… 1853

一、成本的测度 …………………………………………… 1853

二、短期成本函数 ………………………………………… 1855

三、长期成本曲线 ………………………………………… 1859

四、规模经济与范围经济 ………………………………… 1861

五、学习曲线 ……………………………………………… 1865

第三节 市场结构与企业行为 ………………………………… 1866

一、市场结构的分类 ……………………………………… 1866

二、完全竞争条件下的企业行为模式 …………………… 1867

三、完全垄断条件下的企业行为模式 …………………… 1876

四、垄断竞争条件下的企业行为模式 …………………… 1880

五、寡头垄断条件下的企业行为模式 …………………… 1885

六、销售收入最大化的企业行为模式 …………………… 1894

第四节 企业投资决策与风险分析 …………………………… 1898

一、投资决策概述 ………………………………………… 1899

二、投资决策的风险分析 ………………………………… 1902

第五节 政府调控 ……………………………………………… 1904

一、市场失灵与政府政策调节 …………………………… 1904

二、政府失灵及其矫正 …………………………………… 1916

第四十一章 组织理论 …………………………………………… 1924

第一节 个体行为与激励理论 ………………………………… 1925

一、个体行为概述 ………………………………………… 1925

二、人格与激励 …………………………………………… 1926

三、气质及其管理 ···································· 1938

四、性格及其管理 ···································· 1941

五、认知风格及其管理 ·························· 1943

六、态度及管理 ······································ 1946

七、价值观及其管理 ······························ 1949

八、社会知觉及其管理 ·························· 1951

九、归因及管理 ······································ 1955

十、印象及管理 ······································ 1958

第二节 群体行为及其管理 ···························· 1962

一、群体概述 ·· 1962

二、群体行为及其管理 ·························· 1967

三、高绩效团队的构建 ·························· 1970

第三节 组织设计 ·· 1974

一、组织设计概述 ·································· 1975

二、组织设计流程 ·································· 1976

第四节 组织变革与组织发展 ························ 1980

一、组织变革与组织发展的含义 ·············· 1982

二、组织发展 ·· 1989

三、组织发展的措施 ······························ 1991

第五节 组织文化建设与学习型组织建设 ········ 1996

一、组织文化建设概述 ·························· 1996

二、组织文化建设的内容 ······················ 1998

三、学习型组织建设概述 ······················ 2001

四、学习型组织建设的内容 ···················· 2003

第四十二章 领导理论 ······································ 2007

第一节 领导与领导者 ································· 2007

一、领导 ·· 2007

二、领导者 ··· 2010

三、被领导者 ·· 2012

第二节 领导理论 ·· 2013

一、领导特质理论 ·································· 2013

二、领导行为理论 ·································· 2015

三、领导权变理论 ……………………………………………… 2020

四、领导情境理论 ……………………………………………… 2020

五、领导理论的新发展 ………………………………………… 2021

六、领导与管理 ………………………………………………… 2022

第三节　领导方式与领导艺术 …………………………………… 2024

一、领导方式 …………………………………………………… 2024

二、领导艺术 …………………………………………………… 2028

第四节　领导内容 ………………………………………………… 2031

一、一般层面领导内容 ………………………………………… 2031

二、具体层面领导内容 ………………………………………… 2036

第五节　领导者素质与能力及其修养锻炼 ……………………… 2040

一、领导者素质与能力 ………………………………………… 2040

二、领导者素质与能力修养锻炼 ……………………………… 2045

三、领导特质理论的典型代表 ………………………………… 2047

四、领导行为理论的典型代表 ………………………………… 2050

五、领导权变理论的典型代表 ………………………………… 2050

六、领导情境理论的典型代表 ………………………………… 2052

七、领导理论的新发展 ………………………………………… 2054

第四十三章　经济法律与法规 ………………………………… 2062

第一节　法律与法规 ……………………………………………… 2062

一、法律 ………………………………………………………… 2062

二、法规 ………………………………………………………… 2063

第二节　宪法有关经济条文 ……………………………………… 2063

一、经济制度的概念 …………………………………………… 2063

二、社会主义公有制是我国经济制度的基础 ………………… 2064

三、国家保护社会主义公共财产 ……………………………… 2065

四、社会主义市场经济是法制经济 …………………………… 2065

第三节　《民法典》有关经济法律法规 ………………………… 2066

一、公司法 ……………………………………………………… 2066

二、劳动合同法 ………………………………………………… 2069

三、合同法 ……………………………………………………… 2072

四、知识产权法 ………………………………………………… 2079

第四节 国际法律解读 ……………………………………………… 2080

一、国际法的概念 ………………………………………… 2080

二、国际法是法律的一种特殊体系 ……………………… 2080

三、国际法的法律性质表现 ……………………………… 2081

四、国际法的国际性 ……………………………………… 2082

第五节 行政法规 …………………………………………………… 2083

一、行政法规 ……………………………………………… 2083

二、技术法规 ……………………………………………… 2083

三、基本建设法规 ………………………………………… 2085

四、税收法规 ……………………………………………… 2087

第四十四章 企业党建理论与实践 …………………………………… 2094

第一节 企业党建是中国特色企业制度的有机组成部分 ………… 2094

一、企业党建的概念和作用 ……………………………… 2094

二、企业党建是中国特色企业制度的有机组成部分 …… 2095

三、企业党建和现代企业制度发展趋势的协同性 ……… 2096

第二节 企业党建的目标与任务 …………………………………… 2102

一、企业党建的目标 ……………………………………… 2102

二、企业党建的任务 ……………………………………… 2102

三、建设和谐企业 ………………………………………… 2105

第三节 企业党建与企业经营管理的相互促进关系 ……………… 2112

一、党建融入中国特色企业制度的意义 ………………… 2112

二、党建融入中国特色企业制度的理论基础 …………… 2114

三、党建如何融入中国特色企业制度的企业经营管理 … 2116

第四节 党建制度和机制的创新与完善 …………………………… 2120

一、党建制度的创新与完善 ……………………………… 2120

二、企业党建机制的建设 ………………………………… 2121

三、建立有利于国有企业领导班子健康成长的机制 …… 2123

四、建立健全确保党的建设质量的长效机制 …………… 2127

第五节 企业党建的方法、方式、措施与创新 …………………… 2128

一、企业党建的方法 ……………………………………… 2128

二、企业党建的方式 ……………………………………… 2130

三、企业党建的措施 ……………………………………… 2132

四、新时代企业党建创新的主要内容 ·· 2133

第四十五章　商业模式 ··· 2137

第一节　商业模式的内涵与要素 ·· 2138

一、商业模式的内涵 ··· 2138

二、商业模式的要素 ··· 2139

第二节　商业模式类型 ··· 2143

一、诱钓模式 ··· 2143

二、低价优质模式 ·· 2143

三、免费模式 ··· 2145

四、电商模式 ··· 2145

五、体验营销模式 ·· 2146

六、全渠道模式 ··· 2147

七、新零售模式 ··· 2149

八、长尾模式 ··· 2150

九、定制模式 ··· 2151

十、共享模式 ··· 2152

十一、众筹模式 ··· 2153

十二、众包模式 ··· 2154

十三、生态模式 ··· 2155

十四、资本模式 ··· 2156

第三节　企业商业模式的设计与创新 ··· 2157

一、企业商业模式的设计 ·· 2157

二、企业商业模式的创新 ·· 2166

第四十六章　企业人力资源管理 ··· 2175

第一节　现代人力资源管理的发展趋势 ······································ 2175

一、绿色人力资源管理 ··· 2175

二、全球化与跨文化人力资源管理 ·· 2176

三、员工队伍的多元化与知识化 ·· 2176

四、人力资源管理平台化发展 ·· 2176

五、人力资源管理的战略性转变 ·· 2176

六、企业转型升级对企业员工素质结构的新要求 ····························· 2177

　　　七、企业人力资源管理面临的新挑战 ……………………………… 2177

　第二节　企业选人、用人制度和机制 ………………………………… 2177

　　　一、企业选人的制度 …………………………………………… 2178

　　　二、企业选人的机制 …………………………………………… 2187

　　　三、企业用人的制度 …………………………………………… 2188

　　　四、企业用人的机制 …………………………………………… 2191

　第三节　人才成长机制和培养环境 ………………………………… 2193

　　　一、建立人才成长机制 ………………………………………… 2193

　　　二、营造人才培养环境 ………………………………………… 2194

　第四节　员工职业生涯设计 ………………………………………… 2196

　　　一、职业生涯设计的内涵 ……………………………………… 2196

　　　二、职业生涯规划的意义 ……………………………………… 2196

　　　三、员工职业生涯设计的原则 ………………………………… 2197

　　　四、员工职业生涯设计的步骤 ………………………………… 2198

　第五节　工作设计 …………………………………………………… 2203

　　　一、工作设计的定义 …………………………………………… 2203

　　　二、工作设计的方法 …………………………………………… 2204

　第六节　激励与士气 ………………………………………………… 2207

　　　一、激励的含义 ………………………………………………… 2208

　　　二、激励的作用 ………………………………………………… 2208

　　　三、激励的原则 ………………………………………………… 2210

　　　四、激励的方法和手段 ………………………………………… 2211

第四十七章　科技发展与管理 …………………………………………… 2216

　第一节　当代科技发展新趋势 ……………………………………… 2216

　　　一、当代科技发展的特征和趋势 ……………………………… 2216

　　　二、科技发展对产业发展的影响 ……………………………… 2218

　　　三、科技发展对企业生产产品和生产工艺的影响 …………… 2218

　　　四、我国促进和适应科技发展的战略与政策 ………………… 2219

　第二节　科技发展前沿 ……………………………………………… 2221

　　　一、5G 技术 …………………………………………………… 2221

　　　二、区块链 ……………………………………………………… 2227

　　　三、人工智能 …………………………………………………… 2233

四、大数据 ……………………………………………………… 2236

五、工业互联网 ………………………………………………… 2243

六、量子信息技术 ……………………………………………… 2248

第四十八章 企业风险管理与控制 ……………………………… 2256

第一节 企业风险及其管理 ……………………………………… 2256

一、企业风险的含义与特点 …………………………………… 2257

二、企业风险管理的内涵 ……………………………………… 2258

第二节 企业风险管理控制组织体系 …………………………… 2264

一、企业风险管理领导机构与职责 …………………………… 2265

二、企业风险管理职能体系 …………………………………… 2266

三、企业风险管理协调机制 …………………………………… 2267

第三节 企业风险管理流程 ……………………………………… 2268

一、收集风险管理信息 ………………………………………… 2268

二、风险分析与评估 …………………………………………… 2270

三、风险管理策略 ……………………………………………… 2270

四、风险治理与管控 …………………………………………… 2270

五、风险管理的改进与创新 …………………………………… 2271

第四节 企业风险识别方法 ……………………………………… 2271

一、定性分析方法 ……………………………………………… 2272

二、定量分析方法 ……………………………………………… 2274

三、综合分析判断方法 ………………………………………… 2276

第五节 企业风险应对机制 ……………………………………… 2278

一、风险应对 …………………………………………………… 2278

二、风险规避 …………………………………………………… 2279

三、风险降低 …………………………………………………… 2279

四、风险分担 …………………………………………………… 2279

五、风险承受 …………………………………………………… 2279

第六节 风险应急事件处置 ……………………………………… 2280

一、风险应急事件概述 ………………………………………… 2280

二、风险应急事件处置原则 …………………………………… 2282

三、风险应急事件处置程序 …………………………………… 2282

第四十九章 数字经济 ……………………………………………… 2285

第一节 数字经济及其特点 ……………………………………… 2285
一、数字经济概述 ………………………………………… 2285
二、数字经济的特点 ……………………………………… 2286
第二节 数字经济与产业发展 …………………………………… 2288
一、数字经济与产业高质量发展 ………………………… 2288
二、数字经济与传统制造业转型升级 …………………… 2293
三、数字经济与未来产业发展 …………………………… 2297
第三节 数字经济与企业数字化转型 …………………………… 2303
一、数字经济驱动企业高质量发展 ……………………… 2303
二、企业管理数字化转型面临的挑战 …………………… 2309
三、企业数字化管理系统建设 …………………………… 2312

第五十章 知识产权管理 ………………………………………… 2322

第一节 知识产权概述 …………………………………………… 2322
一、知识产权定义 ………………………………………… 2322
二、知识产权的性质 ……………………………………… 2323
三、知识产权特征 ………………………………………… 2323
四、知识产权类型 ………………………………………… 2324
五、知识产权制度 ………………………………………… 2334
六、知识产权法律体系 …………………………………… 2337
第二节 知识产权管理概述 ……………………………………… 2339
一、知识产权管理概述 …………………………………… 2339
二、企业知识产权管理概述 ……………………………… 2341
第三节 企业知识产权战略管理 ………………………………… 2346
一、企业知识产权战略的制定 …………………………… 2346
二、企业知识产权战略的实施 …………………………… 2354
第四节 企业知识产权运营管理 ………………………………… 2359
一、企业知识产权运营管理概述 ………………………… 2359
二、企业知识产权许可 …………………………………… 2360
三、企业知识产权转让 …………………………………… 2361
四、知识产权资本运营 …………………………………… 2362

第五节　世界知识产权组织与主要国际条约 ……………………………… 2367

　　一、世界知识产权组织 ………………………………………………… 2367

　　二、《保护工业产权巴黎公约》 ……………………………………… 2370

　　三、《与贸易有关的知识产权协定》 ………………………………… 2372

第六节　知识产权与企业发展 …………………………………………… 2375

　　一、知识产权在企业发展中的作用 …………………………………… 2375

　　二、知识产权与企业创新机制 ………………………………………… 2377

　　三、提高企业知识产权能力，打造企业竞争优势 …………………… 2378

参考文献 ………………………………………………………………… 2380

本册目录

第一部分　企业概论

第一章　企业组成结构 …………………………………… 3

第一节　企业组成要素 …………………………………… 3

一、企业资源 …………………………………………… 3

二、企业资本与资产 ………………………………… 7

三、企业组织 ………………………………………… 12

四、企业制度 ………………………………………… 23

五、企业文化 ………………………………………… 25

第二节　企业的功能 …………………………………… 31

一、经济功能 ………………………………………… 32

二、社会功能 ………………………………………… 33

三、政治功能 ………………………………………… 33

第三节　企业的性质 …………………………………… 33

一、企业是契约 ……………………………………… 34

二、企业的特性 ……………………………………… 34

第二章　企业治理制度 …………………………………… 40

第一节　现代企业制度 …………………………………… 40

一、企业制度与现代企业制度 ……………………… 40

二、现代企业制度的基本特征 ……………………… 41

三、现代企业制度的主要内容 ……………………… 43

第二节　现代企业治理体系 ……………………………… 46

一、企业治理体系 …………………………………… 46

二、公司治理结构 …………………………………… 47

三、公司治理原则 …………………………………… 47

第三节　企业权力机构 …………………………………… 51

一、股东及分类 ……………………………………… 51

二、股东的权利义务及法律地位 ………………………… 52

三、股东（大）会运行机制与表决机制 ………………… 59

第四节 企业决策机构 ……………………………………… 62

一、董事的选举与任免 …………………………………… 63

二、董事会职能、规模与构成 …………………………… 65

三、董事会会议运行机制与评价 ………………………… 70

第五节 企业执行机构 ……………………………………… 73

一、高级管理者的界定与特征 …………………………… 73

二、高级管理者制度 ……………………………………… 74

三、高级管理者的激励机制 ……………………………… 76

四、高级管理者的约束机制 ……………………………… 81

第六节 企业监督机构 ……………………………………… 83

一、监事会的内涵 ………………………………………… 83

二、监事会制度的形成与发展 …………………………… 84

三、监事会的职权 ………………………………………… 86

四、监事会的运行机制 …………………………………… 87

第三章 企业管理制度 …………………………………………… 93

第一节 管理科学 …………………………………………… 93

一、管理科学的规定性 …………………………………… 93

二、管理科学的实现形式 ………………………………… 95

三、管理科学与管理创新 ………………………………… 96

第二节 企业管理制度内涵、类型与功能 ………………… 97

一、企业管理制度的含义 ………………………………… 97

二、企业管理制度的类型 ………………………………… 99

三、企业管理制度的基本功能 …………………………… 100

第三节 企业管理制度结构 ………………………………… 102

一、管理的方针和原则 …………………………………… 102

二、管理的目的和实现的目标 …………………………… 102

三、管理的空间和时间范围 ……………………………… 102

四、管理的方法和手段 …………………………………… 102

五、管理程序 ……………………………………………… 102

六、管理者、管理权力与管理责任 ……………………… 103

七、管理中的考核评价标准、考核程序和方法 ………… 103

八、利益分配和实施奖惩 ·· 103

第四节 现代企业管理的基本特征 ·· 104

一、企业经营战略的国际化 ·· 104

二、职工的培训与考核：企业生存与发展的基础 ············· 104

三、企业管理的中心：技术与产品创新 ···························· 104

四、民主管理：激发内生动力 ··· 105

五、分散与集中相结合的管理体制 ····································· 105

六、企业系统性无缝反应 ··· 105

七、重视企业文化建设 ··· 105

第五节 影响企业管理制度形成的主要因素 ·························· 105

一、企业的产权制度 ·· 105

二、企业的生产经营结构 ··· 106

三、企业所处环境的变化 ··· 106

四、企业的经验 ·· 106

五、学习与借鉴 ·· 106

六、创新 ··· 107

第六节 企业管理制度的制定 ··· 108

一、制定企业管理制度的原则 ··· 108

二、企业管理制度制定工作流程和内容 ···························· 109

第七节 现代企业职能管理制度体系 ····································· 113

一、市场营销管理制度 ··· 113

二、产品、技术研究与开发管理制度 ································· 115

三、人力资源开发与管理制度 ··· 116

四、财务管理制度 ··· 118

五、生产与作业管理制度 ··· 120

六、成本管理制度 ··· 123

七、质量管理制度 ··· 124

八、考核管理制度 ··· 127

第四章 职业经理人制度 ·· 133

第一节 职业经理人的定义与内涵 ·· 133

一、职业经理人的定义 ··· 133

二、职业经理人的性质 ··· 137

三、职业经理人的特征 ··· 138

四、职业经理人类型划分 ················· 139

第二节 职业经理人职业资质 ··············· 144
一、职业经理人职业资质含义 ··············· 144
二、职业经理人职业资质标准 ··············· 146
三、职业经理人职业资质评价 ··············· 152
四、职业经理人职业资质社会化认定 ············· 158

第三节 职业经理人制度 ················· 159
一、职业经理人制度的定义、内涵与功能 ········· 160
二、职业经理人制度建立和运行的基础环境 ········· 162
三、职业经理人制度的层次和体系 ············· 163

第四节 建立中国特色职业经理人制度 ··········· 173
一、建立和推行职业经理人制度是一项重要改革任务 ····· 173
二、建立中国特色职业经理人制度的特点 ········· 175

第五节 建立职业经理人制度的重点 ··········· 176
一、职业经理人选拔制度 ················· 176
二、职业经理人契约化管理制度 ············· 179
三、职业经理人薪酬制度 ················· 190
四、职业经理人绩效评价管理制度 ············· 195
五、职业经理人监督管理制度 ··············· 196
六、职业经理人职业信用管理制度 ············· 199

第六节 职业经理人市场 ················· 202
一、职业经理人市场参与主体 ··············· 202
二、职业经理人市场机制 ················· 203
三、职业经理人市场功能 ················· 204
四、职业经理人市场建设 ················· 205

附 录 ························· 224
附录1 中国职业经理人协会职业经理人才职业资质社会评价工作指引
（2018 年） ················· 224
附录2 中国职业经理人协会职业经理人才职业资质社会培养工作指引
（2018 年） ················· 246
附录3 中华人民共和国国家标准（GB/T 26998—2020）《职业经理人
考试测评》 ················· 257

参考文献 ························· 265

第一部分

企业概论

第一章　企业组成结构

学习目标

1. 了解企业的组成要素、功能和组织结构。

2. 掌握企业资本与资产结构优化及风险。

3. 把握企业制度的意义与企业文化的功能。

4. 学会分析企业在组织、制度、文化方面的实际问题。

企业是从事生产、流通与服务等经济活动的营利性组织，企业通过各种生产经营活动创造物质财富，提供满足社会公众物质和文化生活需要的产品服务，在市场经济中占有非常重要的地位。

职业经理人（Professional Manager）是受雇于企业，担任不同层级的领导和管理职务，承担相应的义务和责任，从事经营管理活动并以此为职业的人才。

作为经营管理企业的高级人力资源和经营管理专业人才，职业经理人必须要学习有关企业组成方面的知识，掌握从事经营管理工作的企业基础知识。

第一节　企业组成要素

一、企业资源

从总体上考察，企业是人力资源、物质资源和信息资源等要素的集合体。从企业的运行上考察，企业是人力资源、物质资源和信息资源按照一定的规律集成并进行生产经营活动的组织体系。

（一）企业资源类型

1. 企业人力资源

企业的人力资源，是指在企业内实施企业生产经营活动的全体员工。根据员工在企业生产经营过程中所任职的岗位和承担的任务不同，可以将员工划分为企业经营管理人员、科学与工程技术人员和生产经营操作人员。

（1）企业经营管理人员。

经营管理人员包括企业高层高级经营管理人员，他们承担着企业规划及发展决策的职能和任务；企业中层中级管理人员，他们负责执行和计划落实企业高层决策，负责所在部门及单位岗位的工作职能和任务；基层初级管理人员，他们负责决策的具体落实和执行企业及其职能部门下达的任务，承担基层组织的职能，对产品生产的数量和质量负有直接责任。

（2）企业科学与工程技术人员。

科学与工程技术人员包括科学技术研究人员、生产工艺和产品开发设计人员。企业科学技术研究人员主要根据企业发展和生产经营的需要，研究企业所在行业科学技术的趋势，以及科学技术发展对企业成长的影响，为企业科学技术研究和企业发展提供科学技术支撑，这些人员要立足于企业长远和战略发展的需要，开展科学技术研究与开发活动。生产工艺和产品开发设计人员，主要从事企业生产经营所需要的工艺技术和产品开发设计，是企业技术创新和产品创新的中坚力量。

（3）企业生产经营操作人员。

生产经营操作人员主要是在企业生产一线的人员。他们负责并从事具体的生产与经营工作，按照操作规程和工作规定，实施产品生产与服务的具体流程。生产经营操作人员工作的质量直接决定着企业产品和服务的数量与质量。

2. 企业物质资源

企业物质资源是指企业从事生产经营的生产资料和支撑企业生产经营活动的物质条件。

（1）原材料及企业供应源。

原材料是企业尤其是制造业企业重要的物质资源，是企业赖以生存和组织生产经营活动的基础。企业原材料的数量和质量将直接影响企业生产经营的稳定性和企业发展的持续性。

（2）企业能源及其保障。

企业能源供应及其良好的保障，是企业生产经营的主要条件。

（3）企业产品。

企业生产的产品，包括有形的物质产品、无形的服务产品和知识产品，是企业生产经营的结果，也是企业存在的根本理由。除此之外，产品是企业生产与市场交换循环的载体，也是企业最为主要的物质资源。

（4）企业生产工艺技术及设备。

生产工艺技术及设备是企业生产经营过程中使用的物质资源，也是企业生产流程得以顺利推进和循环的主要设施，没有良好的生产工艺技术设备，企业生产流程就不能实现。

（5）企业交通及通信条件。

交通及通信条件，是企业生产经营部署和调度、保障生产经营有效循环的主要物质资源。

（6）办公场所。

办公场所是企业管理、指挥、生产、部署、与外界交流的物质资源。随着现代信息社会和人工智能技术的发展，企业办公场所正在发生根本性的变化，企业的办公方式和办公手段正在突破空间和时间的限制，创造出各种类型的办公场所。

3. 企业信息资源

企业信息资源，是指对企业生产经营起支撑和集合作用并以信息形态呈现的要素。一般情况下，相对于企业人力资源和物质资源，企业信息资源呈现"软"形态，是企业的无形资源。

（1）企业知识资源。

知识资源是指企业拥有的可以反复利用的，建立在信息技术基础上的，能给企业带来财富增长的一类资源。它通常包括三个方面：企业创造和拥有的无形资产（企业文化、品牌、信誉、渠道等市场方面的无形资产；专利、版权、技术诀窍、商业秘密等知识产权；技术流程、管理流程、管理模式与方法、信息网络等组织管理资产）、信息资源（通过信息网络可以收集到的与企业生产经营有关的各种信息）、智力资源（企业可以利用的、存在于企业人力资源中的各种知识和创造性运用知识的能力）。

（2）企业科技资源。

科技资源是指支撑企业生产经营所拥有或应用的科学原理和工程技术，可划分为企业自主知识产权科技资源和可使用的非企业自主知识产权科技资源。

（3）企业制度资源。

制度资源是指企业建立的作用于企业生产经营及其管理过程中的经营管理机制和规则体系，主要包括企业的治理体系、企业管理制度体系和企业组织体系等。

（4）企业数据资源。

数据资源是指企业生产经营及其管理能够运用或形成的各种理论资料和数据文件。

（5）企业文化资源。

文化资源是指作用于员工意识和行为的要素，并形成具有企业特点的价值观，是企业发展的动力之源。

4. 企业关键资源

企业关键资源是指企业拥有的那些为其具体业务带来持续性竞争优势的资源。企业的关键资源既可能是物质性的，如个别高技术含量的关键设备，也可能是非物质性的，如关键技术及其知识产权、企业的人力资源及科学的管理制度。

企业关键资源具有五个基本特征：

（1）关键资源是企业竞争优势的源泉。

（2）垄断性。关键资源是稀缺资源，其垄断性是企业获取超额利润的基本条件。关键资源的垄断性越强，则企业的竞争优势就越大；关键资源的垄断性持续时间越长，则企业不断获取平均水平以上的利润的时间就越久。

（3）相对性。关键资源的特色和重要性程度是在一定时期、一定技术水平、一定范围内相对于竞争对手而言的，不是绝对不变的。

（4）动态性。关键资源相对性的特征表明，其价值是随市场竞争及企业目标的变化而发生转变的，既可能提高，也可能下降，具有动态性变化的特征，不可能一成不变。

（5）来源多向性。关键资源的来源是多渠道的。它既可以从外部采用纵向或横向联合的方式获取，也可以从内部采取直接或间接的方式获得，其获取渠道及方式也因此而具有多样化和创新特征。

（二）企业资源的配置

企业作为人力资源、物质资源和信息资源的集合体，不是资源的简单堆积，而是有机的组合。资源配置具有五个基本特点：

（1）各种资源的集合包括数量和质量的匹配、时间上的顺序对接和空间上的布局平衡。

（2）具有一定的结构和层次。

（3）各类资源和要素相互作用、相互影响，并且决定企业的产出。

（4）围绕各种资源的获取，在企业之间形成知识能力的差异配置。

（5）资源配置是一个动态调整资源结构的过程。

企业的资源结构配置要和企业的产出结构相平衡，充分考虑资源之间的相互替代性和资源配置成本，在满足产出的要求下降低资源配置成本，优化资源配置。

阅读专栏 1-1　知识要素的驱动

21 世纪是知识经济的时代，企业的发展将更多地依赖于其所拥有的无形的知识资产。知识在价值创造过程中起着重要的作用，渗透到生产经营的各方面。管理知识资产及将知识转化为产品和服务的能力，正迅速成为这一时代的关键技能。因此，现代企业管理者必须高度重视企业的知识及怎样开发和应用它，以形成企业的知识优势。

IT技术的发展几乎影响着所有的知识能力，在软件、电子技术、人工智能、大数据和市场调查工具方面取得的巨大进展带来的巨大知识能力为众多企业所共享。在汽车产业领域，产品开发软件、计算机辅助设计、计算机辅助制造使众多公司缩短了新产品推出的时间，一个新车型的开发时间能够被缩短到一年甚至更短的时间。信息技术的发展可以使信息流从市场向上游和从上游向下游双向快速流动，非常有利于整合供应商和制造过程。虚拟化技术，使全球的汽车制造商在网络上进行汽车设计，每一个设计工程师甚至汽车用户都可以在他们的屏幕上看到正在设计的汽车产品的部分或全部，通过征求或反映他们的设计建议，供应商、客户可以参与到汽车设计中来，在线设计工程师也可以在计算机屏幕上直接看到汽车产品设计的改动。

互联网、人工智能、大数据技术的发展，对企业的受益能力影响巨大。企业可以更快更准确地获得数据，进一步提高它们的受益能力。航空运输业依靠数据管理系统，更为精准地进行座位销售。食品行业可以利用精准的天气预报数据，预测农产品的价格趋势。更为普遍的是，新的知识正在改变企业的形态，使企业之间打破边界的羁绊，跨界联合、跨界合作、平台共享，克服规模、灵活性和复杂性因素的影响，在有效性（带来高额的利润）、速度（缩短将产品推向市场的时间）、适应性（满足顾客的需要）、独特性（能够创造溢价）、高效率（更好、更快、更低的成本）等方面实现新的变革与提升。

资料来源：百度百科：《企业知识优势》。

二、企业资本与资产

企业作为一个经济组织，开展经营活动必须拥有资本和资产。

（一）企业资本及其结构

1. 企业资本

对于企业资本，迄今为止，人们仍缺乏统一的认识。它在不同学科、不同领域有着不同的含义。公司法中的资本，通常指公司的注册资本，即由章程所确定的、股东认缴的出资总额，又称股本。其特征有三点：①它是股东对公司的投资。②它是股东对公司的永久性投资。公司负债到期必须偿还，而股东一旦投资于公司形成公司资本，只要公司处于存续状态，就不能退还股金。③它是公司法人对外承担民事责任的财产担保。公司如果资不抵债，股东不承担大于公司资本的清偿责任。因此，公司资本于公司对外交往的信誉具有至关重要的作用。

公司法意义上的公司资本是由全体股东出资构成的公司财产，公司资本制度是公司法依照一定的立法原则对公司资本所做出的规定的总和，并且将公司的资产与股东个人财产进行严格区分，并尽可能保持公司资本的相对充实和稳定，确立一系列有关资本筹集和维持的原则和制度。

必须将公司资本与公司资金区分开来。公司的资金，是指可供公司支配的以货币形式表现出来的公司资产的价值，它主要包括公司股东对公司的永久性投资、公司发行的债券、向银行的贷款等。尽管以发行公司债券和贷款等方式所筹到的资金可供公司支配，但这些资金实质上是公司的债务，在公司资产负债表中是以负债来表示的，只有公司股东的出资才是公司的自有资本。

2. 企业资本结构

企业资本结构是指企业全部资金的来源构成及其比例关系，包括主权资本和债务资金。

（1）主权资本。

主权资本又称权益资金、权益资本，是企业依法筹集并长期拥有、自主支配的资本。我国企业主权资本包括实收资本、资本公积金、盈余公积金和未分配利润，在会计中称为"所有者权益"。主权资本具有以下特点：

①主权资本的所有权归属于所有者，所有者可以此参与企业的经营管理决策并取得收益，所有者对企业的经营承担有限责任。

②主权资本属于企业长期占用的"永久性资本"，形成法人财产权。在企业经营期内，投资者除依法转让外，不得以任何方式抽回资本，企业依法拥有财产支配权。

③主权资本没有还本付息的压力，它的筹资风险低。

④主权资本的来源主要包括国家财政资金、其他企业资金、居民个人资金、外商资金等，以直接投资、发行股票、留用利润等方式筹集形成。

（2）债务资金。

债务资金，也称借入资金，指企业在金融市场上通过负债方式从资金提供者那里取得的资金。

债务资金，包括从商业银行取得的借款，如流动资金借款、基本建设借款、结算借款等；在结算过程中尚未支付和预收的款项，如未交税金、应付货款、应付工资和预收货款等；企业发行的债券等。

债务资金分为长期债务资金和短期债务资金。

长期债务资金，是指偿还期在一年以上或者超过一年的一个营业周期以上的债务。企业通常通过银行长期贷款、发行长期债券、融资性租赁等方式筹集长期借款。

短期债务资金，是指偿还期在一年以下或短于一年营业周期内的债务。企业通常通过银行短期商业贷款、发行短期债券、经营性租赁等方式筹集短期借款。

3. 企业资本结构的优化

所谓资本结构，就是债务资本在企业全部资本中所占的比重。企业筹集资本需要支付筹集成本费用。

企业从事生产经营活动所需要的资本，主要包括借入长期资金和自有资本两部分。借入长期资金即债务资本，要求企业定期付息，到期还本，投资者风险较低，企业对债务资本仅负担较低的成本，但因为要定期还本付息，所以企业的财务风险较高。企业自有资本即主权资本，是企业长期占用的"永久性资本"。自有资本不用还本，收益不确定，投资者风险较高，因而投资者要求较高的报酬，所以企业支付成本较高，但因为不用还本付息，企业的财务风险较低。因此，资本成本也就由借入长期资金成本和自有资本成本两部分构成。

企业应尽可能降低资本成本，实现资本结构的优化，合理确定企业主权资本和债务资本的比例关系。

（二）企业资产及其结构

1. 企业资产

一般来讲，企业资产是企业从事生产经营活动必须具备的物质资源和生产手段及方法，是过去的交易或事项形成的、由企业拥有或控制的、预期会给企业带来经济利益的资源。企业资产以货币进行计量，包括各种财产、债权和其他权利等。

2. 企业资产结构

资产结构，是指各种资产占企业总资产的比重。一般可以分为以下四种主要结构形式：

（1）按资产的价值转移方式划分为流动资产和固定资产。

流动资产是指可以在1年或者超过1年的一个营业周期内变现或被耗用的资产，主要包括各种现金、银行存款、短期投资、应收及预付款项、待摊费用、存货等。

固定资产是指企业使用期限超过1年的房屋、建筑物、机器、机械、运输工具及其他与生产、经营有关的设备、器具、工具等。

（2）按资产的占用形态划分为有形资产和无形资产。

有形资产有狭义和广义的概念之分。狭义的有形资产通常是指企业的固定资产和流动资金。广义的有形资产则包括企业的资金、资源、产品、设备、装置、厂房、人才等一切生产要素。总的来说，有形资产就是有一定实物形态的资产。

无形资产是指企业为生产商品、提供劳务、出租给他人，或为管理目的而持有的、没有实物形态的非货币性长期资产。

（3）按资产的占用期限划分为长期资产和短期资产。

长期资产指的是为企业经营而并非为销售给客户所购的存续期较长的资产。

短期资产是在企业生产经营过程中随着生产经营流程不断变换形态的资产。它是企业开展正常经营活动的保障。一般来讲，短期资产主要由存货、应收账款、货币资金等组成。

（4）按资产的资本形态结构划分为货币资产、商品资产和生产性资产。

货币资产，指持有的现金及将以固定或可确定金额的货币收取的资产，包括现金、应收账款、应收票据及准备持有至到期的债券投资等。

商品资产是企业在经营过程中为销售而储备的具有实物形态的流动资产，包括库存商品和在途商品。

生产性资产是以生产经营设备、设施和生产手段等形式存在的资产。

3. 资产结构对企业经营的影响

企业经营是对各种资产的运用，让其充分发挥作用，产生最大的收益，资产结构对企业生产经营和财务活动均会产生不同的影响。

（1）风险影响。

对于企业整个经济活动，可以将其划分为单纯的生产经营活动和理财活动两类。单纯的生产经营活动是对主营及其附营的业务进行策划、运作、经营，使企业实现利润的过程，而理财活动是为生产经营活动及其他投资活动筹集资金、管理资金、提高资金使用效率的过程。因此，企业面临的风险分为经营风险和财务风险。如果企业资产经营缺乏效率或资产运作没有效果，则会给企业造成损失，同时会带来一定的经营风险。从企业融通资金方面来讲，企业主要遭受的是财务风险，即企业没有能力还本付息，而在使用资金时，又必须确保企业收回成本并取得相应收益。由此可以看出，企业融资面临的是财务风险，而企业资产主要面临的是经营风险。这里主要论述企业资产的经营风险。

不同种类的资产对企业会形成不同的经营风险。一般地，流动资产或者短期资产因其能在短期内完成周转，实现价值，所以企业对这类资产的市场预期往往较容易也较准确。另外，流动资产在短期内市场变动不大，也就较少出现企业预期与市场变动不一致的情况，这就为企业有效地经营资产提供了可能性，也就是说这类资产的经营风险相对较小。流动资产因内部各类资产的流动性不同，其经营风险也会不同。有形资产因其有实物价值作为基础，其经营风险相对于没有实物价值作为基础的无形资产要小得多。如果没有通货膨胀的影响，货币资本不存在经营风险。

固定资产、长期资产需要在较长的时期内才能完成周转，实现其价值。在这一较长时期内，市场变幻莫测，企业进行长周期的市场预测往往较难且准确度不高，企业的市场预期与市场变动极易出现背离。固定资产、长期资产从其构成看，它们所能加工的劳动产品或商品，具有相对稳定性和单一性，一旦市场需求发生变动，这些产品或商品就无人购买，最终导致固定资产和长期资产相应地成为废品。企业要有效地经营这些资产，必然会遇到更多的市场障碍，从而这些资产的经营风险也相对较高。无形资产也如固定资产一样，无论企业如何经营，它的转移价值或摊销成本照样发生，它是一种固定费用，因此无形资产的经营风险比实物资产更大。与货币资本不同，商品资本和生产资本必须在市场上完成销售后才能转化为货币资本，所以它们也面临较高的市场风险。

从以上分析中可以看出，因为不同的资产面临不同的风险，所以企业的资产结构不同，企业所承受的风险也不相同，企业应寻求一种既能满足生产经营对不同资产的需求，又能使经营风险最小的资产结构。

（2）收益影响。

不同的资产对企业收益也有不同的影响。资产按与企业收益的关系大致可以划分为三类：一是直接形成企业收益的资产；二是对企业一定时期收益不产生影响的资产；三是扣抵企业一定时期收益的资产。直接形成企业收益的资产主要包括结算资产（预付账款、其他应收款除外）、商品、产品资产、投资资产等。对企业一定时期的收益不产生影响的资产主要是货币资产。扣抵企业一定时期收益的资产主要有非商品、产品资产，固定资产，支出性无形资产（或递延资产），这些资产在一定时期内有助于企业收益的实现，或者说是企业收益实现不可缺少的条件。但是，从实际的收益计算来看，这些资产转移或摊销价值则是其他资产取得收益的抵扣项目。因此，在总资产一定的条件下，这些资产占比越高，要抵扣的收益也就越多，企业利润就越小；反之亦然。在企业总资产中，应尽可能地增加直接形成企业收益资产的比重，减少其他两类资产的比重。

此外，资产结构对收益的影响还表现在资产内部结构不协调方面，即某项资产占比过高，另一项资产占比过低所带来的损失。这种损失表现在两个方面：一是资产占比过剩，进而使资金成本无端增加，这是由融资成本多少来反映的；二是资产占比较少，会影响企业资金的整体周转效果，如果周转利益不变，则会减少总周转利益。

（3）流动性影响。

资产的流动性是指资产的变现速度。资产流动性大小与资产的风险大小和收益高低是相联系的。总体来看，流动性大的资产，其风险相对较小，收益相对较高；反之，流动性小的资产，其风险相对较大，收益相对较低。但也可能出现不一致的情况：

第一，流动性很强的短期证券，可能由于市场变动，在企业将其出售变现时不会产生较多的收益，甚至出现亏损。相反，企业长期投资中的证券投资虽然变现能力弱，但受益于被投资企业的经济效益，所以企业的投资回报较高。

第二，流动性很强的资产一旦遇到市场障碍，就不能销售出去，变成呆滞品，其经营风险很高。一般情况下，企业的流动资产比固定资产流动性高，金融资产比实物资产流动性高，收益性无形资产比支出性无形资产流动性高，短期资产比长期资产流动性高，货币资产比商品资产和生产资产流动性高，临时波动的资产比永久固定的资产流动性高。

如果资产的质量不同，流动性排序也必须按资产质量来进行。这里所指的资产质量是指其市场的适销程度，可以将资产分为畅销资产、平销资产、滞销资产、停销资产。其中滞销资产是供过于求，但仍有销路的资产，停销则意味着资产完全被市场淘汰。可以看出，资产质量主要是对存货质量而言的。一旦资产停销，那么它的流动性为零。因此，存货的流动性可能在全部资产中最低。

三、企业组织

企业以组织的形式产生、运行和发展。企业管理有效运行的基础是组织管理。企业是一个组织体系，从一定意义上来说，企业管理就是组织管理，企业运行就是组织运行。职业经理人经营管理企业就是对企业组织的运行与控制。

（一）组织与组织管理工作

1. 组织及其特性

组织理论研究有众多学派。结合社会系统学派和系统管理学派的观点，我们认为组织是由两个或两个以上的人有意识地协调活动而组成的系统；组织可以通过人与人的有效协作来达到单凭个人努力所无法达到的目标，其具有开放性、系统性、目的性和协作性的特征；组织与外界环境不断地相互影响、相互作用，保持动态平衡，实现存续和发展。

组织的开放性是指与外部组织的合作交流和组织内部的沟通，包括组织的横向开放、纵向开放和组织成员个体的开放。

组织的系统性是指组织在整体、层次和结构等方面的特征。

组织的目的性是指组织要实现的整体目标、各个子系统目标及其整体目标与子系统目标的统一性和支撑性。

组织的协作性是指组织之间的配合和支持。

2. 组织管理工作

组织管理工作就是分析和理解组织目标，将实现组织目标所必须进行的各项业务活动加以分类组合，划分出不同的管理层次和部门；再将监督各项活动所必要的职权授予各层级、各部门的主管人员，并且规定这些层级和部门间的相互配合关系，建立起一个适于组织成员相互作用、发挥各自才能的良好环境，从而达到解决工作冲突，组织成员都能在各自的岗位上为组织目标的实现做出应有贡献的目的。

具体地说，组织管理工作的内容包括以下六个方面：

（1）根据组织目标设计和建立一套组织机构和职位系统。

（2）确定组织目标，对目标进行分解，拟定派生目标。

（3）明确为了实现目标所必须进行的各项业务工作或活动，并加以分类；最大化可利用的人力、物力的效益。

（4）确定职权关系，把组织上下联系起来。通过职权关系和信息系统，把各层级、各部门联结成为一个有机整体。

（5）与管理的其他职能相结合，保证所设计和建立的组织结构有效运转。

（6）根据组织内外部要素的变化，适时地调整组织结构。

3. 有效组织管理的原则

为了提高组织效率，在组织管理中必须遵循下述十项基本原则：

（1）目标一致。要保证组织上下目标一致，让组织目标被每个成员所了解，从而使组织的所有成员有共同的努力方向。

（2）集权与分权。战略性的权力集中在最高层，战术性的权力尽量下放到基层，以便发挥各层级人员的自主性、灵活性和积极性。

（3）命令统一。命令要统一，不能"令出多门"，这样会使基层员工无所适从。

（4）职权相称。有职无权，无从尽职；有权无职，滥用权力；职高于权，难以尽职；权高于职，干涉他人。权职相称，才能以权尽职。企业要做到拥有的权力和应承担的责任相匹配。

（5）绝对责任。委托授权使得下级对上级负责，但任何时候上级都负有绝对的责任。

（6）专业化。工作要精益求精，提高效率。因此，要提倡专业化与分工协作。

（7）机构精简。在信息技术（IT）的支持下，组织设计可以复杂，但组织运作和表现形态必须简明，从而保证信息沟通（包括认知和共享）良好。

（8）管理幅度合理。高层管理者直接领导的下级不宜过多，基层则相反，要以提升指挥和协调的效率为原则。

（9）具有弹性。组织结构应具有弹性，以便适应环境的各种变化。

（10）经济性。要注重组织的投入产出比，关注组织的运行效果。

（二）企业组织结构

组织结构确定了将个体组合成部门、部门组合成组织的方式；也决定了组织中各层级之间的正式关系，包括层级的数目、主管人员的管理幅度、不同部门沟通和协作的制度设计。

组织结构即组织的框架体系，就像人类由骨骼确定体形一样，组织也是由结构来决定其形态的。

1. 企业组织结构的基本形式

自从有了企业，就出现了企业的组织结构问题。企业的组织结构也经历了一个发展和不断演进的过程。到目前为止，企业组织结构的主要形式包括直线制、职能制、直线参谋制、事业部制、矩阵制等。随着互联网时代的到来，资源的概念、作用形式和价值出现了巨大的变化，企业组织结构也开始呈现巨大的改变。

（1）直线制。

直线制是一种最先出现的，也是最简单的组织形式。它的特点是企业各级行政单位从上到下实行垂直领导，下属部门只接受一个上级的指令，各级主管负责人对所属单位的一切问题负责。总部不另设职能机构（可设职能人员协助主管负责工作），一切管理职能基本上都由行政主管自己执行。

直线制组织结构比较简单，责任分明、命令统一，但要求行政负责人通晓多种知识和技能，亲自处理各种业务。因此，直线制适用于规模较小、生产技术比较简单的企业，对生产技术和经营管理比较复杂的企业则不适用。

（2）职能制。

职能制组织结构，是各级行政单位除主管负责人外，还相应地设立一些职能机构。例如，在公司经理下面设立职能机构和人员，协助公司经理从事职能管理工作。再如，设立计划科负责计划工作，设立财务科负责财务工作等。这种机构要求行政主管把相应的管理职责和权力交给相关的职能机构，各职能机构有权在自己业务范围内向下级行政单位发布指令。因此，下级行政负责人除接受上级行政主管指挥外，还必须接受上级各职能机构的领导。

职能制能充分发挥职能机构的专业管理作用，但容易形成多头领导问题，导致下级无所适从，不利于建立和健全各级行政负责人和职能科室的责任制。

（3）直线参谋制。

直线参谋制是在直线制和职能制的基础上，取长补短而建立起来的。这种组织结构形式是把企业管理机构和人员分为两大类：一类是直线领导机构和人员，按命令统一原则对组织各级行使指挥权；另一类是职能机构和人员，按专业化原则，从事组织的各项职能管理工作。直线领导机构和人员在自己的职责范围内有一定的决定权和对所属下级的指挥权，并对自己部门工作负全部责任。职能机构和人员，则是直线指挥人员的参谋，不能直接对部门发布指令，只能进行业务指导。

直线参谋制既保证了企业管理体系的集中统一，又可以在各级行政负责人的领导下，充分发挥各专业职能机构的作用。

（4）事业部制。

事业部制最早是由美国通用汽车公司总裁斯隆于 1924 年提出的。它是一种高度（层）集权下的分权管理体制组织形式，适用于规模庞大、产品品类繁多、技术复杂的大型企业。

事业部制是分级管理、分级核算、自负盈亏的一种组织结构形式，即一个公司按地区或按产品类别分成若干个事业部，从产品的设计、原材料采购、成本核算、产品制造，一直到产品销售，均由事业部及所属工厂负责，实行单独核算、独立经营的管理方式，公司总部只保留人事决策、预算控制和监督大权，并通过利润等指标对事业部进行控制。

（5）矩阵制。

在组织结构上，把既包括按职能划分的垂直领导系统，又包括按产品（项目）划分的横向领导系统的结构，称为矩阵制组织结构。

矩阵制组织是为了改进直线职能制横向联系差、缺乏弹性的缺点而形成的一种组织形式。它的特点表现在围绕某项专门任务成立跨职能部门的专门机构上，如组成一个专门的产品（项目）小组去从事新产品开发工作，在研究、设计、试验、制造各个不同阶段均有相关部门人员参加，力图做到条块结合，以协调各有关部门的活动，保证任务的完成。

这种组织结构，形式是固定的，人员却是变动的，任务完成后各参加人员便可回到原来的岗位。项目小组和负责人也是临时组织和委任的，任务完成后项目小组便可解散，因此这种组织结构非常适用于横向协作和攻关项目。

2. 企业组织结构设计架构

对企业组织结构有了初步了解之后，可以进一步分析三个基本问题：一是怎么设置部门，依据什么标准设置部门；二是组织管理幅度为多少比较合适；三是职权在组织中如何进行分配比较好。

（1）部门化。

所谓部门化，就是将组织中的工作和人员组编成可管理的单位。部门化是设计组织结构的首要环节和基本途径，其根本目的在于有效分工。

企业部门划分方法有多种，企业可以根据组织目标和单位目标选择有利的部门化方法。一般来讲，组织部门化依据的基础有以下六个方面。

①人数。由于组织中人数较多，若工作内容几乎完全相同，为了便于管理，可将人员划分成几个部分，其划分标准为人数。这种部门化没有体现出分工的优势。最典型的例子是学校中同一年级的学生分班上课。这种部门化方法有较大的局限性，如学校也会按照专业或学科的侧重（兴趣、偏好等）进行编班，因此无法以人数作为划分

标准。

②职能。职能是分工的基础，因此也是部门化的重要依据。以职能为依据进行部门化的优点在于：提高了各职能部门的专业化程度，有利于节约人力和提高工作效率，减少培训工作，简单易行且效果好。

③产品。按照产品和产品系列组织业务活动，在经营多品种产品的大型企业中显得日益重要。产品部门化主要是以企业所生产的产品为基础，将生产某一产品的有关活动完全置于同一产品部门内，再在产品部门内细分职能部门，进行生产工作。产品部门化有利于采用专业化设备，并能使个人的技术和专业知识得到最大限度的发挥，同时也有利于总经理评价各部门的业绩。

④顾客。为了满足不同顾客的服务需要，组织还可以顾客部门化来迎合顾客，如精品部、中老年特色服装部、儿童用品部等。顾客部门化方式的一个隐含假定是，每个部门所服务的顾客都有一类共同的问题和要求，各自需要不同的专家才能更好地解决问题。当前，顾客部门化方式越来越受到重视。

⑤地区。对于地理上分散的企业来说，按照地区划分部门是一种比较普遍的方法。其原则是把某个地区或区域内的业务工作集中起来，委派一位经理来主管相关事务。按地区划分部门特别适用于规模庞大、地理上分散的公司，尤其是跨国公司。这种组织结构形态在设计上往往设有中央服务部门。区域部门化有助于将责任分配到区域，每个区域都是一个利润中心，有利于地区内部的协调与沟通。

⑥过程。这是按照产品形成过程的各阶段进行的部门化。这样做有利于各阶段的专业化，从而提高工作效率。

部门化有三点必须注意：一是以什么标准划分部门，部门化是便于完成组织目标的一种手段。二是按某一标准划定部门后，不宜多变。必要的改进是不可缺少的，但变动过于频繁会影响工作效率和组织成员的心理状态，因而不宜多变，若变动则要慎重。三是部门化所依据的基础不是单一的，可以先按产品部门化，再按职能部门化。

（2）管理幅度。

一个人究竟能领导多少个部门或直接的下级？对这个问题的回答即是管理幅度。管理幅度的大小还直接影响组织结构的另一个问题——组织层次。管理幅度增大，则组织层次减少；管理幅度减小，则组织层次增多。因此，确定适宜的管理幅度对组织结构有很大的影响，在很大程度上制约了组织层次的多少。

①管理幅度和组织层次的限制。从充分利用人力资源的角度来讲，管理幅度越大越好。但是，管理幅度的增大带来了另一个问题，就是人际关系复杂化，管理者难以实行有效的管理。例如，上级 A 只管辖一个下级 B，只存在一个 AB 关系。如果上级 A 同时管辖两个下级 B 和 C，则构成了 6 种结构关系：AB 关系、AC 关系、BC 关系、A

（C）B 关系、A（B）C 关系和 B（A）C 关系。

由此可见，管理幅度的增大，会带来人际关系的复杂化，必须引起组织足够的重视。然而，管理幅度的减小势必导致组织层次的增多，这也不是组织所希望的。这是因为组织层次增加，要求配备的管理人员也要相应增加，这不仅增加了许多协调工作，还增加了管理费用的投入。组织层次增加，会影响沟通的速度并产生信息"失真"或"断路"。组织层次增加，会使计划和控制工作复杂化，其效率和有效性将会降低。因此，要求确定适宜的管理幅度，以便组织的层次有利于上下级之间的信息沟通和组织实施控制。

②影响管理幅度的因素。除了人际关系因素之外，管理幅度的变化还受到其他一些因素的影响。

第一，领导的能力。这是影响管理幅度的首要因素。如果一个领导具有较强的工作能力、组织能力、理解能力、表达能力，能与下级融洽相处，得到下级的信任、尊重和拥护，善断各类问题，从而减少"议而不决"的现象，其管理幅度可以适当增大。反之，则必须减小管理幅度，以免力不从心。

第二，下级的素质。如果下级个个训练有素，具有独立的工作能力和丰富的工作经验，事事得心应手，则可大大减轻其领导的负担，管理幅度也可增大。因此，作为领导，一是要严格挑选自己的下级，二是要加强对下级的培养和训练。

第三，授权的明确程度。管理人员的有些负担是由于组织结构设计不善和组织关系不明确造成的。其一是任务不明确，导致太多的请示；其二是权限不明确，导致事事需批示；其三是授权幅度与下级的能力不符，使其无法胜任，迫使领导事必躬亲。这些问题导致管理幅度不断减小，否则管理人员将不堪重负。

第四，计划的周全程度。如果制定的计划方案考虑比较周全，执行就会很顺利，从而减少管理者的协调和控制工作，可以适当地增大管理幅度。反之，若事事需随机应变、临时提出对策，则会加重管理人员的负担，管理幅度只能减小。

第五，结构的稳定程度。组织结构的稳定能减少管理者对工作的指导，可以适当增大管理幅度；反之，多变的组织结构将导致管理幅度相应减小。

第六，信息的畅通程度。上下级之间的信息沟通是否灵敏和快捷，也是影响管理幅度的重要因素。信息畅通，管理幅度可以增大；反之，只能减小管理幅度。互联网使信息透明、对称，但同时也增加了许多"噪声"，这一变化也对管理幅度造成很大的影响。

第七，管理问题复杂程度。管理问题越是复杂，其管理幅度越小；反之，则可增大。例如，越是上层领导，面临的决策问题及对下级的指导越复杂，其管理幅度也就越小。

第八，组织的内聚力。组织的内聚力越强，相互配合就越默契，工作效率就越高，管理幅度也就越大。反之，内聚力越弱、协调越困难，管理幅度也就越小。在知识型员工比例不断提高的今天，主观能动性对于内聚力的影响逐步提升，其对管理幅度也有着重要的影响。

（3）组织中的权力分配。

由于组织结构中各岗位被授予的权力不同，从而构成了组织中各岗位之间的上下级组织关系。所谓权力，是指为了达到组织的目标而进行行动或指挥他人行动的权利。权力的运用只有与组织目标的实现相一致，并发挥出有助于组织目标实现的作用，才能实现有效的管理。权力在企业组织中的分配是组织结构设计的重要内容，在组织结构设计中要重点研究组织的集权和分权、直线权力和参谋权力两个问题。

①集权与分权。所谓分权，就是上级把其决策权分配给下级组织机构和部门的负责人，以便他们行使这些权力，支配组织的某些资源，自主解决某些问题，完成其工作职责。与分权相对应的是集权。所谓集权，是指把决策权集中在组织领导层，下级部门和机构只能依据上级的决定、命令和指示办事，一切行动听上级指挥。

组织目标的一致性必然要求组织行动的统一性，因此集权是必要的。但是，一个组织有其组织结构，存在着各组织层次及职能的分工。实行分工就必须分权，否则组织就无法运转。因此，集权与分权对于组织来讲都是必不可少的，并且其程度都是相对的。该由下级获得的权力而过于集中，则是上级的"擅权"；同样地，该由上级掌握的权力过于分散，则是上级的"失职"。集权和分权都要适度，从我国企业的实际情况来看，许多组织都存在权力过于集中的倾向，这样就造成了一系列弊端，如降低决策的质量和速度、降低组织的适应能力、降低组织成员的工作热情等。

影响集权与分权的因素可能来自主观方面，也可能来自客观方面。从主观方面来讲，组织的最高领导的个人性格、爱好、能力、价值观等都会影响职权的分散程度。例如，有的上级非常信任其下级，喜欢职权分散一些，既可调动下级的工作积极性，又可减轻自己的负担；而有的上级对别人的能力和动机始终抱着怀疑的态度，事必躬亲，使委任给下级的职权形同虚设，分权不能起到任何作用。客观因素的作用往往比主观因素更大，主要表现在组织规模、决策的风险和缓急程度、投资结构、下级素质、控制能力等方面。

一般来讲，涉及组织的重大决策问题，如目标、战略、政策、综合计划等，应倾向集权；而具体的执行工作应尽量将权力委任给下级。

②直线权力和参谋权力。在组织关系中，除了上下级的权力关系，还存在着另外一对有着同样重要意义的权力关系，即直线权力和参谋权力的关系。

直线权力包括两层含义：一是直线权力将赋予上级指挥下级工作的权力，实际上就是一种下命令的关系。凡是对某一工作范围负有直接责任的人，必须被委任直线权力。二是直线权力是对于达到组织目标具有直接贡献、负有直接责任的权力。例如，企业组织中直接作用于产品和劳务的生产和分配的职权。

参谋权力不能直接发布命令，这种权力仅限于向直线人员或其他参谋人员提出建议，具有顾问性、服务性、咨询性和建设性的特点。参谋权力的任务是协助直线权力有效地实现组织目标，通常表现为咨询、服务、检查等。

直线权力表现为命令和指挥权，参谋权力表现为咨询和建议权。参谋人员的建议只有被直线人员采纳并通过命令下达后才能起到作用。因此，直线权力和参谋权力的关系是"参谋建议、直线命令"的关系。

协调好直线权力与参谋权力的关系需要注意五点：一是明确直线权力与参谋权力各自的职责范围；二是如果设置了参谋权力，直线人员就应注意倾听参谋人员的意见；三是随时向参谋人员提供有关信息，充分发挥参谋权力的作用；四是提高参谋人员的素质和工作水平，以保证参谋的质量；五是创造直线权力与参谋权力相互合作的良好氛围。必须清楚组织目标的实现是直线权力和参谋权力共同存在的基础。参谋权力的任务是协助直线权力实现组织目标，直线权力则应借助于参谋权力更好地为组织目标的实现做出贡献。组织的最高领导要维护直线人员与参谋人员的团结和协作，两者对于实现组织目标都是不可缺少的。

3. 企业组织结构的动态调整

企业组织结构不是一成不变的。必须以其所处外部（大系统）或内部的许多环境因素（子系统）为基础，动态调整组织结构。影响企业组织结构调整的因素包括八个方面。

（1）组织规模。

随着组织规模的扩大，组织结构、组织控制和组织协调变得更正规且更复杂，企业组织结构必须为适应企业规模扩张的需要进行相应的调整。

（2）经营战略。

企业的组织结构决定于战略，而战略又是对市场环境的反映。简化的因果链可表示为：市场—战略—结构。组织结构模式是为组织目标和战略的实现服务的，不同的组织目标和战略需要有与其相适应的组织结构模式。当组织目标及其经营战略发生改变时，组织的结构模式也应做出相应的调整。这些调整可以表现为组织中一些部门的重新划分、新增或撤销，以及一些权责关系的变动和工作内容的重新计划等。

（3）管理技术。

企业组织需要采用某种技术进行生产和管理；企业采用不同类别的生产技术，就会选择不同的组织结构与之相适应。管理技术的改进也会推进企业组织结构的变革。

例如，IT技术的推广使得组织的管理幅度得到一定的增加，促使企业组织结构向扁平化方向发展，减少企业中层管理者的比例，并提升管理者随机应变的能力。

（4）成员个性。

有效的组织结构要同组织成员的个性和愿望相一致，因为不同的人对待组织的原则、政策、程序和控制方法的态度是不同的。例如，青年人大多希望组织能够制定较灵活的弹性制度，年长资深者则更倾向于严谨的规章制度；受过良好教育的人进入工作状态速度较快，并且这些人能够更自觉和有效地工作，而缺乏教育的人往往需要更多的指导，否则就会手足无措。一般来讲，凡不希望他人参与和不依赖别人鼓励、有较强独立工作能力的人，则喜欢比较正规的组织结构和激励模式；而希望相互参与和互相帮助的人，则比较喜欢参与性的组织结构和比较轻松欢快的激励模式。随着"90后"员工的加入，企业文化的多元化趋势已经越来越明显，权变思想更为重要。

（5）目标一致性。

当组织目标与成员目标比较一致时，强调参与性是比较适宜的。但是，如果组织目标与成员目标出现分歧，则必须更多地依靠外部控制和正规结构来进行适当的控制。针对组织与员工是否目标一致的评估将成为人力资源管理的关键。

（6）系统状态。

当组织的运行状态不佳时，则需要正规的组织结构和严格的指导，以纠正和挽救系统的不平衡状态。当组织的运行状态正常且稳定时，则可以较多地采用参与性的组织模式，以更好地发挥资源价值。

（7）决策层次。

不同性质的决策应采取不同的处理方法。有些决策可以放在基层制定，并强调参与性；有些决策必须由上级领导制定，有时还必须强调"防火墙"，以摆脱"噪声"干扰。

（8）环境稳定性。

稳定的外部环境是组织具有稳定的组织结构、工作内容、工作方法的重要外部条件。环境不稳定，组织结构、工作内容、工作方法都要做出相应变化，一切会变得复杂化。不同的工作内容受环境变化的影响也不同，从而使协调和沟通工作变得更加重要。为了保证组织的效率和有效性，组织结构模式的稳定性和适变性都是不可缺少的。一般认为，在相对稳定的经营环境下，组织结构可以更加正规化、正式化；在环境不确定性较高的情况下，组织结构应该更为简明和灵活。在互联网时代，规范组织结构将是一个艰巨的任务，一切的规范都可能是相对的，而改变却是绝对的，由此提升了权变的重要性。

案例1-1 杜邦公司的组织发展

杜邦公司是一个拥有200多年历史的老企业。在竞争非常激烈的美国，能够如此长时间保持持续发展能力和竞争活力的企业并不多。杜邦公司发展200余年而不衰的关键，在于其不断地进行组织创新，以与社会使命保持协调，为股东、客户、合作伙伴和社会创造新的价值，并从其中获得持续发展的动力。

一、成功的简单组织结构模式

1802年7月19日，E.I.杜邦从法国移民到美国特拉华州，在白兰地酒河边买了一块地，开始建造火药厂。1804年5月1日，杜邦开始生产并销售火药；1805年，第一批火药出口到西班牙；1811年，火药年产量达20.41万磅，销售额达12.20万美元，杜邦公司成为美国最大的火药生产商。

在整个19世纪，杜邦公司基本上是单人决策经营，在亨利·弗朗克斯时代尤为明显。亨利·弗朗克斯·杜邦是杜邦公司创始人E.I.杜邦的儿子，是公司的第二代领导者。他是军人出身，接任公司后完全保持了军人风范，被人们称为"亨利·弗朗克斯将军"。他经营管理公司40年，用军人严厉粗暴的方式统治公司。公司的所有主要决策包括很多细微的决策都由他亲自制定，所有支票都由他一个人开，所有契约、协议都由他一个人签字，利润分配由他一个人决定。由于当时公司规模不大，经营产品单一，公司产品质量占绝对优势，市场相对简单，加之"亨利·弗朗克斯将军"精力非凡，这种管理模式取得了成功。亨利·弗朗克斯接任公司时，公司负债高达50多万美元，但在他手中几年后，公司成为业内的首领。

然而，当接力棒传到公司的第三代继承人尤金手中时，这种经营模式终于崩溃了。尤金是亨利·弗朗克斯的侄子，他没有像他的伯父那样与公司一起成长的经历，也没有亨利·弗朗克斯那样充沛的精力。他试图继承伯父的风格，也采取绝对控制的方式，亲自处理具体事务，但很快使公司陷入复杂的矛盾之中。1902年，尤金去世，两位副董事长和秘书兼财务经理相继去世，公司陷入困境。

二、首创的集团式组织结构模式及职能化管理

在公司处于危机、无人敢接重任、家族准备将公司卖给他人的时候，三位有过在铁路、钢铁、电气和机械等行业工作经历和大企业管理经验的堂兄弟担起了挽救公司的责任。他们果断地抛弃了"亨利·弗朗克斯将军"的管理方式，精心设计了一个集团式经营的管理体制，使杜邦公司成为美国历史上第一个把单人决策改为集团式经营

的公司。

集团式经营最主要的特点是建立了隶属于最高决策机构董事会的"执行委员会"，委员会由高层经营管理者和一些助理组成，主席由董事长兼任。在职能分工的基础上，建立了制造、销售、采购、基本建设投资、运输和人事等职能部门。公司执行委员会建立了预测、长期规划、预算编制和资源分配等管理制度，对各类事务采取投票表决制。由于这种管理体制权力高度集中在委员会，实行统一指挥、垂直领导、专业分工等原则，公司秩序井然、职责清楚、效率较高，大大促进了公司的发展。20世纪初，公司五种炸药已占全国产量的64%~74%，无烟军用炸药占100%。公司资产由1902年的2400万美元，增加到1918年的3亿美元。

三、分权的多分部组织结构模式

由于公司的快速发展，公司组织结构遇到严重的问题。为此，公司进行了新的组织结构变革。在执行委员会下，除了由副董事长领导的咨询和财务两个总部外，还按产品种类设置了分部，在各分部下再设置职能部门。各个分部经理独立处理自己管理范围之内的事务。高层管理者通过财务与助手监督各个分部，用利润指标对他们进行考核。

这种体制把政策制定与行政执行分开，使高层领导摆脱了日常经营事务，使杜邦公司成为一个高效能的企业集团。由于组织结构具有较大的弹性，公司经营领域拓展、业务扩张、发展新产品等工作顺利推进。在20世纪中期，杜邦公司已成为全球最有影响力的化学工业公司，控制了一大批有重要意义的产品的制造与生产。1967年，公司第11任领导人科普兰再次调整公司组织结构，史无前例地把公司总经理一职让给了非杜邦家族的马克，将财务委员会议议长一职也交由别人承担，自己只担任董事长，从而开创了"三头马车式"的管理体制。

四、逐步提炼并形成公司的管理理念

火药厂里处处有隐情，时时有爆炸的危险。杜邦公司经营将近10年的时候，厂里发生了一次毁灭性的大爆炸，死伤40多人，工厂几近瘫痪，而爆炸时浓烟滚滚、血肉横飞的情景成了E.I.杜邦心中挥之不去的隐痛。痛定思痛，这次爆炸后E.I.杜邦给自己下了一条死命令，绝不能让这种事故再次发生，发誓要让他的工厂成为最安全的地方。为了表明自己的决心，E.I.杜邦在新建厂房时索性把自己的家就建在工厂火药库旁边，后面有一条小河与外界相隔。如果发生爆炸，首先受到伤害的就是E.I.杜邦和他的家人。由于有小河的阻隔，其他人的伤亡就可以大大减少。E.I杜邦还做出规定，在制造黑色火药时，任何一道新的工序在没有经过杜邦家族成员亲自试验以前，其他

员工不得进行操作。

E. I. 杜邦这种"破釜沉舟"、让自己"置之死地而后生"的做法，充分体现了杜邦家族对工人和社会承担的责任和倾注的关怀。他倡导"责任关怀"的企业价值观，建设"以人为本、安全至上"的企业文化，养成了安全制度严格、员工自觉遵守、管理执行坚决的良好传统，公司业务不断发展壮大。然而，在生产炸药的企业，科研和技术创新也是非常危险的工作。在 E. I. 杜邦去世 44 年后，一场触目惊心的意外爆炸使杜邦家族失去了一位著名的科学家——E. I. 杜邦的孙子。从那时候起，"安全第一"的理念成为每个杜邦人的信仰，每项工作开展之前，他们都把危险因素考虑在前面，把恶性安全事故消灭在萌芽状态。

随着时间的推移，杜邦公司安全理念的内涵变得广泛而深刻。20 世纪初期，"任何工业事故都是可以避免的"这一理念逐步扎根在杜邦人的心中。经过多年发展，杜邦公司形成了"安全至上、不断创新"的理念和文化，安全标准世界第一，众多技术世界第一。正如杜邦公司 CEO 所言：我们之所以在不同历史关头勇于做出重大改变，实现自我转型，是因为我们有着不断改变和创新的基因。我们的祖先对于改变从未退缩过。不过，有所变，也有所不变，不变的是我们的核心价值，包括安全、环境保护、职业操守和对人的尊重。

资料来源：百度文库：《杜邦公司的组织结构变革》。

思考：在杜邦公司的发展中，其安全理念给公司的组织结构带来了什么变化？其组织变革体现了企业的什么精神？

四、企业制度

企业作为一个组织体系，在企业制度框架内，是以制定、贯彻执行和落实企业制度为基本活动内容的载体，从这个意义上讲，企业的生产经营管理，就是制定、贯彻执行和落实企业制度。

企业制度是职业经理人承担企业经营管理职责，开展企业经营管理业务活动的基本依据、履职保障和工作手段。

企业制度是企业组成的基本要素之一。

（一）企业制度及其功能

1. 企业制度的含义

企业制度是关于企业组织、运营、管理等一系列行为的规范和模式的总称，包括企业经济运行和发展中的一些重要规定、规程和"有所为，有所不为"的行动准则，它被企业全体员工在企业生产经营活动中共同遵守，并被强制性的贯彻执行。

企业制度也是政府有关部门监督管理企业，社会机构和投资者评价企业的重要参考依据。

2. 企业制度的功能

（1）企业制度反映和体现社会经济制度，促进社会经济制度的变革。

企业制度是在一定社会历史条件下形成的，是社会经济制度在企业中的体现和延伸，反映企业的经济关系，体现企业的性质。从企业制度演变的过程来看，企业制度体现了现代社会化大生产和经济体制的要求，同时也推动了社会化大生产的发展，促进了经济体制的变革，促进了社会经济制度的发展。

（2）企业制度是企业要素结构和功能关系的定位安排。

企业具有合理的组织结构，企业制度反映了企业内部各要素之间的内在关系。通过企业制度，形成要素结构定位和功能机制。也就是说，企业制度具有中介作用和整合功能。企业可以借助制度这根纽带，把各个企业要素整合、凝聚在一起，使得彼此之间的相互协调有章可循，而且其相互关系具有一定的稳定性和可预期性。企业制度通过"权责分明"的制度安排，明确界定所有者、经营者、劳动者及其他企业利益相关者各自的权利和责任，使权利和责任相对应或相平衡。

（3）企业制度体现企业的价值观。

企业具有自身的价值观，体现企业提倡什么，反对什么，发扬什么，限制什么。企业制度作为企业管理思想与管理经验的反映，将企业价值观通过企业制度进行显化，通过企业制度的规定，对企业价值观予以确认，在执行和落实企业制度的"行动"中，潜移默化地使企业价值观同"行动"融为一体。

（4）企业制度是企业经营与管理活动有序化运行的机制保证。

企业运行机制是指推动、调节、制约企业系统各生产要素正常运转，以实现企业目标的功能体系。制度的本质是一个规则范畴，企业制度通过建立企业采购、生产、分配、销售等生产经营活动的规则体系，使各主体行为成为了一种可以规范化的"行动"，用制度进行衡量考核，形成企业经营与管理活动有序化的机制保证。

（5）企业制度是企业员工的行为准则。

企业员工可以划分为管理者与被管理者两个基本组成部分。管理者遵照企业制度实施管理行为，被管理者按照企业制度执行作业活动，企业制度成为管理者和被管理者的共同行为准则。

（二）企业制度体系及其分类

企业制度是一个完整的体系，根据企业制度作用的范围，可以将企业制度划分为三个类型，即企业基本制度、企业治理制度和企业管理制度。

1. 企业基本制度

企业基本制度是企业制度规范中具有根本性质的、规定企业形成和组织方式、决定企业性质的基本制度。

企业基本制度主要包括企业章程、企业产权制度、企业组织制度等。

2. 企业治理制度

企业治理制度即企业法人治理制度,是指为维护以股东为核心的权益主体的利益,对企业的权力制衡关系和决策系统所做出的制度安排。

企业治理制度主要包括有关企业权力制衡、企业科学决策、企业治理机制和企业治理结构方面的制度。

3. 企业管理制度

企业的经营及其管理活动的内容非常丰富。企业管理制度以建立工作体系、责任体系和利益体系为中心,将管理的内容、原则、程序和方法规范化,形成企业管理制度体系。

企业管理制度包括企业领导制度、战略管理制度和职能管理制度等。

五、企业文化

企业由硬件系统要素和软件系统要素所组成,企业文化是企业软件系统最为主要的要素,也是企业经营管理重要的组成部分之一。

企业文化由企业创造,是企业家和职业经理人经营管理企业最为重要的企业意识形态和"工具"。如果说企业制度具有强制性,要求企业员工"有所为,有所不为",那么企业文化则更多的是促进企业员工自我意识的形成,强调员工的思想自觉和行为自律,在企业经营管理活动中自我激励、自我约束、尽职尽责,提高工作绩效,为实现企业的目标贡献才智和力量。

(一)企业文化内涵与功能

1. 企业文化的内涵

企业文化是企业经营哲学,即以价值观念和思维方式为核心所生成的外化的企业行为规范、道德准则、风俗习惯和传统的文化体系。

企业文化具有鲜明的企业个性特点,是企业在经营活动中形成的经营理念、经营目的、经营方针、价值观念、经营行为、社会责任、经营形象等的综合体现。企业文化具有企业思想的地位,指导着企业各个系统和各个方面;企业文化又作为企业的神经系统,贯穿并作用于企业生产、经营及其管理的全过程和每一项具体活动。

2. 企业文化的功能

企业文化的功能,是指它通过对企业员工思想和行为的作用,对企业生产经营活动或对社会所产生的影响及其结果。

（1）导向功能。

企业文化通过其规范标准与价值系统，对企业的领导者和职工起到引导作用。主要体现在两个方面。

①企业文化体现企业经营哲学的引导作用。经营哲学体现了企业的价值主张和价值准则，企业应该做什么，不应该做什么，形成了企业经营的思维方式和处理问题的法则，这些方式和法则指导经营者进行正确的决策，指导员工采用科学的方法从事生产经营活动。企业共同的价值观念规定了企业的价值取向，使员工有着共同的价值目标，让企业的管理者和员工为着他们所认定的价值目标去行动。

②对企业的目标起到引导作用。企业目标代表着企业发展的方向，没有正确的目标就等于迷失了方向。完美的企业文化会从实际出发，以科学的态度去制定企业的发展目标，这样的目标具有可行性和科学性。企业员工就是在这一目标的指导下从事生产经营活动的。

（2）激励功能。

企业文化所形成的企业共同的价值观使每个职工都感到自己存在和行为的价值。自我价值的实现是人的最高精神需求的满足，这种满足必将形成强大的激励。企业文化所提倡的以人为本，引导着领导者与职工、职工与职工之间互相关心、互相支持。特别是领导者对职工的关心，职工会感到受人尊重，自然会振奋精神，努力工作。另外，企业精神和企业形象对企业职工有着极大的鼓舞作用，特别是企业文化建设取得成功并在社会产生影响时，企业职工会产生强烈的荣誉感和自豪感，他们会加倍努力，用自己的实际行动去维护企业的荣誉和形象。

（3）约束功能。

企业文化的约束功能主要是通过完善管理制度和道德规范来实现的。

①有效规章制度的约束。企业制度是企业文化的内容之一。企业制度是企业内部的法规，企业的领导者和企业职工必须遵守和执行，从而形成约束力。

②道德规范的约束。道德规范是从伦理关系的角度来约束企业领导者和职工的行为。如果人们违背了道德规范的要求，就会受到舆论的谴责，心理上会感到内疚和惭愧，从而使企业和职工能够形成自我道德约束。

（4）凝聚功能。

企业文化以人为本，尊重人的感情，从而在企业中营造了一种团结友爱、相互信任的和睦氛围，强化了团体意识，使企业职工之间形成强大的凝聚力和向心力。共同的价值观念形成了共同的目标和理想，职工把企业看成是一个命运共同体，把本职工作看成是实现共同目标的重要组成部分，整个企业步调一致，形成统一的整体。这时，"企兴我荣，企衰我耻"成为职工发自内心的真挚感情，"爱企如家"就会变成他们的实际行动。

（5）调适功能。

调适就是调整和适应。企业各部门之间、职工之间，由于各种原因难免会产生一些矛盾，解决这些矛盾需要各自进行自我调节；企业与环境、与顾客、与企业、与国家、与社会之间都会存在不协调、不适应之处，这也需要进行调整和适应。企业文化所形成的企业哲学和企业道德规范使经营管理者和普通员工能够科学地处理这些矛盾，自觉地约束、调整以适应新环境。

（6）辐射功能。

企业形象是企业向社会展示自己的管理风格、经营状态、精神风貌、服务态度、产品竞争能力的途径，从而得到社会的承认和肯定，获得自身生存发展的长期环境，形成社会和外界的和谐生态，进而促进社会文化的进步，形成企业对社会和外界的影响力，体现企业文化的辐射功能。

（二）企业文化层次

企业文化通常是由企业的精神文化、企业的制度文化、企业的行为文化和企业的物质文化四个层次构成。

1. 企业的精神文化

企业的精神文化是用以指导企业开展生产经营活动的各种行为规范、群体意识和价值观念，是以企业精神为核心的价值体系。

企业精神是企业价值观的核心，是企业广大员工在长期的生产经营活动中逐步形成的，并经过企业家有意识的概括、总结、提炼得到的，是一个企业最宝贵的经营优势和精神财富。

2. 企业的制度文化

企业的制度文化是由企业的法律形态、组织形态和管理形态构成的外显文化，它是企业文化的中坚力量和桥梁，把企业文化中的物质文化和精神文化有机地结合成一个整体。企业的制度文化一般包括企业法规、企业经营制度和企业管理制度。

3. 企业的行为文化

企业的行为文化是指企业员工在生产经营、学习娱乐中产生的活动文化。它包括在企业经营、教育宣传、人际关系活动、文娱体育活动中产生的各类文化现象。它是企业经营作风、精神面貌、人际关系的动态体现，也是企业精神、企业价值观的折射。

4. 企业的物质文化

企业文化以物质为载体，物质文化是它的外部表现形式。企业文化是通过重视产品的开发、服务的质量、产品的信誉和企业生产环境、员工生活环境、文化设施等物质情况来体现的。

（三）企业文化构成要素

1. 企业哲学

一个企业在激烈的市场竞争环境中，面临着各种矛盾和多种选择，这要求企业拥有一个科学的方法论来指导企业活动，建立一套程序来决定自己的行为，这就是企业哲学。所谓企业哲学，是指一个企业为其经营活动或方式所确立的价值观、态度、信念和行为准则，是企业在社会活动及经营过程中起到何种作用或如何起到这种作用的一个抽象反映。

企业哲学体现了企业的经营管理思想，是企业生存观、效益观和发展观的综合体现，包含企业经营与管理的一系列观念，展现了企业区别于其他社会组织的独特性。

（1）市场观念。

市场观念是企业处理自身与顾客关系的经营思想。顾客需求是企业经营活动的出发点和归宿，是企业的生存发展之源。企业生产什么、生产多少、什么时候生产及生产的产品以什么方式去满足顾客的基本需求是市场观念的基本内涵。

（2）竞争观念。

竞争观念是企业处理自身与竞争对手关系的经营思想。市场竞争是在市场经济条件下，各企业之间为争夺更有利的生产经营地位而进行的斗争。市场竞争具有客观性、排他性、风险性和公平性。企业对这方面的认识和态度，反映出企业竞争观念的表现方式和强度。

（3）效益观念。

效益观念是企业处理自身投入与产出关系的经营思想。企业可视为一个资源转换器，以一定的资源投入，经过内部的转移技术，转换出社会和市场所需要的产品。经济效益是产出和投入之比，这个比率越大，经济效益就越高。效益观念的本质就是以较少的投入（人、财、物）带来较大的产出（产量、销售收入和利润）。因此，企业的效益观念涉及处理好投入、转化和产出的平衡关系，解决好产品销售渠道等内容。

（4）创新观念。

创新观念是企业处理现状和变革关系的经营思想。创新是企业家抓住市场的潜在机会，对经营要素、经营条件和经营组织进行重新组合，以建立效能更强、效率更高的新的经营体系的变革过程。创新是企业生存、持续发展和获取经济效益的必由之路。

（5）长远观念。

长远观念是企业处理自身近期利益与长远发展关系的经营思想。近期利益和长远发展是一对矛盾统一体，商品生产的特点是扩大再生产，然而投资者和职工当前的利益又不能不考虑。企业领导者如何兼顾这对矛盾，是长远观念的核心。

（6）社会观念。

社会观念是企业处理自身发展问题的经营思想。现代企业越来越意识到社会责任的重要性。企业之所以存在，就在于其能对社会做出某些贡献。除了生产适销对路的产品以外，企业还对生态环境、文化教育事业、社区发展、职工个人发展负有责任。社会观念的本质，就是谋求企业与社会的共同发展。企业的发展为社会做出了贡献，社会的发展又为企业的发展创造了一个良好的外部环境，所以也称为生态平衡观念。推而广之，社会观念是指企业与所有利益相关者互惠互利、共同发展。

（7）民主观念。

民主观念是企业领导在决策时处理与下属及职工关系的经营思想。决策是企业经营的核心问题，现代企业的经营决策追求科学化、民主化。企业中的广大职工具有丰富的想象力和创造力，企业领导者如何把这种想象力和创造力激发出来并加以利用，是企业民主观念的核心。

2. 企业价值观

企业价值观是指企业在追求经营成功过程中所推崇的基本信念和奉行的目标，是企业全体或多数员工一致赞同的关于企业意义的终极判断。

企业价值观是企业文化的核心。它能够凝聚企业全体员工的思想观念，使企业员工的行为朝着一个方向去努力，反映出一个企业的行为和员工行为的价值取向。无数例子证明，企业价值观建设的成败，决定着企业的生死存亡。因此，成功的企业都很注重企业价值观的建设，并要求员工自觉推崇与传播本企业的价值观。

为了让企业员工和社会了解企业的价值观，企业基本上都是用高度概括但内涵丰富的文字语言表达其价值观。例如，海尔集团的"创新，以观念创新为先导、以战略创新为方向、以组织创新为保障、以技术创新为手段、以市场创新为目标"。再如，华为的"以人为本、尊重个性、集体奋斗、视人才为公司最大财富而不迁就人才；在独立自主基础上开放合作和创造性地发展世界领先的核心技术体系，崇尚创新精神和敬业精神；爱祖国、爱人民、爱事业和爱生活，绝不让雷锋吃亏；在顾客、员工与合作者之间结成利益共同体"。

3. 企业精神

企业精神指企业员工所具有的共同内心态度、思想境界和理想追求。它表达着企业的精神风貌和企业的风气。

企业精神是企业文化的基石，反映了企业独特经营的特殊本质，集中反映了企业家的事业追求，并用其调动员工的积极性，成为调节系统功能的精神动力。

企业精神的内涵是一个丰富多彩的完整体系，其具体文字表达形式多种多样，通过对企业目标、企业宗旨、企业经营方针、企业作风和企业道德等多方面的融合提炼，形成便于员工理解、把握和行动落实的指南。

4. 企业行为规范

企业行为规范是指由目标体系和价值观念所决定的企业经营行为，以及由此产生的员工所特有的工作态度和行为方式。

企业行为规范是企业文化的重要构成要素。它不仅表现为规章、制度、准则等成文的规定，更多的则表现为传统、习惯等不成文的行为规范。企业行为规范通常从规章制度、职业道德、员工纪律、工作态度、工作作风、敬业精神、集体协作精神、领导方式、经营方式等方面得以体现，并在企业的各项工作活动中发挥作用。

5. 企业环境

企业环境包括企业的性质、企业的经营方向、外部环境、企业的社会形象、与外界的联系等方面。它往往决定企业的行为。企业文化寓于企业环境之中，是企业文化的具体体现。

（1）英雄人物。

英雄人物是指企业文化的核心人物或企业文化的人格化，其作用在于作为一种活的样板，给企业的其他员工提供可供学习的榜样，对企业文化的形成和强化起着极为重要的作用。

（2）文化仪式。

文化仪式是指企业内的各种表彰、奖励活动，它可以把企业中发生的某些事情戏剧化和形象化，来生动地宣传和体现企业文化，使员工通过这些生动的活动来领会企业文化的内涵，使企业文化培训"寓教于乐"。

（3）文化网络。

文化网络是指非正式的信息传递渠道，主要是传播文化信息。它是由某种非正式的组织和人群所组成，它所传递出的信息往往反映出职工的愿望和心态。

一类是由企业的广播、电视、报刊、画册、广告、文件、会议、简报等企业组织直接控制的媒介手段组成的；另一类是由企业文化体育活动、演讲比赛、联欢会、茶话会、员工生日会及图书馆、俱乐部、体育馆等企业不易控制的软性传播手段组成的。

文化网络广泛存在于组织之中，在组织中起到了中介作用。文化网络对组织心理与行为的影响是不可低估的。在强烈的组织文化中，文化网络承载着信念和价值观，并为各层次、各部门及全体职工所共享。在企业文化的创建和维系的过程中，文化网络有利于全体员工形成价值观念共识，有助于新员工完成社会化的转换。在组织并购的过程中，畅达的文化网络将有助于消除并购各方的误解、敌意和抵触情绪，促进并购的顺利实施及并购后的整合，形成正的协同效应。

第二节　企业的功能

企业是从事生产、流通或服务等活动，为满足社会需要进行自主经营、自负盈亏、承担风险、实行独立核算、具有法人资格的基本经济体。对于从事具体经营管理工作的职业经理人而言，对企业的理解主要把握三个方面：一是动态历史观，即企业作为一个经济组织，其产生与发展有一个历史过程，理解与认识企业需要从历史角度把握与看待；二是功能价值观，即企业的存在理由与意义，企业只有发挥其组织功能，不断地为社会做出自己的贡献，才能确立存在价值之基；三是多维性质观，即从不同角度、不同层面定义与辨识企业的本质属性，提高对企业内涵的理解。

阅读专栏1-2　企业的发展

企业是社会发展与进步的产物，受科学技术的推动，生产力水平不断提高，加之分工带来的生产效率提升，都极大地激活了广大民众的需求，伴随着商品生产与商品交换而不断发展与丰富。最早的企业雏形，是手工作坊或类似的家族组织，源于社会需求的发展和专业化分工，这些原始的经济体逐步形成一定的生产规模，并拥有一定数量的劳动者，同时也开始了商品交换。

到了资本主义社会，随着社会生产力水平的提高和商品生产的发展，社会的基本经济单位发生了根本的变化，产生了现代意义上的企业。经过近两百年的发展变革，虽然企业的形式千变万化，其组织、功能、形态等变得越来越复杂，商业模式不断变化创新，但是，企业仍然是建立在需求和分工发展之上的。企业既是社会生产力发展到一定历史阶段的产物，又是一个动态变化的经济单位，它随着人类社会的进步、生产力的发展、科学技术水平的提高而不断地发展与进步。纵观企业的发展历史，大致经历了三个时期。

一、手工业生产时期

手工业生产时期主要是指从封建社会的家庭手工业到资本主义初期的工场手工业时期。此时生产者都是具有一技之长的专业劳动者。16~17世纪，西方一些国家的封建制度向资本主义制度转变，主要表现在资本主义原始积累加快，向海外殖民扩张，大规模地剥夺农民土地，使家庭手工业急剧瓦解，向资本主义工场手工业过渡。工场手工业呈现出规模大、产业结构明确和细化、采用机器和专业化分工的倾向，已经具有企业的许多特征。

二、工厂生产时期

在 18 世纪，随着西方各国相继进入工业革命时期，工场手工业逐步发展到建立工厂制度。到 19 世纪，工厂制度在采掘、煤炭、机器制造、运输、冶金等行业相继建立，它标志着企业的真正形成。

三、现代企业时期

从工厂生产时期过渡到现代企业时期后，确立和形成了现代企业制度，政府的宏观管理和市场规制也更加完善，促进了现代企业制度的进步。这个阶段不仅生产规模空前扩大、新技术和新设备迅速发展，更重要的是企业建立了一系列的科学管理制度，并产生了一系列的科学管理理论。

现代社会的企业功能显而易见，它通过生产制造来提供社会所需的各种产品，如汽车、手机、冰箱等，也通过形式多样的服务来满足人们生产和生活中的各种需求，如交通出行、快递配送、信息搜索等。一般地，企业具有经济、社会、政治三种属性，与此相对应，企业具有三种基本功能，即经济功能、社会功能和政治功能。

一、经济功能

企业的经济功能简单地讲就是创造财富、谋取利益的能力，它既是企业的主要功能，又是企业区别于其他组织的根本标志。企业的经济功能主要表现在以下三个方面：

1. 为客户和用户提供产品和服务

企业存在的根本理由是能够不断地为客户和用户提供产品和服务，满足客户和用户的生产和生活需求。企业通过不断地推广产品和服务，淘汰旧需求，创造新需求。企业也正是通过不断地向客户和用户提供产品和服务，实现企业生产经营的循环和创新，保持企业的活力和生命力。

2. 促进社会经济增长和经济发展

企业是社会生产的基本单元，企业的生产经营活动是社会经济运行、社会经济增长和经济发展的基础。

3. 为出资者和投资者创造经济利益

企业通过投资获取经济资源，从事生产经营活动并进行价值生产和价值创造活动。创造利润，是人们创办和经营企业的直接目的，也是企业运作的根本动力和目标。为出资者和投资者创造利润，是企业的根本经济功能。

二、社会功能

企业是社会的"器官",也是社会的基本单元,同社会融合发展。企业在承担社会责任、促进社会发展方面具有重要功能。

1. 为政府提供税收

企业依法纳税,是企业的重要社会功能。

2. 为社会提供就业岗位

企业在促进社会就业方面发挥着主阵地的功能。安居乐业是人们幸福生活的基础。企业通过扩大生产为社会提供就业岗位,吸纳就业人员,为人们提供生存的必要条件和事业发展的机会,众多的劳动者与企业同发展,企业成为社会发展的压舱石。

3. 促进科学技术进步

企业作为一个社会组织,开展科学技术研究,实施生产工艺和产品技术研发,可以促进社会科学技术的进步。

4. 促进社会进步

企业积极推进和谐社区与和谐社会建设,促进自然环境保护与改善,为区域提供社会公益设施建设和社会公益服务,从而促进社会进步。

三、政治功能

企业作为一个庞大的社会组织体系,在国家治理、社会运行、企业经营管理中发挥着重要的政治功能,是国家经济和政治职能的基础和保证。

1. 贯彻党和国家的方针政策

在企业治理和管理中,要落实党的路线、方针、政策,在企业治理体系中体现党的领导,促进社会政治稳定。

2. 保障员工权益

保障企业员工参与行使社会管理、企业管理的权利。

3. 建立企业利益共同体

建立企业利益相关者利益均衡机制,建立企业利益共同体。

第三节 企业的性质

研究企业性质是对企业自身进行更本质性的讨论,它需要回答企业是什么、有什么特性的问题。

一、企业是契约

契约理论为企业本质提供了一个较为全面的解释，它认为现代企业是日益复杂的经济关系的载体，企业是各种生产要素所有者之间及他们和顾客之间的一系列契约的集合。这些契约包括以下三类：

（一）企业成立契约

企业存在的基础是不同的非人力资本所有者之间的契约。各所有者以这个契约为基础成立企业。

（二）企业治理契约

企业治理契约是企业非人力资本的受托人同企业部分高级人力资本所有者（企业经理层）之间的契约。这个契约构成了企业治理契约，形成了企业治理体系。

（三）企业管理契约

企业管理契约是企业部分高级人力资源所有者（企业经理层）同其他人力资源所有者之间的契约。这个契约构成了企业管理契约，形成了企业管理体系。

二、企业的特性

企业的特性是指自企业产生以来各行各业、各种类型的企业共同的质的规定性，也就是区别于非企业的特征。

（一）组织性

企业是一个有组织名称、组织机构、规章制度和企业文化的正式组织；是由企业所有者和员工主要通过契约关系形式组合而成的一种开放的社会组织。企业可分为自然人企业和法人企业。

（二）经济性

企业不同于教育、科研、文艺、体育、医疗卫生、慈善等社会组织，它本质上是经济组织，以经济活动为中心，实行全面的经济核算，追求利润并致力于不断提高经济效益；它也不同于政府和国际组织对宏观经济活动进行调控监管的机构，它是直接从事经济活动的实体，和消费者同属于微观经济单位。企业实行经济核算的经济活动是企业生产经营的本质和内在机制，是企业的核心活动，和其他各种非企业的社会组织进行的经济核算（如收支、财产核算）不同，它们的活动不是或主要不是从事经济活动，追求的不是或主要不是经济效益，它们的经济核算只是局部的、辅助性的。

（三）商品性

企业作为经济组织，又不同于自给自足的自然经济组织，而是商品经济组织、商品生产者或经营者，作为市场主体，其经济活动是面向市场进行的。不仅企业的产出（产品、服务）和投入（资源、要素）是商品（以商品生产商品），而且企业自身（企业的有形资产、无形资产）也是商品，企业产权可以有偿转让，企业是"生产商品的商品"。

（四）营利性

企业作为商品经济组织，是发达商品经济即市场经济的基本单位，是国民经济的"细胞"，是职能资本的运作实体；企业利用生产、经营某种商品的手段，通过资本经营，追求资本增值和利润最大化。以谋得利润为基本目的，一切企业的运营本质上都是资本的运营，所有企业家的根本职能和职责都是用好资本，让它带来更多利润并使自身增值，这是永恒不变的主题，至于在什么范围内生产、经营什么商品，那是可以随时、灵活改变的。

（五）独立性

企业在法律上和经济上都是具有独立性的组织。它作为一个整体在社会上完全独立，依法独立享有民事权利，独立承担民事义务、民事责任。它与其他自然人、法人在法律地位上完全平等，没有行政级别、行政隶属关系。它不同于民事法律上不独立的非法人单位，也不同于经济（财产、财务）上不能完全独立的其他社会组织，它拥有独立的、边界清晰的产权，具有完全的经济行为能力和独立的经济利益，实行独立的经济核算，能够自决、自治、自律、自立，实行自我约束、自我激励、自我改造、自我积累、自我发展。

阅读专栏 1-3　企业的性质

新制度经济学创始人罗纳德·科斯于 1937 年公开发表《企业的性质》一文，从交易成本角度重新定义了企业的性质，科斯不同意新古典经济学提出的"黑匣子"企业理论，他认为，一件商品的生产是交给市场去交换，还是纳入企业自行生产，关键取决于交易成本。其逻辑是：利用市场交易可能支付额外的成本，所以需要替代市场的组织，即企业；反过来，由于利用企业进行交易也需要支付额外的管理成本，所以需要替代企业的组织，即市场。当企业的边际交易成本和市场的边际交易成本相等时，则组织均衡出现。在科斯看来，企业和市场是执行相同职能因而可以相互替代的资源配置的两种机制。企业的性质不同于市场的资源配置机制，是对价格机制（市场）的替代，当企业能够比市场节约更多交易费用时，企业就出现了。

科斯关于企业与市场相互替代的观点得到了其他一些经济学家的继承与发展，构成了现代企业理论关于企业最基本的看法。例如，他们认为企业是一种契约，企业

"这一个契约"存在的唯一原因是节约交易成本，发生在要素市场上，是一种要素市场关系；而价格机制是"那一种契约"，发生在产品市场上，企业无非是以要素市场的契约替代产品市场的契约，与市场并没有特别不同。

德鲁克则从社会学角度定义了企业的性质，他认为企业是社会的一种器官，企业在产业社会中需要像"器官"一样，发挥其应有的功能。德鲁克的观点与其所处的年代密切相关，他以深邃的洞察力提出了人类进入产业社会后所面临的巨大挑战，与农业社会人们以家庭或家族为单元维系社会生产生活关系不同，产业社会或工业社会到来后，人们纷纷离开家庭去企业工作，这已不单单是一个赚钱谋生的手段这么简单，而是已经成为工业社会人们的一种基本生活方式，并且是不可逆的。与农业社会由家庭或手工作坊提供产品服务不同，产业社会是由一个个企业替代了传统的家庭与手工作坊，这也是德鲁克称其为机构型社会或机能型社会的原因。社会是否和谐稳定取决于构成社会的最重要机构——企业是否能健康发展，正是在社会学意义上，德鲁克开始关心关注企业如何健康发展的问题，从而转向对企业的研究，推进了管理学科的系统性发展。

从另一个视角看，分工与交换促进了生产效率的提升，但分工之后自然带来如何统一的问题，即一体化问题，企业正是实现分工之后一体化的组织载体，通过管理的力量完成分工之后的一体化。同时，我们还应看到，分工与一体化并非只简单地针对技术、经济，同时还针对社会心理，也就是说，分开的不仅是根据生产工艺流程逻辑关系定义的技术经济问题，还有在农业社会中传统的人与人之间的关系进而形成的稳定社会心理的打破，这种社会心理的一体化也需要企业承担起应尽的责任，这也是企业社会功能的底层支点。

正是站在现代社会发展的层面，我们才能清晰地认识到企业存在的价值，企业的性质不只是追求利润，还有发挥其应尽的功能，利润是发挥功能后的结果，是必要条件，而非全部目的。

资料来源：MBA智库百科：《企业的性质》。

案例1-2 全员持股——××公司治理创新之路

××投资控股有限公司（以下简称××公司或公司），是一家较早启用员工持股计划的民营企业。公司由员工100%持股，通过工会实行员工持股计划，从法律上说，公司的股东有两个：一个是工会，截至2016年12月31日，员工持股计划参与人数为81144人，参与人均为公司员工；另一个是公司创始人，他作为公司个人股东，持有公司股份的同时也参与了员工持股计划，总计持股比例约为 1.4%。××公司创立的新型产权治理结构，使员工个人发展与企业的利益联结起来，形成长期奋斗、荣辱与共的良性激励机制。

截至 2022 年底，公司共有 20.7 万名员工，业务辐射到 170 多个国家和地区。截至 2016 年底，公司的营业收入达 5216 亿元，2012~2016 年公司销售收入年均增长率达到 24%，营业利润年均增长 23%。××公司从一家普通的民营技术公司到跻身世界 500 强企业，其实施的员工持股计划当居首功。

该公司成立于 1987 年，初创时期资金链非常紧张，因此融资成为公司当时最紧要的工作。创业初期，注重技术的公司稍有资金就投入技术研发，租赁的办公和生产地点因资金拮据每过一两个月就要搬一次，而且经常半年发不出工资，很多时候发工资都是打白条，员工私下里议论最多的就是"公司哪天会破产"，甚至高薪聘来的专家在新技术刚研发出来之后便带着整个团队离职。对创始人来讲，那是一段刻骨铭心的日子。融资艰难逼迫××公司不得不把拖欠员工的工资折成了公司股份以稳定人心。"我创建公司时设计了员工持股制度，通过利益分享，团结起员工，那时我还不懂期权制度，更不知道西方在这方面很发达，有多种形式的激励机制。仅凭自己过去的人生挫折，感悟到与员工分担责任，分享利益"，创始人在其文章中道出了员工持股制度的产生过程。

在度过了艰难的初创期之后，全员持股的传统被传承下来。1990 年，公司第一次提出内部融资、员工持股的概念。凡是工作 1 年以上的员工均可以购买公司的股份，由员工的级别绩效、可持续贡献等决定可购买股份的数量，员工享受分红，分红情况与公司效益挂钩，但没有《中华人民共和国公司法》上规定的股东所具有的其他权利；员工离职时，公司按照购买价 1 元/股回购，员工不享有股东对股票的溢价权。

1997 年，公司开始对员工持股计划进行规范改制，一方面，员工股由工会代持及管理；另一方面，当员工不具备购买股票的能力时，公司可以协助其贷款。

2001 年底，公司实行员工持股改革。新员工不再派发长期不变 1 元/股的股票，而老员工的股票也逐渐转化为期股，即所谓的"虚拟受限股"。虚拟受限股（以下简称"虚拟股"），是工会授予员工的一种特殊股票。员工按照公司当年净资产价格购买虚拟股。拥有虚拟股的员工可以获得一定比例的分红，以及虚拟股对应的公司净资产增值部分，但没有所有权、表决权，也不能转让和出售。在员工离开企业时，股票只能由工会回购。

2008 年，公司进行了新一轮员工持股制度改革，实行饱和配股制，规定每个级别员工配股的上限，达到上限后，就不再参与新的配股。对于已经持有数量巨大股数的老员工来说，无疑带来了负面影响。但对公司来说，这一规定限制了老员工的持股数量，给新员工留下了激励空间。

2012 年，由于国家金融监管政策的变化，××公司联合金融机构为员工购买虚拟股提供贷款的做法被叫停，因此员工购买虚拟股只能通过自筹资金。同时，随着外籍员工比例的增大，全球化经营的××公司也必须考虑解决外籍员工的长期激励问题。此外，随着时间的推移，虚拟股激励的弊端愈加明显，其导致内部分配严重不公，老员工、级别高的员工可以"一劳永逸""少劳多获"，背离了公司"以客户为中心，以奋斗者为本，长期坚持艰苦奋斗"的核心价值观。因此，公司推出"时间单位计划"（Time Unit Plan，TUP），该计划用来解决外籍员工的激励问题，后在中国全面推广。TUP 实际上是一种奖励期权计划，是基于员工历史贡献和未来发展前途来确定的一种长期但非永久的奖金分配权利。根据员工的工龄、级别、绩效，分配一定数量的期权，规定 5 年为一个周期，并在 5 年后清零，不需要员工负担购买期权的费用。

根据××公司披露的 2017 年财务报告，股东会是公司最高权力机构，由工会和创始人组成。工会作为公司股东参与公司重大事项，由持股员工代表会审议并决策。持股员工代表会由全体持股员工代表组成，代表全体持股员工行使有关权利。每个目前受雇于公司的持股员工都有权选举和被选举为持股员工代表和候补持股员工代表，选举为每五年一次，任期五年。2017 年公司董事会成员共 17 名，由持股员工代表会选举产生并经股东会表决通过。在公司章程中，创始人对于公司重大决策保有一票否决权，实现了对公司的控制。

××公司这种推行大面积员工持股的公司治理机制，吸引、团结、黏合住了大批人才，包括国际化员工。用创始人的话来说，正是这种制度，形成并沉淀了公司。××公司无疑是未上市公司中员工持股人数最多的企业，这一公司治理制度的创新不仅体现着创始领袖的奉献精神，也考验着管理者的把控能力。在如此分散的股权结构下，如何达成股东、员工、管理者等不同利益相关者的诉求，如何实现公司战略发展的内外部平衡？显然，创始人有自己的一套逻辑。

资料来源：百度文库。

思考：××公司用员工持股的做法，将所有人才的"钱程"都和公司的发展捆绑在一起，你是如何看待××公司员工持股计划的？××公司的企业责任与企业文化体现在哪些方面？

推荐阅读

1. ［美］彼得·德鲁克. 管理的实践［M］. 北京：机械工业出版社，2006.

2. 张新国. 新科学管理：面向复杂性的现代管理理论与方法［M］. 北京：机械工业出版社，2013.

思考题

1. 企业资源类型有哪些？企业资源配置有哪些基本特点？

2. 如何理解企业的功能和性质？

3. 企业资本结构及其优化有哪些方面？

4. 如何看待企业组织？有效组织管理的原则是什么？

5. 企业制度对企业有哪些功能？企业制度体系及其分类包含哪些？

6. 企业文化有哪些功能？其构成要素有哪些？

第二章　企业治理制度

学习目标

1. 了解企业制度与现代企业制度。
2. 了解董事会构成和组织机构设置及董事的权利与义务。
3. 了解监事会的作用、监事会的职能及监事会会议运作的机制。
4. 掌握现代企业制度的基本特征和主要内容。
5. 把握股东的含义及股东的权利与义务。
6. 学会分析管理者的激励机制与约束机制。

第一节　现代企业制度

一、企业制度与现代企业制度

（一）企业制度

企业制度是企业产权制度、企业组织形式和经营管理制度的总和。企业制度的核心是产权制度，企业组织形式和经营管理制度是以产权制度为基础的，三者分别构成企业制度的不同层次。企业制度是一个动态的范畴，它是随着商品经济的发展而不断创新和演进的。

从企业发展的历史来看，具有代表性的企业制度有三种。

1. 业主制

这一企业制度的物质载体主要是独资企业。在业主制企业中，出资人既是财产的唯一所有者，又是企业的经营者。企业主可以按照自己的意志经营，并独自获得全部经营收益。这种企业形式一般规模小，经营灵活。正是这些优点，使得业主制这一古老的企业制度一直延续至今。但业主制也有其缺陷，如资本来源有限，企业发展受到限制；企业主要对企业的全部债务承担无限责任，经营风险较大；企业的存在与解散完全取决于企业主，企业存续期限短等。因此，业主制较难适应社会化大生产下商品经济发展和企业规模不断扩大的要求。

2. 合伙制

这是一种由两名及两名以上投资人共同出资，分享利润、共同监督和管理的企业制度。合伙企业的资本由合伙人共同筹集，相比业主制，这种形式扩大了资金来源；合伙人共同对企业承担无限责任，这样可以分散投资风险；合伙人共同管理企业，有助于提高决策能力。但是合伙人在经营决策上容易产生意见分歧，合伙人之间可能出现偷懒等道德风险。因此，合伙制企业一般都局限于较小的合伙范围，以小规模企业居多。

3. 公司制

现代公司制企业的主要形式是有限责任公司和股份有限公司。公司制的特点是公司的资本来源广泛，使大规模生产成为可能；出资人对公司承担有限责任，投资风险相对较低；公司拥有独立的法人财产权，保证了企业决策的独立性、连续性和完整性；所有权与经营权相分离，为科学管理奠定了基础。

（二）现代企业制度

现代企业制度是指以市场经济为基础，以完善的企业法人制度为主体，以有限责任制度为核心，以公司企业为主要形式，以产权清晰、权责明确、政企分开、管理科学为条件的新型企业制度，其主要内容包括：企业法人制度、企业自负盈亏制度、出资者有限责任制度、科学的领导体制与组织管理制度等。

二、现代企业制度的基本特征

从企业制度演变的过程看，现代企业制度是指适应现代社会化大生产和市场经济体制要求的一种企业制度。党的十四届三中全会把现代企业制度的基本特征概括为"产权清晰、权责明确、政企分开、管理科学"十六个字。1999年9月党的十五届四中全会再次强调要建立和完善现代企业制度，并重申了对现代企业制度基本特征"十六字"的总体要求。

（一）产权清晰

1. 企业产权功能

企业是在一定的财产关系基础上形成的，企业在市场上所进行的物品或服务的交换实质上也是产权的交易。

产权的基本内涵包含所有权、占有权、使用权、收益权和处分权等，其主要经济功能体现在以下四个方面：

（1）保障产权主体的合法权益。产权具有排他性，产权所有者的权益受法律的保护，他人不得侵犯。产权的这种功能是维护社会的所有制与生产关系，稳定社会经济结构的重要法权支柱和基础。

（2）有利于资源的优化配置。产权具有可让渡性和可分性特点。任何一项交易活动实质上就是不同产权之间的交易，明确界定的产权可以提供一种对经济行为的规范或约束。

（3）为规范市场交易行为提供制度基础。产权强调的是规则或行为规范，它规定了财产的存在及其使用过程中不同权利主体的行为权利界限和约束关系。产权关系的复杂化和明晰化乃是市场经济的重要特征，也是其顺利运行的法权基础。

（4）有助于解决外部性问题。外部性是指经济当事人之间一方对另一方或其他诸方利益造成的损失或提供的便利不能用价格来准确衡量，也难以通过市场价格进行补偿或支付。对一些外部性问题，通过明晰产权，并在此基础上进行谈判，当事人有可能找到各自利益损失最小化的合约安排。

2. 产权清晰的含义

产权清晰是指要以法律形式明确企业的出资者与企业的基本财产关系责任要清晰，即企业在产权关系方面的资产所有权及相关权利的归属明确、清晰。它是现代企业制度在产权关系方面所表现出来的特征。产权清晰可以从法律意义和经济意义上来考察。

法律意义上的产权清晰是产权清晰的首要条件。包括两层含义：一层含义是指在宏观上产权有比较完整的法律地位，在微观上产权有比较健全的法律程序；另一层含义是产权能得到真正的法律保护，最高占有权和实际支配权的"权益"或"全能"都会得到法律保障。

经济意义上的产权清晰，是指产权在现实经济运行过程中是清晰的，是"一束"或"一组"权利。只有这组权利的权、责、利相统一的问题在企业运营的实践中得到完全、彻底的界定和保障，才说明产权在经济上是清晰的。在企业的经营实践中，经济意义上的产权清晰必须解决好两个问题：一是产权的最高所有权要得到充分体现，这主要表现在财产的终极所有者对产权有极强的约束力上；二是产权的实际支配权应在企业的生产经营过程中实现权力、责任、利益的内在统一。

所谓产权清晰更多是针对国有企业而言，对于个人独资企业、合伙企业等私营企业来说，并不存在这种问题。私营企业的投资者不论其组织经营形式是什么，投资者是明确的自然人，投资者的目的就是实现资本的保值增值，为其带来更大的利润。

（二）权责明确

"权责明确"是指合理区分和确定企业所有者、经营者和劳动者各自的权利和责任。所有者、经营者、劳动者在企业中的地位和作用是不同的，因此他们的权利和责任也是不同的。

（1）权利。所有者按其出资额，享有资产收益、重大决策和选择管理者的权利，企业破产时则对企业债务承担相应的有限责任。企业在其存续期间，对由各个投资者投资形成的企业法人财产拥有占有、使用、处置和收益的权利，并以企业全部法人财产对其债务承担责任。经营者受所有者的委托在一定时期和范围内拥有经营企业资产及其他生产要素并获取相应收益的权利。劳动者按照与企业的合约拥有就业和获取相应收益的权利。

（2）与权利相对应的是责任。严格意义上说，责任也包含了通常所说的承担风险的内容。要做到"权责明确"，除了明确界定所有者、经营者、劳动者及其他企业利益相关者各自的权利和责任外，还必须使权利和责任相对应或相平衡。此外，在所有者、经营者、劳动者及其他利益相关者之间，应当建立起相互依赖又相互制衡的机制，这是因为他们之间是不同的利益主体，既有利益相同的一面，也有不同乃至冲突的一面。相互制衡就要求明确彼此的权利、责任和义务，要求相互监督。

（三）政企分开

"政企分开"的基本含义是政府行政管理职能、宏观和行业管理职能与企业经营职能分开。

（1）政企分开要求政府将原来与政府职能合一的企业经营职能分开后还给企业，改革开放以来进行的"放权让利""扩大企业自主权"等就是为了解决这个问题。

（2）政企分开还要求企业将原来承担的社会职能分离后交还给政府和社会，如住房、医疗、养老、社区服务等。应注意的是，政府作为国有资产所有者对其拥有股份的企业行使所有者职能是理所当然的，不能因为强调"政企分开"而改变这一点。当然，问题的关键还在于政府如何才能正确地行使而不是滥用其拥有的所有权。

（四）管理科学

"管理科学"是一个含义宽泛的概念。从广义上说，它包括了企业组织合理化的含义；从狭义上说，"管理科学"要求企业管理的各个方面，如质量管理、生产管理、供应管理、销售管理、研究开发管理、人事管理等方面的科学化。管理致力于调动人的积极性、创造性，其核心是激励、约束机制。要做到"管理科学"，就要学习、创造，引入先进的管理方式。对于管理是否科学，最终要从管理的经济效率上，即管理成本和管理收益的比较上做出评判。

三、现代企业制度的主要内容

现代企业制度是当前较为成熟的一种企业制度，有着十分丰富的内涵。在中国社会主义市场经济条件下建立起来的现代企业制度，宏观层面主要包括现代企业产权制度、现代企业组织制度和现代企业管理制度三个方面的内容。

（一）现代企业产权制度

产权归属的明晰化、产权结构的多元化、责任权利的有限性和治理结构的法人性是现代企业产权制度的基本特征。企业产权制度明确产权边界划分和归属主体，在此基础上吸引多元化的投资。在所有权与经营权分开的前提下，企业依照自己的法人财产开展各项经济活动，独立对外承担民事权利和民事义务。在企业的所有资产中，所有权归属企业股东，企业通过自己独立的法人地位运营全部资产。企业与国家之间，以及企业与股东之间，各自的责任与权利是明确的。

（二）现代企业组织制度

现代企业制度有一套完整的组织制度，其基本特征是所有者、经营者和生产者之间，通过公司的决策机构、执行机构和监督机构，形成各自独立、责权分明和相互制约的关系，并以国家相关的法律法规和公司章程加以确立和实现。现代企业组织制度有两个相互联系的原则，即企业所有权和经营权相分离的原则，以及由此派生出来的公司决策权、执行权和监督权三权分立的原则。在这些原则基础上形成股东大会、董事会、监事会和经理层并存的组织机构框架；按其职能，分别形成权力机构、决策机构、监督机构和执行机构。

（三）现代企业管理制度

现代企业管理制度包括以下几方面的内容：拥有一套股东大会、董事会、监事会与经理层相互制衡的公司治理结构；具有正确的经营思想和能够适应企业内外环境变化，推动企业发展的经营战略；建立适应现代化生产要求的领导制度；拥有熟练地掌握现代管理知识与技能的管理人才和具有良好素质的职工队伍；在生产经营各个主要环节普遍而又有效地使用现代化管理方法和手段；建设以企业精神、企业形象、企业规范等内容为中心的企业文化，培育良好的企业精神和企业集体意识。按照市场经济发展的需要，积极应用现代科学技术成果，在企业内部设置科学合理的治理机制，建立起现代企业管理制度是建立现代企业制度的根本保障。

阅读专栏 2-1　我国建立现代企业制度要注意的主要问题

在中国深化经济改革的过程中，现代企业制度的建立已引起企业的高度重视并成为关注的焦点，经过实践检验，国内建立现代企业制度应注意以下问题：

（1）坚持以公有制为主体。

深化国有企业改革，建立现代企业制度，是为了寻求公有制与市场经济相结合的有效途径，使国有企业有更强的活力、更高的效益。建立现代企业制度，必须保持公有制在国民经济中的主体地位，也就是说，要保持国有资产在社会总资产中占据优势；

有关国计民生的产业为国家所控制；国有大中型企业在经济发展中发挥主导作用。我们提出的产权明晰，主要是处理好市场经济条件下出资者所有权与企业法人财产权的正确关系，两者既有联系，又相互独立。我国所要建立的现代企业制度中的企业法人，是具有民事权利义务主体资格的经济组织。企业法人财产权，是指企业法人代表在向出资者负责、保证资产保值增值的前提下，对资产的占有、使用、收益和处分的权利。这些并不改变企业的所有制性质。

（2）现代企业制度是适应社会主义市场经济发展要求、依法规范的企业制度。

我国企业按财产构成可以有多种组织形式。国有企业实行公司制，是建立现代企业制度的重要探索。规范的公司，能够有效地实现出资者所有权与企业法人财产权的分离，有利于政企职责分开、转换经营机制，企业摆脱对行政机关的依赖，国家解除对企业承担的无限责任。除公司制企业外，还有非公司制企业，如个体业主企业、合伙企业、股份合作制企业和国家独资的国有企业等，形成我国的企业制度体系。

（3）建立现代企业制度，要全面落实"产权清晰、权责明确、政企分开、管理科学"的要求。

建立现代企业制度，必须改变国有企业是政府机构的附属物，国家实际上对企业债务承担无限连带责任的状况。国家作为出资者，享有资产收益、重大决策和选择管理者等权利，要建立监督机制，不干预企业的具体经营活动。企业独立经营，享有民事权利，承担民事责任，成为拥有法人财产权的独立法人实体，企业法人要依法正确运用企业法人财产权，对所有者承担资产保值增值的责任。

（4）建立完整的现代企业制度体系。

它的建立涉及企业与企业、企业与政府、企业与市场、企业与社会之间多方面生产关系的调整。因此，建立现代企业制度，实行同步配套改革尤为重要。当前迫切需要做好两件事：一是转变政府职能，完善国有资产管理体系；二是建立健全社会保障制度。

（5）提高企业的管理水平。

不论是公司制企业还是非公司制企业，都要按照现代企业制度的精神实质，建立健全科学的组织管理体系、领导体制和经营管理制度，要根据各自行业特点，千方百计地提高经营管理水平。

（6）现代企业制度是依法规范的制度。

现代企业制度是一个系统工程，它的组织制度有多种形式，包括股份公司、国有独资公司、个体业主企业、合伙企业和股份合作制企业等，都要通过法律确定其独立地位和债务责任。

第二节 现代企业治理体系

一、企业治理体系

企业治理体系是一种对公司进行管理和控制的体系，是由所有者、董事会、监事会和高级执行人员即高级经理等组成的一种组织结构。现代企业制度区别于传统企业的根本点在于所有权和经营权的分离，或称所有与控制的分离，从而需要在所有者和经营者之间形成一种相互制衡的机制，用以对企业进行管理和控制。现代企业中的公司治理正是这样一种协调股东和其他利益相关者关系的机制，它涉及激励与约束等多方面的内容。

现代企业治理体系分为内部治理和外部治理，见图 2-1。

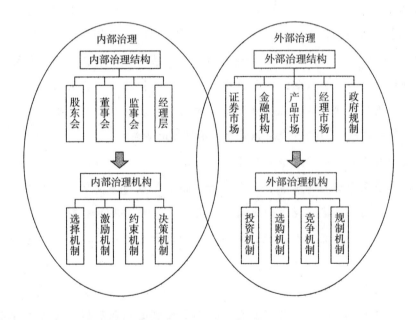

图 2-1 现代企业治理体系

内部治理是解决所有者对经营者的监督与制衡问题，主要是指内部治理结构。公司内部治理结构是指公司的所有者与经营者和员工之间建立的权利与利益的分配与制衡的关系及规制决策的体系。

外部治理结构是指公司与外部各权益主体之间权益制衡关系的体系。

从公司治理的产生和发展来看，公司治理可以分为狭义的公司治理和广义的公司治理两个层次。

狭义的公司治理，是指所有者（主要是股东）对经营者的一种监督与制衡机制，即通过一种制度安排，来合理地界定和配置所有者与经营者之间的权利与责任关系。公司治理的目标是保证股东利益的最大化，防止经营者与所有者利益的背离。其主要特点是通过股东大会、董事会、监事会及经理层构成公司治理结构的内部治理。

广义的公司治理，是指通过一整套包括正式的或非正式的、内部的或外部的制度来协调公司与所有利益相关者之间（股东、债权人、职工、潜在的投资者等）的利益关系，以保证公司决策的科学性、有效性，从而维护公司各方面的利益。

二、公司治理结构

所谓公司治理结构，是指为实现资源配置的有效性，所有者（股东）对公司的经营管理和绩效进行监督、激励、控制和协调的一整套制度安排，它反映了决定公司发展方向和业绩的各方之间的关系。典型的公司治理结构是由所有者、董事会和执行经理层等形成的一定的相互关系框架。根据国际惯例，规模较大的公司，其内部治理结构通常由股东（大）会、董事会、经理层和监事会组成，它们依据法律赋予的权利、责任、利益相互分工，并相互制衡。

股东（大）会由全体股东组成，是公司的最高权力机构。

公司内设机构由董事会、监事会和经理层组成，分别履行公司战略决策职能、纪律监督职能和经营管理职能，在遵照职权相互制衡的前提下，经理客观、公正、专业地开展公司治理，对股东（大）会负责，争取公司实现最佳的经营业绩。

董事会是股东（大）会闭会期间的常设决策机构。

股东（大）会、董事会和监事会皆以形成决议的方式履行职能，总经理则以行政决定和执行力履行职能。

三、公司治理原则

公司治理的原则包含多个要素：诚实、信任、正直、开放、责任感及可靠性、互相尊重及对组织的承诺。

最重要的是董事与管理层如何建立治理的典范，为其他公司参与者提供可以参考的价值，并且能够有效地定期评估它的有效程度。特别是高级行政人员要诚实、诚信、守纪，尤其是在面对利益冲突及透露财务报表的时候。

公司治理的原则包括：

（1）公平对待各股东的权利。组织应该尊重股东的权利及通过有效沟通来帮助股东行使权利，让股东更明白公司治理，鼓励他们参与日常会议。

（2）其他利益相关者的利益。组织应该意识到其对所有合法的利益相关者具有法定和其他义务。

（3）董事的角色和责任。董事需要具备一定的专业技能，才能应付各式各样的商业问题，有能力去监督管理层的行为。董事会主席及首席执行官不能由同一人担任，避免利益冲突。另外，执行董事与独立非执行董事的人数要有适当的比例，要发挥独立监督的职能。

（4）正直及道德。董事及行政人员要正直，要对自己的决定承担责任。

（5）透露及透明。公司应该公布相关信息，让公众了解董事会的角色和责任。

阅读专栏 2-2　新时代下国有企业治理体系建设

近年来，国有企业不断加强中国特色现代企业制度建设，健全完善法人治理结构，有效提升了企业治理能力和治理水平，为推进社会经济发展、提升国家综合实力做出了重大贡献。推进国有企业治理体系建设，要始终坚持党的领导这个根本，完善法人治理结构这个核心，突出权责边界划分这个关键，着力构建定位准确、权责明确、有效制衡的治理机制，加快推动企业高质量发展。

一、坚持党建引领，充分发挥党委的领导作用

党委重点要在方向性、全局性、组织性上着力，把党组织内嵌到公司治理结构之中，实现党的领导融入公司治理各环节，以党的建设统领企业全面发展。

突出方向性，鲜明政治导向，切实在把方向上着力。党的领导是中国特色现代国有企业制度的灵魂，通过党委研究决定重大事宜等形式，体现党委在企业的领导核心职责。把牢正确政治方向，自觉在思想上政治上行动上同以习近平同志为核心的党中央保持高度一致，坚决贯彻党的理论和路线方针政策。把牢改革发展方向，坚持社会主义基本经济制度不动摇，提高企业经营效益，确保国有资产保值增值。全心全意依靠职工群众办企业，建设旗帜鲜明、贴合中国特色社会主义时代脉搏的国有企业文化。

突出全局性，发挥总揽作用，切实在管大局上着力。党委要立足企业发展全局，在战略关、政策关、程序关等重要环节上定向把控。管好企业正确的战略方向，牢固树立新发展理念，深入贯彻国有企业的公有制性质与重大责任使命，确保企业发展方向、发展目标与党和国家大政方针有机融合。科学管理把控企业的工作方向，准确把握企业改革发展中的主要矛盾，破解企业发展的难点重点问题。坚定企业的可持续发展方向，增强忧患意识，着力健全政治、经济、安全等各领域的风险防范化解机制，确保企业可持续发展。

突出组织性，强化根本保障，切实在保落实上着力。党委要充分发挥组织优势，确保重大决策的落地落实，着力通过制度建设、组织建设、人才队伍建设来保障落实。强化企业制度建设，不断加强完善制度体系、机制建设，确保党和国家的方针政策在国有企业不折不扣执行。坚持党管干部、党管人才原则，建设堡垒坚固、攻坚有力、高效协同、运行有效的组织体系，优化符合现代企业制度需求和社会发展要求的人才选用体系，建设符合新时代要求的高素质干部人才队伍。

二、坚持发展导向，充分发挥董事会的决策作用

董事会是公司治理的核心，发挥着至关重要的作用。实际运行中，董事会要在经济性、战略性、效益性三个方面着力，确保企业持续健康发展。

做经济价值的发现者。董事会要以价值创造为己任，不断提高工作的针对性和科学性，凭借丰富的商业价值判断与投资融资决断能力，实现企业的"保、退、增"。"保"就是在价值链调整重组中突出主业，继续保持并不断增强企业核心竞争力；"退"就是对低效无效资产、占用资源却低产出环节进行退出，确保企业轻装上阵；"增"就是聚焦新技术、新产品、新产业和新的增长点，推进企业转型发展。董事会作为资本价值创造的发现者，要系统性地审视和评析企业核心竞争力和企业价值增长要素的有效关联，并通过敏锐的商业嗅觉捕获有利于企业快速发展的商业机会和时代机遇，不断提升企业核心价值创造能力与核心竞争力，搭建长效机制与保障平台。

做谋篇布局的策划者。董事会代表出资人对企业发展战略进行全面规划，是公司战略规划的核心机构，要回答好企业发展干什么、靠什么、怎么干等基本问题。研究确立清晰的企业发展使命和愿景，引导带领员工与企业同向同行。对于涉及"三重一大"等关键决策，既要与公司的战略规划相协调，以符合经济性与社会性等多重效益要求，更要实现对隐患及风险的有力预测与防控。突出抓好重大投资的计划、立项、实施和评价环节的流程管控，要在计划确定和项目立项环节发挥定向把关作用，决定公司资本、资源的战略布局。通过投资决策加强主营业务的产业链建设，决定主业与关联产业的资源配置和布局。选择并修正完善商业运行模式，整合各类产业资源。优化与升级企业核心产业价值链条上的关键节点，从而实现与谋求产业价值链条的整体最优。依据投资决策计划和执行计划的需要，谋划相应人力资源的梯次配置、规划布局等工作。

做企业效益的创造者。董事会负责对重大事项的决策功能是在各种投资机会之间合理配置战略资源，并为这些机会进行融资，以实现权益资本价值最大化。着力于企业商业模式的创新改进，尊重和运用市场经济规律和企业发展规律，通过不断增强企业比较优势，全面提升企业创收能力。瞄准把握国内与国际两个市场、两种资源，深

耕细作，加大企业技术、装备、资本、产品、标准的输出力度，为企业提升效益寻求动力源泉。

三、坚持依法合规，充分发挥监事会的监督作用

监事会作为对公司的业务活动进行监督和检查的法定必设机构，要充分发挥其对企业经营合法性、合规性、合理性的监督职能，保证公司正常有序运营。

突出抓好企业经营合法性监督。监事会所具备的最主要职能，是对企业经营合法性的监督，即监督企业是否依法经营、经营成果是否真实合法等。监事会要在经营业绩、重大经营活动决策、重大项目建设、内部审计等方面进行重点监督，并结合企业实际情况，建立健全监督机构与机制，规范优化内部监管流程、方式及措施。有效推动企业内部控制，在监督中一旦发现缺陷，立即分析原因，提出整改建议。坚持对重大事项、重大决策做好全程监督，切实维护企业权益，确保企业不涉足违法业务领域。

突出抓好企业经营合规性监督。着力搭建与完善企业规程，形成全面管理的基础架构，完善内控问责机制，强化监督检查和整改力度。增强合规经营理念，有效提升防范违规行为的内生力，实现企业防控形势的根本性变化。构建防控长效机制，完善全过程的监督链条。在规范企业各个运行阶段的基础上，根据形势变化及时制定预防风险措施，有效降低风险发生率，以达到维护国有资产保值增值的目的。

突出抓好企业经营合理性监督。监事会同时肩负着企业经营发展科学性的督查职责，要围绕国资监管中心工作和具体要求，重点关注经营方式调整、管控模式变化、内部机制改革和年度经营计划修订等事项，确保合理合法。通过对企业经营的合理性监督，规范企业的经营模式，消除游离于法律、规程以外的灰色地带，实现企业经营科学化、合理化、规范化。

四、坚持高效履职，充分发挥经理层的执行作用

经理层是公司经营管理的执行机构，依法由董事会聘任或解聘，并接受董事会管理和监事会监督，在企业经营管理执行过程中，关键落脚点在执行的坚定性、创新性、科学性上，充分发挥其抓经营、促转型、强管理的功能作用。

全心全意抓经营。坚定执行董事会的决策部署和工作计划，有力实施企业经营管理。在经营理念上，以新发展理念为引领，深刻领会高质量发展的丰富内涵和实践要求，扎实推动高质量发展。在经营方式上，既坚持一张蓝图绘到底，按照系统部署统筹推进，又及时根据形势变化，积极调整经营策略，确保完成发展目标。在经营重点上，着眼长远发展，摒弃规模速度情结，不以短期利益为主，聚焦企业主业，围绕企业产业链、供应链、数据链上下游统筹策划开展工作，不断增强企业自身实力。

千方百计促转型。增强执行的创新性，有效推动企业商业模式、管理模式、技术路线等创新，加快实现转型升级。深入探索创新企业融入"一带一路"建设的契合路径，抢抓转型发展的战略机遇。深入探索创新深化股权多元化和混合所有制改革、建立灵活高效的市场化经营机制等实践路径，不断激发转型发展的内生活力。深入探索创新推动企业关键核心技术攻关、创新体系建设、创新要素优化升级等体制机制，不断提升企业核心竞争力。

凝心聚力强管理。增强执行的科学性，以科学管理为支撑，不断提升治理水平，加快推动高质量发展。要对标一流企业加强管理，结合行业领域、发展阶段、功能作用等实际，加强与行业先进对标，不断找差距补短板。加快建立符合市场竞争需要的管理机制，推动管理制度化、标准化、流程化、信息化，着力形成系统完备、科学规范、运行高效、边界清晰的管理体系和制度流程，切实推动企业管理能力现代化。

第三节 企业权力机构

公司的权力机构主要是指股东大会，它是股份有限公司的最高权力机构。股东大会由全体股东组成，对公司重大事项进行决策，有权选任和解除董事，并对公司的经营管理有广泛的决定权。

一、股东及分类

股东是指向公司出资或者持有公司股份并对公司享有权利和承担义务的人，是公司资本或股份的所有者。股东是公司存在的基础，没有股东就不可能有公司。由于公司的性质和类型不同，投资者向公司出资的时间及取得股权的方式和种类不同，按照不同的标准可以对股东做出分类。

（一）隐名股东和显名股东

按照出资的实际情况与登记记载是否一致，股东可分为隐名股东和显名股东。

隐名股东是指虽然实际出资认缴、认购公司出资额或股份，但在公司章程、股东名册和工商登记等材料中却记载为他人的投资者，又称隐名投资人、实际出资人。

显名股东是指在正常状态下，出资情况与登记状态一致的股东。根据《中华人民共和国公司法》的规定，有限责任公司成立后，应当向股东签发出资证明书，并置备股东名册，记载股东的姓名或者名称及住所、股东的出资额、出资证明书编号等事项。

（二）机构股东和个人股东

按照股东主体身份，股东可分为机构股东和个人股东。机构股东是指享有股东权的法人和其他组织，包括各种基金、保险等。个人股东是指一般的自然人股东。

（三）创始股东与一般股东

按照获得股东资格的时间和条件，股东可分为创始股东与一般股东。创始股东是指为组织设立公司、签署设立协议或者在公司章程上签字盖章、认缴出资，并对公司设立承担相应责任的人。一般股东是指因出资、继承、接受赠与而取得公司出资或者股权，并因而享有股东权利、承担股东义务的人。

（四）控股股东与非控股股东

按照股东持股数量和影响力，股东可分为控股股东与非控股股东。控股股东又分为绝对控股股东与相对控股股东。控股股东是指其出资额占公司资本总额50%或依其出资额所享有的表决权已足以对股东、股东大会的决议产生重大影响的股东。其余的股东就是非控股股东。

（五）大股东与中小股东

按照公司支配权与持有的表决权资本数量，股东可分为大股东和中小股东，这是一组相对的概念。

一般来说，以公司中股东持有的股份数为标准，持有多数股份的股东为大股东。大股东可依靠其掌握的相对较多的表决权资本享有控制权。相对持股较少的股东是中小股东，掌握具有表决权资本数量相对较少的第二大股东和广大中小股东的控制权依次弱于大股东。虽然大股东通常处于拥有公司支配权的地位，但是其与控股股东的概念不完全一致。例如，可以存在非拥有支配权的大股东，也可以存在非持有多数股份的控股股东。

二、股东的权利义务及法律地位

（一）股东的权利

股东的权利（以下简称股权）是基于股东出资而享有的权利，主要包括投资收益权、优先认股权、股份转让权、投票表决权、建议权和质询权、选举权、知情权、诉讼权等。

1. 投资收益权

股东以其投资取得了公司股东的法律地位，因而具有了要求投资回报的权利。股东的收益权主要包括股利分配权、清算剩余分配权。股利分配权即股东享有在董事会宣告分配股利或有其他形式的利益分配公告时，依照其所持有的股份获得股利和其他形式的利益分配的权利。股利分配权是公司股东的一种固有权，由公司的盈利本质所决定，是实现投资者投资回报的重要形式。清算剩余分配权是公司被解散、撤销、破产或注销之前，公司全部债权、债务关系清算完毕后资产如有剩余，股东有权参与剩余财产分配。

2. 优先认股权

在公司增资扩股时，原股东一般享有优先出资或认股的权利，以及股东对其他股权转让出资时的优先购买权。在公司发行新股增加资本时，按照原股东的持股比例，给予其在指定期限内以规定价格优先认购一定数量新股的权利。该权利产生的目的在于保证原股东对公司所有权的控制权不因资本的增加而受到削弱。

优先认股权可以转让、买卖，也可以放弃。买卖优先认股权的价格，由股票市场上该种股票的价格、新股的发行价格和认购一股新股所需的优先认股权数三个因素决定。

3. 股份转让权

公司的股东有权按照自己的意愿转让手中的股票，以获取资本收益或转移风险。在我国，有限责任公司股东向股东以外的人转让其出资，必须经过全体股东过半数同意，并且原股东享有优先受让权；股份有限公司股东特别是持有流通股的股东可以依法自由转让其股份。

4. 投票表决权

股东可以出席股东（大）会，对公司重大事项进行表决，形成公司决议。股东表决权是在有限责任公司或股份有限公司中，股东按其持有的股份对公司事务进行表决的权利。股东表决权的大小，取决于股东所掌握的股权数量。在有限责任公司中，股东会由股东按照出资比例行使表决权；在股份有限公司中，股东出席股东大会，所持有的每一股份都有一表决权。

5. 建议权和质询权

股东对公司的经营建议权和质询权应该是股东特别是中小股东的一项重要权利。建议权是指股东对公司提出有关经营管理方面的意见、改善措施、方案的权利；质询权是指股东对公司的决策失误、管理不当、管理人员的不尽职或失职行为提出质疑，要求其改正的权利。每位股东都有权进行建议和质询，与其持股比例无关。

6. 选举权

选举权即股东选择董事、监事等公司管理者的权利，当然，股东也有被选举的可能。由于股东不直接参与公司的经营管理，而是通过选举董事、监事组成董事会和监事会，进而获得对公司业务的控制权，因此如何选择和监督公司的组织机构对股东来说就具有重大的意义。也可以说，选择公司的经营管理者的权利是股东经营管理权的具体化，也是股东最实质的管理公司的权利。

7. 知情权

知情权是股东基本的权利之一。按照公司法的规定，股东有权查阅公司章程、股东会会议记录和会计报告，公司应将上述文件置备于公司以供查阅。股东的知情权主要包括以下两个方面：告知权和查阅权。告知权就是股东对公司的重要事项有被告知及公告的权利，公司要向股东告知公司各个方面的重要事项。查阅权就是股东对公司重要文件有查阅及复制权，公司重要文件主要指公司章程、股东名册、股东（大）会会议记录、公司董事等高级管理人员的个人资料、公司财务会计文件等。

8. 诉讼权

诉讼权是按照一定程序，向法院对一定的当事人提出权益主张，并要求法院予以解决和保护的请求的权利。股东的权利受到侵害时，有权向公司、政府主管部门、法院寻求帮助。其中，诉讼是维护其合法权益最重要也是最有效的手段。根据公司法，股东有权提起的诉讼主要有两种：一是直接诉讼；二是派生诉讼。

直接诉讼是指股东纯为自身利益而以股东身份向公司或者其他侵害其权利的人直接提起的诉讼，也即股东为实现其作为股份的所有者而拥有的某项权利的诉讼。例如，要求股息的诉讼，要求查阅账簿的诉讼，要求行使投票权的诉讼，要求召开股东（大）会会议的诉讼等。直接诉讼主要涉及股东与公司间的关系。股东的该项权利既可以由股东单独行使，也可以由股东共同行使。

派生诉讼是指当公司的正当权益受到他人侵害，特别是受到有控制权的股东、董事和其他管理人员等的侵害时，应该代表公司行使诉讼权的公司机构如董事会往往不可能代表公司诉讼（因为为了维护公司利益而提起的诉讼应当由董事会决议，由公司代表如董事长代表公司出庭，如果是董事会损害了公司利益，这就形成了董事会自己诉讼自己的局面，董事会很可能拒绝或怠于行使公司诉讼权利），此时股东或公司的其他主体可以代表公司，对侵害人提起诉讼，以要求停止侵害，赔偿公司损失。

（二）股东的义务

权利与义务总是相对的，股东享有权利，也要承担义务。股东的义务主要包括出资义务、对公司承担有限责任的义务、不得滥用其权利的义务等。

1. 出资义务

股东的出资义务，即股东必须依其所认数额向公司缴纳股款。认股人一旦按时缴纳出资额，就取得了股东资格。在允许股东分期缴纳其所认股款的情况下，股东只需缴纳首期出资即可取得股东资格。

2. 对公司承担有限责任的义务

股东以其出资或所持股份为限对公司承担有限责任；股东除其出资外，对公司不承担任何其他财产责任，公司债务与股东无关，除非特别例外。

3. 不得滥用其权利的义务

股东应遵守法律、行政法规和公司章程，不得滥用股东权利损害公司或者其他股东的利益，不得损害债权人的利益，如有侵害，应当依法承担赔偿责任。《中华人民共和国公司法》（2018 年修订）第二十条规定："公司股东应当遵守法律、行政法规和公司章程，依法行使股东权利，不得滥用股东权利损害公司或者其他股东的利益；不得滥用公司法人独立地位和股东有限责任损害公司债权人的利益。""公司股东滥用股东权利给公司或者其他股东造成损失的，应当依法承担赔偿责任。""公司股东滥用公司法人独立地位和股东有限责任，逃避债务，严重损害公司债权人利益的，应当对公司债务承担连带责任。"

（三）股东的法律地位

股东的法律地位具体表现在股东与公司之间的法律关系和股东之间的法律关系两个方面。

1. 股东享有股东权

股东权又称股东权利或股权，广义上是指投资者向公司投资后所形成的所有者的权利，即股东依其出资或所持股份而享有权利、获取收益并承担义务的总称。从狭义上讲，股权仅指股东根据其股东资格所享有的权利。通常所说的股权是指狭义上的股权。

股东作为公司的出资者和所有者依法享有股权是股东与公司之间的法律关系和股东法律地位的集中表现，股权是任何类型公司中股东普遍享有的权利。股东之所以将自己的资产交由公司进行经营管理，就是基于自己的出资或持有的股份，享有相应的权利，实现自己的经济目的，并承担一定的义务。

2. 股东之间一律平等

股东的法律地位还体现在股东相互之间的法律关系中。股东之间一律平等是指股东基于其股东资格，按其出资或所持有股份的性质和数额，在权利和义务上享受平等待遇，不得对任何股东予以歧视。原则上股东同股同利和同股同权，具体含义如下：

第一，公司同种类别的股份包含同样性质的股权，即持有同一种类股份的股东所享有的权利和承担的义务是同等的，持有不同种类的股份的股东如优先股股东、特别股股东和普通股股东之间的权利和义务并不相同。

第二，股东持有同等数量的同种股份所享有的权利和承担的义务是同等的，即股东的平等是以所持有的股份比例为度量标准的，股东持有的股份数量越大，其享有的权利和利益也就越大，其所承担的责任及义务也就相对越大。

第三，所有股东在权利受到侵害时，都应当得到有效的补偿。

阅读专栏 2-3　股权的分类及结构模式

一、股份的含义与种类

（一）股份的含义

投资者向股份有限公司的投资即为股份（Stock）。股份是股份有限公司资本构成的基本单位和最小单位，是股东权利与义务的产生根据和计算单位，股份通过股票表现其价值，并且可转让。

（二）股份的种类

依据不同的标准，可以将股份有限公司的股份划分为不同的种类。

第一，根据股东所享有权益的内容和承担义务的大小划分，可将股份分为普通股份和优先股份。

普通股份，即普通股，是指股东所拥有的权利和承担的义务在性质上完全相等，没有差别待遇的股份。普通股是股份有限公司资本中最重要、最基本的股份，各国立法普遍赋予普通股表决权，特别是要求上市公司的普通股必须具有表决权，并禁止以章程或股东大会决议予以剥夺或限制。这样，拥有普通股数量的多少就决定了股东对公司事务的控制程度。普通股具有以下特点：一是其股利不固定，一般视公司有无利润、利润多少、现金情况而定，而且要在支付了公司利息和优先股股利后才能分配。不过，如果公司利润丰厚，普通股股利上不封顶，普通股股东是公司获利的主要受益者；反之，在公司亏损时，不仅股利全无，甚至连本亏掉。二是在公司清算时，普通股股东要排在公司债权人和优先股股东之后分配公司剩余财产。三是普通股一般都享有投票表决权，即参与公司重大问题投票决策的权利。四是多数公司的普通股股东享有优先购股权，即普通股股东享有按一定比例优先购买新发行股票的权利。

优先股份，也称优先股，即比普通股享有优先权的股份。优先股具有以下特点：一是优先股可优先参加分配股利或剩余财产，并且股利一般是固定的，不受公司经营状况等因素的影响。二是优先股在分配公司盈余或剩余财产方面享有了优先权利，相应地，其表决权等权利受到限制或剥夺，这是优先股在取得优先权时所付出的代价。

第二，根据股份有无表决权划分，可将股份分为表决权股份和无表决权股份。

表决权股份，即在任免董事等公司重大事项上享有无条件的表决权的股份。表决权股份具体又分为三种：①普通表决权股份，指每股享有一票表决权的股份；②多数表决权股份，指一股享有一票以上（如两票或更多票）表决权的股份，这种股份一般由特定股东如董事、监事拥有；③限制表决权股份，指表决权受到公司章程限制的股份，如优先股。设置多数表决权股份是为了保持特别股东对公司事务的控制权，但多数表决权股份助长了少数股东的特权，公司容易被少数股东操纵。

无表决权股份，指依据法律或公司章程被取消了表决权的股份。依法被剥夺表决权的股份主要是公司的自有股份；依据章程自愿放弃表决权的股份，主要是享有分配公司利润或剩余财产的优先股。此外，还有表决权受到《中华人民共和国公司法》或公司章程限制的股份，即限制表决权股份。例如，《中华人民共和国公司法》规定，股东持有股份占公司资本的一定比例（如30%）时，公司应以公司章程限制其表决权，这是为了防止大股东对公司事务的操纵和对小股东权益的侵害。

二、股份比例设计

股份比例即每个股东投入的股份占总股本的比例，如注册资本为100万元，1元1股，总股本为100万股。A股东投入80万元，即拥有80万股，占80%的股份；B股东投入20万元，即拥有20万股，占20%的股份。一般而言，在公司股份比例中，持有66.7%的股份具有绝对控制权，在董事会和股东大会上拥有绝对的表决权；持有51%的股份具有相对控制权，在董事会经营决策权上，拥有超过半数的表决权；持有33.4%的股份具有否决权，即拥有1/3的否决权。

设置股份比例的原则：

（1）一般以出资额为准，这是确定今后行使表决权的基础。

（2）股份比例最好不要均等。如果股份比例均等，在股东意见不一致的情况下，就会面临困局，如两个股东公司的股份配比为50∶50，三人股东公司的股份配比为33∶33∶34等。在实际运作中，最好有明显的股份梯次。

（3）要有核心股东能够掌握控制权和话语权。

（4）股东之间要资源互补。股东之间的合作不仅是资金的集合，更是股东在资金之外的其他资源的互补，如技术、运营、品牌、专利、政策等。

（5）股东之间要信任。股东之间的合作是为了一个目标，公司是通过契约关系结合的经济组织，股东之间要共创、共担、共享。

三、股权结构模式

（一）股权的分类

股权结构是指公司总股本中，不同性质的股份所占的比例及其相互关系。股权即股票持有者所具有的与其拥有的股票比例相应的权益及承担一定责任的权利。

按照股权的不同属性，股权可以分为以下五种：

1. 股权控制权与意思表决权

股权控制权一般是相对于所有权而言的，是指通过股份持有对某项资源的支配权，并不一定对资产有所有权。例如，通过持有更多的股份，可取得对公司的控制权，即实际控制人。一般来说，持有66.7%～100%的股份，具有绝对控制权；持有51%～66.7%的股份，具有相对控制权；持有33.4%～51%的股份，具有一票否决权。

2. 自益权和共益权

自益权是指股东专为自己的利益而行使的权利。股东的自益权主要包括：出资证明或股票的请求权，股份转让过户权，出资转让权，新股认购、分配股息红利等投资收益权，剩余财产分配权等。

共益权是指股东为自己的利益同时兼为公司的利益而行使的权利。股东的共益权主要包括：出席股东（大）会权、表决权、选任公司董事等管理人员的请求权、代表诉讼提起权、股东（大）会召集权、提案权、质询权、股东（大）会或董事会决议撤销诉讼权、申请特别清算权、公司重要文件查阅权等。

由此可见，自益权与共益权就其内容而言，前者主要表现为股东自身的、直接的经济利益，多具所有权的内容；后者主要表现为股东对公司经营的参与和监督，多具所有权中的占有、使用、管理等权能的内容，两者相辅相成，共同构成了股东所享有的完整股权。

3. 固有权和非固有权

按照股权性质是否可被剥夺或限制的不同，股权可分为固有权和非固有权。

固有权，又称法定股东权或不可剥夺权，是指《中华人民共和国公司法》赋予股东的、不得以公司章程或股东（大）会决议予以剥夺或限制的权利。非固有权又称非法定股东权或可剥夺权，是指可由公司章程或股东（大）会决议予以剥夺或限制的权利。

划分固有权和非固有权的意义在于，明确股东的哪些权利是法定不可剥夺或不可限制的，哪些权利是可依公司章程或股东（大）会决议予以剥夺或限制的，从而既可加强对股东权的保护，又可对股东权利重新进行分配或配置。如果股东的固有权被公司限制或者剥夺，属于公司的违法行为，股东可依法主张权利，并采取相应的救济措施。

4. 单独股东权和少数股东权

按照股权行使方式的不同，股权可分为单独股东权和少数股东权。

单独股东权是指不论股东持股数多少，股东一人即可依照自己的意志而单独行使的权利。单独股东权包括股东在股东（大）会上的表决权，宣告股东（大）会决议无效的请求权。

少数股东权又称共同股东权，是指持有公司已发行股份一定比例以上的股东才能行使的权利。少数股东权的行使与股东人数的多少并无必然联系，行使少数股东权的关键是必须持有一定数额或比例的出资或股份，因此少数股东既可以是持股达到一定比例以上的单个股东，也可以是持股数总计达到一定比例以上的多个股东。少数股东权又可分为两种情况：一是法定少数股东就可行使的权利。例如，《中华人民共和国公司法》规定，股份有限公司中持有公司股份10%以上的股东，有召集临时股东（大）会的请求权；此外，提名独立董事需要10%以上的股份。二是法定多数股东才可行使的权利。例如，《中华人民共和国公司法》规定，公司创立大会应有代表股份1/2以上的发起人、认股人出席，方可举行。

设立少数股东权是为了防止多数股东滥用多数表决规则的情况发生。因此，共益权多属于少数股东权，自益权均属于单独股东权。

5. 一般股东权和特别股东权

按照股权行使主体的不同，股权可分为一般股东权和特别股东权。一般股东权是指公司的普通股东行使的权利。特别股东权是指公司的特别股东（如优先股股东、劣后股股东、发起人股东等）才可以享有的权利。公司的特别股东虽然享有某些特别的权利，不过其权利和义务也是对等的，他们在某些权益上的所得往往少于公司的普通股东。

（二）股权结构模式

股权结构按照公司所有权和控制权的组合可以划分为四种模式：分散的所有权和弱控制权；分散的所有权和强控制权；集中的所有权和弱控制权；集中的所有权和强控制权。

三、股东（大）会运行机制与表决机制

（一）股东（大）会的内涵

股东（大）会作为由公司全体股东组成的对公司重大事务进行决策的机制，在本质上并不是"机构"，而是一种制度，是股东民主的制度形式。对于有限责任公司，一般称为股东会；对于股份有限公司，一般称为股东大会。

1. 股东（大）会由公司全体股东组成

这是由股东出资设立公司，作为公司所有者的地位决定的。其意味着公司所有股东，不论其所持有的股票是否享有表决权，都有权出席股东（大）会会议。

股东（大）会由公司全体股东组成的意义主要表现在两个方面：

第一，股东（大）会不能由股东代表大会替代，即对公司有关事项做出决议的只能是股东（大）会而不能是股东代表大会。任何以股东代表大会名义做出的决议都是违法的，均没有法律效力。

第二，任何股东均有权出席股东（大）会会议。也就是说，任何人均不得以任何理由阻止公司股东出席股东（大）会会议，依法行使作为股东所享有的权利。对于无表决权的股东来说，其出席股东（大）会会议仅是不能行使表决权，而不是不能行使任何股东权利。因此，不能将股东（大）会会议狭隘地理解为仅是股东行使表决权的场所。相反，股东（大）会会议不仅是股东行使表决权的场所，还是股东行使质询权、提案权等重要股东权利的场所。

2. 股东（大）会为公司的意思机构

第一，股东（大）会是为公司做出意思表示的自然人集合体。股东（大）会代表公司做出意思表示的形式是形成股东（大）会决议。

第二，从股东的角度来看，股东（大）会决议是由单个股东的意思转化而来的，是公司全体股东的"公意"。股东出席股东（大）会会议对公司有关事项做出决议的目的在于约束公司的经营管理者，即公司的经营管理者必须按照股东（大）会决议经营管理公司事务。

3. 股东（大）会为公司的权力机构

这是由股东作为公司出资者的地位决定的。股东（大）会作为公司的权力机构主要体现在如下方面：一是在公司的组织机构中，没有任何机构能够位居股东（大）会之上。二是董事会和监事会作为公司组织机构的组成部分，都源于股东（大）会，其成员都是由股东（大）会直接选举或者间接选举产生的。三是公司经营管理者受股东（大）会监督，股东（大）会的决议对公司经营管理者具有约束力。四是股东（大）会对公司重大事项包括公司本身的"生死"拥有决策权。

4. 股东（大）会是公司的必备机构

虽然由于种种原因股东（大）会的权力日益萎缩，董事会的权力不断扩大，但由于股东（大）会作为公司组织机构的重要组成部分，在公司治理中发挥着不可替代的作用。因此，股东（大）会仍是公司的必备机构，这是由股东作为公司出资者的地位决定的。换言之，股东（大）会的地位与股东的地位具有相互促进的关系，股东的地位决定股东（大）会的地位；反之，股东（大）会在公司的地位也反映了股东在公司利益相关者中的地位。

（二）股东（大）会的职权

股东（大）会是公司的最高权力机构，由全体股东组成，对公司重大事项进行决策，有权选任和解除董事，并对公司的经营管理有广泛的决定权。

（三）股东（大）会的类型

股东（大）会是一种定期或临时举行的由全体股东出席的会议，是一种非常设的公司的最高权力机构。股东（大）会主要有以下两种形式：

1. 定期会议

股东（大）会的定期会议又称股东（大）会年会，一般每年召开一次，通常是在每一会计年度终结后的 6 个月内召开。召开股东（大）会年会，应当将会议召开的时间、地点和审议的事项于会议召开 20 日前通知股东。年度大会的内容一般包括：选举董事、变更董事、变更公司章程、宣布股息、讨论增加或者减少公司的资本、审查董事会提出的各项议案等。

2. 临时会议

临时股东（大）会是指除定期股东（大）会之外，因临时急需而召开的股东会议。《中华人民共和国公司法》规定，有下列情形之一的，应当在两个月内召开临时股东大会：

（1）董事人数不足本法规定的人数或者公司章程所定人数三分之二时。

（2）公司未弥补的亏损达股本总额三分之一时。

（3）单独或者合计持有公司股份百分之十以上的股东请求时。

（4）董事会认为必要时。

（5）监事会提议召开时。

（6）公司章程规定的其他情形。

（四）股东（大）会的表决机制

股东（大）会的决议是通过一定的表决制度形成的，因此某种决议能否获得通过及通过的决议是否科学、正确，关键取决于股东（大）会表决制度的选择与安排。股东（大）会的表决制度主要有以下两种形式：

1. 举手表决制度

股东（大）会会议议案的表决在多数情况下采取"一人一票"的举手表决制度，获得多数票的议案得以通过。举手表决制度又称按人头表决，与股权的占有状态没有联系，一律"一人一票"。采用这一表决制度，委托投票的受托人不论其委托的票数有多少，也只能投一票。举手表决制度将股权的多少与议案的表决割裂开来，弱化了大股东的表决权限，加之受从众心理的影响，其表决结果有悖于公平、公正、公开的表决原则，也未必能准确反映广大股东的真正意向。举手表决的优点是操作简便、节省时间，只适用于那些象征性表决，或比较琐碎、不大容易引起争议的议案。有争议的举手表决议案经某些股东提议后，可以通过投票表决方式重新审议。如果董事会所提议案被举手表决否决，董事会成员或会议执行主席可以要求以投票表决方式重新审议。

2. 投票表决制度

（1）直接投票制度。

直接投票制度是指当股东行使投票表决权时，必须将与持股数目相对应的表决票数等额地投向他所同意或否决的议案。

例如，某股东的持股量为 100 股，表决的议题是选举 5 个董事，那么该股东的有效表决票数就等于 500（100×5）张，该股东必须将有效表决总票数分成五份，等额地投向他所选定的每一个董事，即每个候选董事都从他那里获得 100 张选票。

这种表决制度对于大股东有利，只要持股达到 50% 以上，就可操纵董事人选。

（2）累计投票制度。

累计投票制度是指股东（大）会选举两名及以上的董事时，股东所持的每一股份拥有与应选董事总人数相等的投票权，股东既可用所有的投票权集中投票选举一人，也可分散投票选举数人，按得票多少依次决定董事人选的表决权制度。累计投票权是一种表决权。

例如，上例中，该股东可以将所有有效表决总票数投向某个候选董事，即某个候选董事从该股东这里得到 500 张选票。累计投票制度的目的就在于防止大股东利用表决权的优势操纵董事的选举，矫正"一股一票"表决制度的弊端，同时充分调动中小股东行使投票权的积极性。

（3）代理投票制。

代理投票制是现代股份公司会议表决的一个重要组成部分。按常规，参加会议或投票表决必须本人亲自完成，但是，由股东委托代理人代为投票，长期以来在全世界范围内一直是各公司所认定和遵从的投票表决习惯。早期的代理投票大多是股东间相互委托，而且许多公司的章程中都规定，这种委托只能发生在本公司的股东间，也就是说代理人必须是本公司的股东。

（4）网络投票制度。

网络投票制度是指上市公司借助互联网召开股东大会，股东可以通过网络远程参加股东大会并行使表决权。由于网络投票制度可以有效地保障中小股东的合法权益，降低股东参加股东大会的时间和金钱成本，大大提高了中小股东的话语权。

第四节　企业决策机构

董事会是公司最重要的决策和管理机构，公司的事务和业务均在董事会的领导下开展，董事会是公司治理的核心。对股东而言，董事会是受托者，接受股东的委托实现股东对资产保值增值的要求；对于经理层而言，董事会又是委托者，授权经理层开展公司经营活动，并对其实施监督和控制，以实现企业经营目标。

一、董事的选举与任免

（一）董事的任职资格

董事是指由公司股东（大）会选举产生的具有实际权力和权威的管理公司事务的人员。董事的任职资格是指出任公司董事职位的人员应当具备的资格条件，包括限制条件和胜任条件。

1. 限制条件

有下列情形之一的，不得担任公司的董事：

（1）无民事行为能力或者限制民事行为能力的。

（2）因贪污、贿赂、侵占财产、挪用财产或者破坏社会主义市场经济秩序，被判处刑罚，执行期满未逾五年，或者因犯罪被剥夺政治权利，执行期满未逾五年。

（3）担任破产清算的公司、企业的董事或者厂长经理，对该公司、企业的破产负有个人责任的，自该公司、企业破产清算完结之日起未逾三年。

（4）担任因违法被吊销营业执照、责令关闭的公司、企业的法定代表人，并负有个人责任的，自该公司、企业被吊销营业执照之日起未逾三年。

（5）个人所负数额较大的债务到期未清偿。

公司违反上述规定选举、委派董事、监事或者聘任高级管理人员的，该选举委派或者聘任无效。

2. 胜任条件

公司在选择董事的过程中，除了要考虑限制条件外还要考察董事个人的胜任能力。董事应具备以下方面的特征：

（1）正直和责任心。这是评价任何董事人选时首要考察的内容，董事会应寻找那些在个人和职业行为中显示出高尚的道德和正直的品质、愿意按董事会的决定行动并对此负责的候选人。

（2）见多识广的判断力。董事应当具有聪明才智并能够将之应用于判断和决策中。

（3）熟悉财务知识。董事至少应当了解资产负债表、利润表、现金流量表等基本的财务报表，据此来评估公司的经营业绩。

（4）自信、善于协作和尊重他人。

（5）资历和历史业绩。董事在过去应有良好的经营业绩。

（二）董事的权利与义务

1. 董事的权利

董事的权利是指董事基于法律、公司章程的规定和委托契约的约定而享有受托处理公司事务的各种权利。其一般包括：

（1）出席董事会会议。

董事本人应该出席董事会会议，因故不能出席的，可以书面委托其他董事代为出席，委托书中应载明授权范围。

（2）行使表决权。

董事在董事会会议上拥有就所议事项进行表决的权利。董事会做出决议，必须经全体董事的过半数通过。

（3）董事会临时会议召集的提议权。

公司 1/3 以上的董事可以提议召集董事会临时会议。

（4）报酬请求权。

在现代公司中，董事在管理公司的过程中要付出大量的时间、精力，并要具备丰富的管理才能，因而公司应给予董事相应的报酬。

（5）签字权。

包括董事长在内，公司的全部董事作为股东的受托人和代理人，应当对股东（大）会负责，在董事会所讨论和通过的文件上签字。

（6）代表公司对监事提起诉讼权。

董事、监事都向股东（大）会负责，当监事违反信任义务时，由董事长或其他董事代表公司起诉监事。

2. 董事的义务

董事的义务就是董事作为公司的受托人和代理人，应为满足股东和公司的合法利益，依法应当为或不为一定行为的制度规定。主要包括两大义务：

（1）勤勉义务。

勤勉义务也称注意义务，就是要求董事付出适当的时间和精力，关注公司经营，并按照股东和公司的最佳利益谨慎行事。

（2）诚信义务。

诚信义务也称忠实义务，就是要求董事履职时必须诚实、善意且合理地相信其行为符合公司的最佳利益。

（三）董事的任期和解任

董事的任期一般在公司章程中做出规定。每届任期一般不得超过 3 年，可以连选连任。

董事在任期内，股东（大）会无故不得解除其任职。

董事的卸职、撤换等主要有以下情况：

（1）任期届满。

（2）转让出资或股份。

（3）股东（大）会决议可以依法撤换董事甚至董事会，即使董事任期未满。

（4）法院判决董事执行公司业务时有重大损害公司利益的行为，或违反法律法规、公司章程的规定，即使股东（大）会没有解除其职务，股东依法可请求法院判决解任。

（5）资格条件的丧失。被选举为董事者应当具备积极和消极资格条件，如果董事在当选后出现了不具备上述资格条件的情况，董事应当自动离职。

（6）董事可以依法辞职。

二、董事会职能、规模与构成

（一）董事会的职能

董事会是依照有关法律、行政法规和政策规定，按公司章程设立并由全体董事组成的业务执行机关。其中，有限责任公司设董事会，董事会对股东会负责，行使下列职能：

（1）召集股东会会议，并向股东会报告工作。

（2）执行股东会的决议。

（3）决定公司的经营计划和投资方案。

（4）制定公司的年度财务预算方案、决算方案。

（5）制定公司的利润分配方案和弥补亏损方案。

（6）制定公司增加或者减少注册资本以及发行公司债券的方案。

（7）制定公司合并、分立、解散或者变更公司形式的方案。

（8）决定公司内部管理机构的设置。

（9）决定聘任或者解聘公司经理及其报酬事项，并根据经理的提名决定聘任或者解聘公司副经理、财务负责人及其报酬事项。

（10）制定公司的基本管理制度。

（11）公司章程规定的其他职权。

归纳起来，作为公司重要业务执行机构的董事会，其职能主要体现在以下五方面：

第一，负责召集股东（大）会会议，并向股东（大）会报告工作，执行股东（大）会的决议。董事会的这些职权体现了董事会与股东（大）会的实质关系。董事会作为公司的经营决策机构，对公司的权力机构股东（大）会负责，有权召集股东（大）会，并向股东（大）会报告工作，执行股东（大）会的决议。这既是董事会的职权，也是其法定职责。

第二，决定公司的经营计划和投资方案。在股东（大）会决定了公司的经营方针和投资计划后，董事会据此决定公司的经营计划和投资方案并组织实施，这是董事会经营决策权最重要的体现。

第三，制定有关股东（大）会决议的重大事项的方案，包括年度财务预算方案、决算方案、利润分配方案和弥补亏损方案，增加或者减少注册资本及发行公司债券的方案，公司合并、分立、变更公司形式、解散的方案。对于这些事项，股东（大）会具有最终决定权，但公司董事会可以通过制定方案并提交股东（大）会审议、表决来施加影响，参与公司重大事项的决策。

第四，决定公司内部管理机构、基本管理制度和重要管理人员，包括决定公司内部管理机构的设置，聘任或者解聘公司经理，根据经理的提名聘任或者解聘公司副经理、财务负责人并决定其报酬事项，制定公司的基本管理制度。这些职权也是董事会经营决策权的重要体现，是董事会执行股东（大）会决议、实施公司经营计划和投资方案、保障公司良好运行的基础。

第五，公司章程规定的其他职权。公司股东可以根据公司的具体情况，通过公司章程授权董事会其他职权，如规定由董事会决定承办公司审计业务的会计师事务所的聘任或者解聘等。

（二）董事会的规模

由于公司类型不同、规模不同，公司的经营范围、经营规模及领导模式各异，每一个具体的公司所需董事的数量不能一概而论，各国公司立法对公司董事人数都做了不同的、弹性较大的规定，具体人数则由公司在章程中加以明确。另外，为了保证董事会决议能够顺利通过，不至于造成表决数目相等而无法形成决议的局面，董事的人数一般为奇数。一般地，有限责任公司董事会成员为 3~13 人，股份有限公司董事会成员为 5~19 人。

各个公司董事的具体人数由公司章程依法规定，其基本原则是能够充分讨论和提高决策的效率。

（三）董事会的构成

在董事会规模既定的情况下，需要考虑董事人员的构成。

1. 董事会的董事构成

一般来说，公司董事会基本上由以下三类董事构成：

（1）执行董事。

执行董事主要是担任董事的本公司管理人员，如总经理、副总经理等，主要负责日常经营与管理、制定和执行战略。

（2）非执行董事。

非执行董事在本公司不担任职位，如股东董事，其能够从外部角度更公正地判断公司的决策。

（3）独立董事。

独立董事是指不在公司担任除董事外的其他职务，并与其所属上市公司及其主要股东不存在可能妨碍其进行独立客观判断的关系的董事。

独立董事的独立性和任职条件。独立董事必须具有独立性；在上市公司或者其附属企业任职的人员及其直系亲属（直系亲属指配偶、父母、子女等人员）、主要社会关系（主要社会关系指兄弟姐妹、岳父母、儿媳女婿等）不得担任独立董事。公司还可以根据实际需要，在公司章程中制定独立董事的职责。

独立董事的提名、选举和更换办法。独立董事的提名、选举和更换应当依法、规范地进行。独立董事每届任期与该上市公司其他董事任期相同，任期届满，连选可以连任，但是连任时间不得超过 6 年，独立董事连续 3 次未出席董事会会议的，由董事会提请股东（大）会予以撤换。

独立董事的特别职权。发表重大关联交易的独立意见；向董事会提议聘用或解聘会计师事务所；向董事会提请召开临时股东（大）会会议；提议召开董事会会议；独立聘请外部审计机构和咨询机构；可以在股东（大）会前公开向股东征集投票权。

2. 董事会人员构成需要考虑的因素

（1）相关法律法规的要求。

上市公司的独立董事比例不能低于 1/3。

（2）董事会的独立性。

公司股权结构越分散，非执行董事的比例就越高。

（3）董事会成员的互补性。

董事会更强调集体决策的力量，因此董事会成员的异质性越来越重要，包括专业互补性、年龄互补性、性别互补性、区域互补性等。

阅读专栏 2-4　董事会组织机构设置

董事会是由董事组成的，是对内掌管公司事务、对外代表公司的经营决策机构。董事会的机构设置主要包括：董事长、董事会秘书和专门委员会。

一、董事长或董事会主席

董事长在有的国家和公司又称为董事会（局）主席，一般是公司董事会会议的召集人和主持人，并对外代表公司诉讼和签字。一般而言，有限责任公司或规模较小的公司可以不设董事长，只有一名执行董事；股份有限公司和规模较大的公司应当设董事长。依法设有董事会的公司，须设立董事长 1 人，副董事长 1~2 人，董事长可以是公司的法定代表人，即公司的代表机关。

1. 董事长的职权及义务

董事长在各国不同的法律地位决定了各国对其职权的规定也有较大的差异。在我国，股份有限公司董事长行使的职权范围包括：主持股东大会和召集、主持董事会会议；检查董事会决议的实施情况；签署公司股票、公司债券；根据董事会授权，在董事会闭会期间，行使董事会部分职权。有限责任公司董事长负责召集和主持董事会会议，董事长其他方面的职权可以在公司章程中予以规定，副董事长协助董事长工作；董事长不能履行职权时，由董事长指定的副董事长代行其职权。

尽管董事长、副董事长经董事会或公司授权，可以依法召集、协调董事会的运作，但其与公司一般董事居于同等的法律地位，在表决权上一人一票，没有指挥、命令其他董事的权力。董事长、副董事长与其他董事一样，都必须对公司负有善管及忠诚的义务，并承担相应的责任。

2. 董事长的产生

不同类型公司的董事长的产生方式有所不同，股份有限公司董事长和副董事长由董事会以全体董事的过半数选举产生；有限责任公司董事长、副董事长的选举办法由公司章程自定。

二、董事会秘书

1. 董事会秘书的界定

公司董事会秘书尤其是上市公司的董事会秘书，虽然常常不是公司的董事，但他是公司中不可缺少的重要角色，代表了公司的内在素质和外在形象。《上市公司章程指引》规定，董事会设董事会秘书，董事会秘书是公司高级管理人员，对董事会负责。

2. 董事会秘书的素质要求

董事会秘书应当具有必备的专业知识和经验，由董事会委任，法律规定不得担任公司董事的情形适用于董事会秘书。公司董事或者其他高级管理人员可以兼任公司董事会秘书，公司聘请的会计师事务所的注册会计师和律师事务所的律师不得兼任公司董事会秘书。董事兼任董事会秘书的，如某一行为须由董事、董事会秘书分别做出时，则该兼任公司董事及董事会秘书的人不得以双重身份做出。董事会秘书由董事长提名，经董事会聘任或者解聘。

3. 董事会秘书的主要职责

准备和递交国家有关部门要求的董事会和股东（大）会出具的报告和文件；筹备董事会会议和股东（大）会，并负责会议的记录和会议文件、记录的保管；负责公司信息披露事务，保证公司信息披露的及时、准确、合法、真实和完整；保证有权得到公司有关记录和文件的人及时得到有关文件和记录；公司章程和公司股票上市地证券交易所上市规则所规定的其他职责。除此之外，公司还应当按照证券交易所上市规则中关于董事会秘书的规定，在章程中对董事会秘书的任职资格、职责等事项做出具体规定。

三、董事会专门委员会

董事会专门委员会是指在董事会内部常设若干由独立董事占多数组成的职能化和专业化组织。

1. 董事会专门委员会的作用

董事会专门委员会可以发挥如下作用：一是提高董事会的工作效率，有效发挥董事会的决策与监督专业化的职能；二是明确董事的义务和责任，防止董事会滥用权力。

2. 董事会专门委员会的构成

（1）战略委员会。

战略委员会主要负责制定公司经营管理目标和长期发展战略，监督、检查年度经营计划、投资方案的执行情况。战略委员会的设立主要是从管理角度出发考虑的，其主要职能在于对董事们关于企业重大经营和战略目标的讨论进行把关，以避免出现不顾股东回报或不顾社会效益的行为。战略委员会中非执行董事可以从多角度对经营活动及其潜在风险进行评议，降低执行董事的决策风险。

战略委员会的成员构成主要以执行董事为主，委员会主任由董事长或总经理担任。

（2）提名委员会。

提名委员会是公司董事会通常下设的专门委员会之一，主要负责制定董事和经理人员的选择标准和程序，提出提名候选人的建议；对董事和高级管理层成员的任职资格进行初步审核，并向董事会提出建议。鉴于提名委员会的工作涉及人事这一关键性问题，提名委员会成员的任职资格很重要。

提名委员会的人员构成主要以独立董事为主，委员会主任由独立董事担任。

（3）薪酬委员会。

薪酬委员会主要负责审议公司薪酬管理制度和政策，拟定董事和高级管理层成员的薪酬方案，向董事会提出薪酬方案建议，并监督方案实施。薪酬委员会决定公司的管理人员及每位执行董事的具体薪酬水平与构成，包括养老金和各种报酬性支付。薪酬委员会还要参与股票期权、利润分享及其他激励计划的制定，执行董事的任职合同也需要薪酬委员会批准。

薪酬委员会的人员构成以独立董事为主，委员会主任由独立董事担任。

（4）审计委员会。

审计委员会的职责主要包括：提议聘请或更换外部审计机构；监督公司的内部审计制度及其实施；负责内部审计与外部审计之间的沟通；审核公司的财务信息及其披露；审查公司的内控制度。

审计委员会的人员构成以独立董事为主，至少有一名会计专业人士，委员会主任由独立董事担任。

3. 董事会专门委员会的特点

（1）董事会专门委员会是董事会内部下属的辅助工作机构。董事会专门委员会设置于董事会内部，其是否设立及其权利、职责、运行方式和人员构成等均应获得董事会的批准，并且董事会专门委员会向董事会负责。除上文提到的各种董事会专门委员会外，公司还可以根据发展的需要设置公共政策委员会、投资委员会、安全委员会等，如金融行业还设置了风险管理委员会、关联交易管理委员会等。

（2）各专门委员会可以聘请中介机构提供专业意见，有关费用由公司承担。各专门委员会对董事会负责，各专门委员会的提案应提交董事会审查决定。

（3）董事会专门委员会设立的目的是确保董事会有效行使重大决策和监督职能，尤其是监督职能。董事会作为一个业务执行机关，不可能经常召开会议，为了更好地履行其职能才设立了董事会专门委员会。

（4）董事会专门委员会成员全部由董事组成，其中审计委员会、提名委员会、薪酬委员会中独立董事应占全部或多数并担任召集人，专门委员会至少由 3 名以上董事组成。

三、董事会会议运行机制与评价

（一）董事会会议的种类

1. 定期会议与临时会议

董事会定期会议是指由法律和公司章程确定的每年度定期召开的董事会会议。于每年度召开几次，由公司章程在法律确定的限度内自定。股份有限公司董事会每年度至少召开两次会议；有限责任公司董事会会议的次数由公司章程确定。

董事会临时会议是指在两次定期会议之间于必要时召开的、不定期的董事会会议。1/3 以上的董事提议可以召开董事会临时会议。

对于上市公司，董事会每年至少召开两次定期会议或例会，因为公司必须发布中期报告和年度报告。美国上市公司董事会每年平均召开七次以上会议，董事会下设的各专门委员会召开会议的次数更多。我国上市公司董事会每年平均召开四次以上会议，今后召开会议的次数还应当增多。

2. 现场会议与通讯表决

董事会现场会议是指定期会议中面对面召开的会议，在这种会议上，针对公司重大事项问题，董事们可以集思广益进行充分的互动交流，最后得出一致意见。通讯表决是指通过各种通信工具，就公司的程序性事项进行表决，其优点是降低了会议成本，缺点是缺少互动讨论的环节。

（二）董事会会议的召集

1. 确定会议召集人

为保证董事会会议的效率，许多国家公司法规定了董事会会议的召集人和程序。《中华人民共和国公司法》规定，董事会会议由董事长负责召集并主持；董事长因故不能履行职责时，由副董事长召集和主持；副董事长不能履行职务或者不履行职务的，由半数以上董事共同推举一名董事召集和主持。

2. 会前准备

召开董事会会议，应当履行一定的召集程序，向董事提前发出会议通知。对于会议的召集期限和程序，各国公司法一般不做限制性规定。有限责任公司召开董事会会议，应当于会议召开 10 日前通知全体董事；股份有限公司董事会每次定期会议应当于会议召开 10 日前通知全体董事，董事会召开临时会议，可以另定召集董事会的通知方式和召集时限。董事会会议通知包括以下内容：会议日期和地点、会议期限、事由及议题、发出通知的日期。

3. 确定董事会会议的法定人数

董事会会议必须有法定最低人数的董事出席方可举行，并形成有效的董事会决议。为保证董事会会议的民主决策，法定人数应当超过董事会成员的半数。股份有限公司董事会会议的法定人数，应由 1/2 以上的董事出席方可举行。对于有限责任公司，董事会会议的法定人数，应由公司章程确定。

此外，董事会或经理就涉及职工切身权益的问题做出决定，应当事先听取工会和职工的意见并邀请工会代表或职工代表列席会议。

4. 制定董事会会议的议事规则

与股东（大）会的表决规则不同，董事会会议的议事规则坚持的是按董事人数确定表决的票数，每个董事享有一票表决权，董事会做出决议，必须经全体董事的过半数通过。从表面上看，这类似于人人平等的"政治民主"而不是"资本民主"，但实际上，支撑在每个董事背后的还是资本的力量。

董事会会议应严格按照规定的程序进行。董事会应按规定的时间事先通知所有董事并提供足够的资料，包括会议议题的相关背景材料和有助于董事理解公司业务进展的信息和数据。当 2 名或 2 名以上独立董事认为资料不充分或论证不明确时，可联名以书面形式向董事会提出延期召开董事会会议或延期审议该事项，董事会应予以采纳。

董事会应当对所议事项的决定形成会议记录，由出席会议的董事在会议记录上签名存档，并对董事会的决议承担责任。经证明在董事会表决时曾表明异议并记载于董事会会议记录的董事，可以免除其对该董事会决议的责任。因此，董事会会议记录是证明董事是否参与董事会会议并对该决议承担责任的重要证据，也是公司经理组织实施董事会决议的依据，其具有重要作用。

由于公司的重大业务中除了法定和公司章程规定属于股东（大）会决议的事项外，其他一般由董事会会议决定，因此董事会决议的内容和法律效力对于公司来讲具有重大意义。

在董事会闭会期间，董事会可授权董事长行使董事会部分职权的，公司应在公司章程中明确规定授权原则和授权内容，授权内容应当明确、具体。凡涉及公司重大利益的事项，应由董事会集体决策。

（三）董事会评价

1. 董事会评价的方式

董事会评价主要有三种方式：

（1）董事会自评，包括董事自评和董事互评。

（2）监事会评价，监事会对董事行为进行评价。

（3）股东（大）会评价，股东（大）会对董事会执行股东（大）会决议情况进行评价。

2. 董事会评价结果的应用

根据董事会评价结果可以将董事划分为优秀、称职、基本称职和不称职。

（1）被评为优秀、称职的董事，在任期内继续履职。

（2）被评为基本称职的董事，股东应当与其进行面谈，通过培训帮助董事提高履职能力；向其提出限期改进要求，如长期未能有效改进的应当及时予以更换。

（3）被评为不称职的董事，应当及时予以更换。

3. 董事会评价的意义

董事会的有效评价对于公司治理质量的提升具有重要作用。

（1）通过对董事会的评价可以清晰反映董事会对公司发展的价值贡献。评价过程有助于董事会及其董事考虑其实际角色和责任上的忠实义务水平，从而有助于董事提高对自身权利与责任的清晰理解及对公司发展的贡献程度。

（2）定期对董事会进行评价可以有效提高董事会的运作效率。董事会评价有助于董事会在实际运作中发现问题和及时提出改正措施，在保障科学决策的同时提高决策的效率。

（3）通过对董事会进行评价可以发挥预警作用。评价的结果对于董事会运作效率的改进具有积极的作用。

第五节　企业执行机构

一、高级管理者的界定与特征

（一）高级管理者的界定

高级管理者是指在现代企业中，对法人的财产拥有经营管理权，承担法人财产保值增值责任的企业高级经营管理者。这类管理者由企业聘任，以自身的人力资本出资，以经营管理企业为职业，并以此获得报酬和剩余索取权。高管层是董事会的经营决策执行机构，在董事会授权范围内，具体负责公司日常经营管理事务。例如，商业银行高级管理者是指金融机构总部及分支机构管理层中对该机构经营管理、风险控制有决策权或重要影响力的各类人员，即由商业银行总行行长、副行长、财务负责人及监管部门认定的其他高级管理人员组成。

（二）高级管理者的特征

1. 市场化

高管层市场化是指打破企业经营者的行业类别和部门所有，企业经营者主要依靠市场机制来配置，在市场竞争中实现优胜劣汰，从事企业经营的人员具有市场竞争意识，把市场选择作为从事本职业的前提条件。

2. 职业化

职业化就是以企业经营和管理为职业。这种职业特点使得职业经理本能地追求企业盈利。首先，高管层要遵守职业道德，即遵守那些公认的职业规范与要求，能够自觉地以此为指导原则。其次，高管层要遵从规律，即相信在企业的发展和运行中存在着不以人的意志为转移的规律，经营企业的力量并不来自个人的魅力而是来自对规律的把握，由此获得人格的独立，不会违背商业原则或过度依赖超经济力量获取成功。

3. 专业化

专业化意味着对所做工作具备较高的知识和技能。高管层的专业化体现为四点：一是界限感，即他们非常清楚自己是做什么的，对工作及其范围有着十分清楚的界定；二是专业化，即拥有更多的知识和技能，比一般人更懂得如何有效地解决出现的问题；三是非常清楚自己的局限性，既然了解自己的优势，当然也就知道自己在其他方面的局限；四是流程化，相信对问题最好的解决办法就是通过流程将行为程序化，抑制越轨行为。

4. 职权合约化

高管层之所以能够管理他人，能够调动资源，能够将单个人的力量凝聚为更大的合力，前提在于合约。高管层的权力行使范围是有限的，权力的来源也是有前提的，只有在合约的范围内，权力才有效。职业经理非常懂得运用合约来管理公司，这是职业化的重要标志。

5. 具有明显的品牌效应

高管层以经营和管理为职业，获得多少薪酬，完全取决于其经营管理水平。在聘用之前，品牌效应也是判断高管层的一个重要标志，如果一家企业经营得不好，那么其职业生涯可能也就不会再有起色。如果高管层服务的企业是一些不入流的企业，则很难得到高评价或高报酬，因此高管层非常重视自己的品牌声誉。

二、高级管理者制度

高级管理者制度与现代企业制度是相适应的。在现代市场经济体制下，董事会把企业的经营管理决策权交给最有能力管理公司的人。高级管理者是企业的一种稀缺资源。市场通过建立相应的制度来调节、配置，从而使资源流向最优行业和企业，使得高级管理者价值最大化，能够让所有者以最低的代理成本找到最合适的高级管理人才，是提升企业组织活力和经营效率的关键所在。

高级管理者制度是把一种社会职业与一种社会职位相联系的制度设计，其主要包括三大具体制度。

（一）市场配置制度

高级管理者的竞争、选拔与聘用是该制度的精髓所在。高级管理者在市场上的价格问题又是选聘制度的主旨问题。因此，竞争选聘就是挑选一个既有高超管理才能又有积极工作态度的高级管理者来担任公司的经理。然而，经理人的能力并不是一蹴而就的，需要一个厚积薄发的过程，通常是通过经理人在公司中长期的工作绩效与成就，进而在职业经理市场中建立起来的职业声誉和良好口碑来体现的。高级管理者的人力资本价值是通过经理人市场来表现的。如果一个经理能够为企业带来良好的经济效益，那么他的人力资本价值就高；如果一个经理不但不能为企业盈利，反而将企业经营得一塌糊涂，甚至负债累累，那他就很可能被辞退。因此，从长远来看，高级管理者为了自身利益也会认真管理企业，因为只有这样才能保持其人力资本在市场上的价值，突出自己的优势，给市场留下好印象从而使更多的企业选择自己。

（二）业绩评价制度

高级管理者业绩评价是指选用特定的指标体系，采用相应的评价方法，运用相应的评价标准，对高级管理者在对应的经营任期内经营绩效和经营业绩进行科学、客观和公正的综合性评价。高级管理者的经营业绩评价制度是一切激励与约束的基础条件。对于一般企业来说，公司的所有者即股东是高级管理者经营业绩的主要评价者。董事会中的薪酬委员会也是高级管理者经营业绩评价的主要审核专业机构。

（三）监督约束制度

要做到监督约束，首先要完善监督制度，加强监督的力度，切实做到外部约束和内部监督的有机结合。一般来说，高级管理者的评价选择、合理使用、激励和约束等方面的因素是构成高级管理者制度的关键所在，国家法律及社会规范准则对高级管理者来讲是一种外部约束机制，与之相对应的内部约束，是指在出资人与高级管理者之间通过合同契约等方式形成的一种权责利相互约束的机制。

阅读专栏 2-5　高级管理者的选任

高级管理者选任机制主要解决的是如何挑选出有能力的高级管理者的问题，它是激励与约束机制能够有效发挥作用的前提条件。高级管理者选任制度的核心是由谁以何种方式选择高级管理者，也就是说，在你确定将汽车开向何处之前，必须有合适的人在车上，不合适的人请下车。

一、高级管理者选任的来源

根据选任主体、选择方式和来源的不同，可以分为两类：

（一）竞争选任和指派选任

竞争选任就是通过竞争机制在公司内外经理人市场进行选拔，择优聘用。其好处是能够通过相对公开、透明的形式，选择真正有能力的人出任高级管理者。

指派选任就是上级主管部门作为出资人有权选择和委任经理人员。

（二）内部提拔和外部聘任

内部提拔的高级管理者熟悉公司和工作，他们在公司多年的工作经验有助于保证公司整体运作的连续性。因此，如果公司已经发展得相对成功，内部高管直接晋升能够避免公司更改人员配置和公司运作，确保公司业务的平稳过渡；外部聘任则常常发生在董事会对经营绩效不满，或公司发生战略变革时。

外部聘任的管理者往往不拘泥于公司已经形成的业务模式与管理团队，更注重通过改变为公司带来业绩提升。虽然外聘的高级管理者经验丰富，但如果他们无法很好地适应组织，企业的经营业绩可能无法得到改善。

二、高级管理者选任的影响因素

高级管理者选任方式受到许多因素的影响，如高级管理者市场、企业规模及其他因素。

（一）高级管理者市场

从技术方面来看，如果把选择的维度确定为选择的范围、成本和企业专用性，那么高级管理者市场选择机制的特点是选择范围大、选择成本高。首先，由于市场选择的范围大，得到有较强能力的高级管理者的可能性就高。其次，相对于企业内部选择，市场选择涉及被选择者能力的信息不对称程度高，因而较高的信息搜寻和甄别费用使市场选择成本较高。最后，市场选择可能难以考虑到被选择者的企业专用性。对企业来说，许多信息或知识是高度专用的，因此市场选择会带来较大的不确定性。内部选择则具有与市场选择相反的特点，即选择范围小、选择成本低、企业专用性高。由于市场选择与内部选择存在互补的优缺点，在确定高级管理者的选择方式时需要进行综合权衡。

（二）企业规模

对于规模较大的企业来说，起主导作用的是关于被选择者能力的信息不对称程度，并且大企业对高级管理者知识和才能的专用性要求较高，一般有自己的企业文化和经营理念，因此应以内部选择为主。对中小企业而言，起主导作用的则是高级管理者才能的质量。在同样的信息不对称程度下，不同的选择方式在选择范围上相差较大，况且中小企业对高级管理者知识和才能的专用性要求并不是很高，因此高级管理者选择应当以市场选择为主。

（三）其他因素

其他一些因素也可能会影响高级管理者的选择方式。例如，当企业需要进行战略调整、战略转移或企业的经营遇到困难时，高级管理者的选择方式很可能是以市场选择为主，因为这时企业需要的是创新发展思路，调整经营方向，而市场选择的高级管理者较少受到原有思路的约束，便于企业创新。当企业处于正常的新老交替时，为了保证企业经营思想和策略的连续性，高级管理者的选择一般应以内部选择为主。

三、高级管理者的激励机制

高级管理者激励就是通过设计适当的奖酬形式和工作环境，以一定的行为规范和惩罚性措施，借助信息沟通来激发、引导、保持和规范公司高级管理者的行为，以有效地实现公司及其个人目标的系统活动。

（一）报酬激励机制

管理者的报酬一般由工资、奖金、利润分成、股票、股票期权、年金等构成。每一种形式的报酬各有优缺点：年薪制可以提供可靠的收入，起到保险作用，但没有足够的激励性；奖金、利润分成、股票等一般与当年的经营业绩等相联系，具有一定的激励作用，但容易造成管理者采取短视行为；年金、管理者持股、管理者股票期权等有利于公司的长期业绩，最具激励性，但时间久、风险高。

最优的管理者报酬制度应当根据公司的生产技术性质、规模、市场、发展目标及管理者的情况，设计出不同形式的报酬组合，既保证管理者因提供经营管理服务而获得基本的收入，又将管理者的风险性收入与公司的长期整体发展水平相联系。

1. 年薪制

年薪制是最基本的管理者报酬制度，是指企业以年度为单位根据经营者的生产经营成果和所承担的责任、风险确定其工资收入的工资分配制度。

年薪制是世界各国较为普遍采用的一种经理报酬制度。英国和美国模式的经理报酬制度主要由基本年薪、年度奖金、长期激励、养老金计划和津贴组成，其中长期激励项目（股票、股权等收入）在经理人员总薪酬中所占比重较大，报酬总额与普通职工收入差距很大。德国和日本模式的经理报酬制度中长期激励项目占比较低。德国企业经理报酬结构中几乎不设长期激励项目。日本企业经理虽然持有本企业一定的股票，但其股票收入和损失都非常低。德国和日本公司经理的报酬与普通员工收入差距相对较小。

年薪制是我国目前主要的高管层报酬制度，由基本收入和风险收入构成。基本收入体现了高级管理者人力资本的价格，一般以公司职工平均工资为基数，结合公司规模及其他因素来确定。风险收入是对高管层超额贡献的奖励，从机会成本的角度来讲，也是高级管理者决策失误时分担经营风险的形式；有时为了防止高级管理者的短期化行为和规避未来的风险，企业可以采取不同程度延付年薪制的形式。

年薪制的优点：

第一，年薪制可以充分体现经营者的劳动特点。企业可以根据经营者一个年度及任期内的经营管理业绩，确定与其贡献相称的年度和长期报酬水平及获得报酬的方式。

第二，年薪结构中含有较高的风险收入，有利于在责任、风险和收入对等的基础上加大激励力度，使经营者凭借多种要素广泛深入地参与企业剩余收益分配，使经营者的实际贡献直接反映于当期各类年薪收入的浮动之中，并进一步影响其应得的长期收入。

第三，年薪制可以为广泛实施股权激励创造基础条件，企业既可以把年薪收入的一部分直接转化为股权激励形式，又可以组合多种股权激励形式，把经营者报酬与资产所有者利益和企业发展前景紧密结合起来。

第四，高薪养廉。高薪不仅能对高管层产生激励，而且能够对抑制"管理腐败"行为起到积极的预防作用。高薪本身构成了"管理腐败"的机会成本。通过实行高管层年薪制可以使高管层取得较为满意的收入，在一定程度上减少了"管理腐败"。

年薪制的缺点：

首先，年薪制无法调动经营者的长期行为。公司高管层时常需要独立地就公司的经营管理及未来发展战略等问题进行决策，诸如公司并购、公司重组及重大长期投资等，这些重大决定给公司带来的影响是长期的。在执行计划的当年，公司财务记录大多是执行计划的费用，计划带来的收益可能很少或者为零。出于个人利益的考虑，高级管理者可能倾向于放弃那些有利于公司长期发展的计划。

其次，年薪制只考虑了企业的年度收益，在信息不对称的情况下，会导致高级管理者行为短期化；在缺乏激励的情况下，高级管理者也可能通过其他渠道获取收入，通过各种途径寻租。

作为一种企业薪酬制度，高管层年薪制的实施需要良好的环境。

（1）以现代企业制度为基础的运行条件。其主要包括：企业所有权与经营权分离，以保证高级管理者拥有独立的决策经营权；实行公开招聘、优胜劣汰制度，保证高级管理者的高素质；以契约形式确立高级管理者的责权利，通过一套科学、严密、完善的监督体系和内部管理机制制衡和规范经营者行为。

（2）有科学的外在评估机制。只有对企业资产和经营状况进行准确的评估，才能决定高级管理者的基本薪酬和风险收入。这取决于两个条件：一是全面反映企业经营状况的指标体系；二是社会评估机构的介入。

对企业经营状况的考核必须全面，包括企业资产的增值保值情况，企业盈利、偿还债务和企业成长的能力情况，技术改造的投入、新产品研发投入和人力资源情况。社会评估机构必须要公正、客观地评价企业经营状况和高级管理者的工作绩效。

（3）理顺高级管理者与出资者的关系，使企业业绩能够与高级管理者的劳动付出和经营水平紧密联系在一起。

2. 高管层持股

高管层持股是指公司高管层和核心技术人员通过适当的制度安排和机制设计，持有一定比例的股权，参与企业部分剩余分享，以改善其收入结构，激励其采取有利于公司长期经营业绩的行为。

（1）股票期权，即在既定的公司治理结构框架下，公司最高权力机构对高级管理者或特殊员工授予股权，以期获得长期激励效应的一揽子激励制度安排。其中，股权安排形式主要包括限定性股权赠予、绩效股赠送、优惠售股、虚拟股票等。期权安排形式主要是指公司给予员工在未来时期内以预先约定的价格购买一定数量本公司普通股票的权利，通常是针对公司高级管理者而言的，但近年该权利有从经理层向关键雇员扩散的趋势。

股票期权的理论依据。股票期权能够对公司高管层发挥激励作用，所依据的逻辑是高管层努力工作，切实影响公司产出增加——公司产出增加，又切实影响公司股价上涨——公司股价上涨，使得高管层所持有的股票期权价值提高，高管层的努力得到补偿，由此形成良性循环。

股票期权的实施条件。一是只有在与业绩挂钩的变动薪酬占高级管理者总薪酬的相当比例时才可能达到激励效果；二是企业价值的增加主要来源于高级管理者的努力，企业绩效、企业价值的增加、高级管理者的努力都可以通过证券市场进行观察，并以股价的高低作为评价标准；三是高级管理者薪酬机制建立在一整套关键业绩指标考核基础之上，而且薪酬机制要与公司整体的战略目标相一致，以保证薪酬激励效果的最大化。

股票期权实施中的关键内容。高管层股票期权制度的产生首先是对公司权利与利益格局的重要调整，是公司财产所有权的安排，从更深层的意义上来讲，它还是一种新型的公司治理制度设计。在具体实施时应考虑以下内容：一是确定受益对象。应突出"激励性"而非"福利性"，重点面向小范围的公司高级管理者、技术骨干及业务骨干。二是确定授权期权数量。根据公司的规模、资本结构及所处的行业等来确定适当的数量和比例。三是确定行权价格。行权价格与市场价格之间的差价是股票期权计划的激励所在。应设置一套评价指标体系，包括净资产收益率、收入增长率、利润增长率等指标，综合评价后确定行权价格。四是确定行权期限。授予时机可以选择受聘、升职、年度评定等时间点，实施期限以3~5年比较合适。

股票期权的优点。一是能够在较大程度上规避传统薪酬分配形式的不足。传统薪酬分配形式虽然在一定程度上起到了刺激和调动经营管理者积极性的作用，但弊端是经营行为的短期化。股票期权则能够在一定程度上消除上述弊端，因为购买股票期权就是购买企业的未来，企业在较长时期内业绩的好坏直接影响到高级管理者的收入，促使高级管理者更关心企业的长期发展。二是将高级管理者的利益与投资者的利益捆绑在一起。投资者注重的是企业的长期利益，高级管理者受雇于所有者或投资者，更关心在职期间的短期经营业绩。因此，如何将两者的利益挂钩，使高级管理者关注创造企业长期价值，这是企业制度创新中非常重要的问题。实施股票期权，将高级管理者相当多的薪酬以期权的形式体现，就能实现上述的结合，促使高级管理者注重创造企业长期价值。三是对公司业绩有巨大的推动作用。相关研究对美国38个大型公司实行期权的情况分析表明，所有公司的业绩都得到了大幅提高，三年内资本回报平均增长率由2%上升到6%，每股收益平均增长率由9%上升到14%，人均创造利润平均增长率由6%上升到10%。四是有利于更好地吸引核心员工并发挥其创造力。核心员工对公司未来的发展至关重要。一般来讲，股票期权计划仅限于那些对公司未来成功具有非常重要作用的成员。授予核心员工股票期权，能够营造较好的内部竞争氛围，激励员工努力工作。同时，由于股票期权强调未来，能够留住绩效高、能力强的核心员工，因此是企业争夺和留住优秀人才并预防竞争对手挖走核心员工的有效手段。五是起到一种约束机制的作用。将公司高级管理者与公司的利益捆绑在一起，也是一种约束机制。

股票期权的不足之处。一方面，只有股票价格上升时股票期权才有价值，当股东获得收益时，股票期权持有人才能获得收益；另一方面，股票期权持有人在股票价格上升时受益而在股票价格下跌时不会受到实际损失。这两方面都可能导致高管层采取风险高的行动，如提高公司资产负债比例、并购其他企业等，并由此采取更为冒险的会计行为。这些行动的短期回报是极其吸引人的，但从长期来看，则可能会损害股东利益。

（2）限制性股票。限制性股票和股票期权作为两种针对员工的长期激励工具，影响的均是被激励对象的心理和行为。不论是股票期权还是限制性股票都属于期权类激励。

限制性股票是专门为了某一特定计划而设计的激励机制。限制性股票是指公司高级管理者出售这种股票的权利受到限制，亦即高级管理者对于股票的拥有权受到一定的限制。限制性股票是只要满足限制条件就无偿给予的股票，其限制条件可分为两种，即服务年限或者事先设定的业绩目标。

（3）管理层收购。由公司高管层借助金融杠杆购买本公司股份，实现资产重组，改变公司所有权结构，达到高管层持股控制企业所有权的目的。从理论上讲，作为专用性人力资本投入者的高级管理者通过管理层收购（MBO）又同时具有了出资者（非人力资本所有者）的身份。通过 MBO 带来的私有产权，高级管理者能够更有效地利用资源，MBO 将人及附加在人身上的管理要素、技术要素与企业分配的问题制度化。管理者的职能化是现代公司发展的大趋势，MBO 方式本身并不代表一种高效率的产权结构，很大程度上是一种实现产权结构高效率的中间手段。为了提高产权效率，通过 MBO 获得所有者地位的管理者在日益繁杂的双重身份操劳中也会逐渐选择一种主要身份，如自己作为所有者而另外聘用专职管理者，从而真正完成从管理者到所有者的身份置换。

（二）非物质激励

高级管理者激励中还包括非物质报酬因素，如控制权、声誉等。

1. 经营控制权激励

经营控制权是指能在事前通过契约加以明确的控制权，即在契约中明确规定的契约方在什么情况下具体如何使用权力。在创建企业中，特定控制权通过契约授权给创业企业家，这种特定控制权就是高级管理者的经营控制权，包括日常的生产、销售、雇用等权力。经营控制权对高级管理者来讲通常会产生激励作用，使其拥有职位特权，给高级管理者带来正规报酬激励以外的物质利益满足。

2. 声誉激励

声誉激励是一种终极的、最高的激励手段，主要是指精神激励或职业声誉，声誉激励可以作为激励高级管理者努力工作的重要因素，使高级管理者获得社会赞誉及地位，为其带来成就感。另外，声誉为高级管理者带来未来的货币收入，是一种价值较高的无形资产。

对于声誉、竞争等隐性激励机制的关注，是企业激励理论在 20 世纪 80 年代经济学将动态博弈理论引入委托—代理关系研究之后的新发展，对于企业经营者的激励体系设计，尤其是对处于长期委托—代理关系中的经营者的激励体系设计具有积极的指导意义。声誉激励属于精神激励的范畴，其发挥作用的基础是完备的经理人市场。在市场竞争中，经理人通过长期重复博弈建立起个人声誉，包括能力、经验、忠诚度等一系列信息，从而降低交易成本，减少逆向选择的信息不对称。经理人为了维护其职业声誉，就会努力工作，减少机会主义行为。

声誉激励机制发挥作用是一个长期的过程，只有高级管理者预期自己将长期从事企业经营管理，并且现期业绩、声誉的好坏会对未来的职业生涯产生决定性的影响，他才会珍视个人声誉。

四、高级管理者的约束机制

约束机制是指公司对高级管理者的决策、行为或经营成果所进行的一系列客观而及时的检查、评价、监察、控制、督导和惩罚的行动，包括公司内部约束机制和公司外部约束机制。从广义上说，高级管理者的选择和激励机制也是一种约束机制。

（一）内部约束机制

内部约束机制是指公司股东（大）会、董事会、监事会等组织机构对高级管理者的表现是否称职、业绩是否良好所进行的监督控制。

1. 组织制度约束

规范的公司治理结构中的股东（大）会、董事会和监事会制度本身就是一种约束机制。股东（大）会对高级管理者的约束是通过对董事会的信任委托间接进行的。董事会通过对公司重大决策权的控制和对经理人员的任免、奖惩进行直接约束。监事会对董事、经理执行公司职务时违反法律法规或者公司章程及损害公司利益的行为进行监督。组织制度约束是公司内部约束机制的核心。

组织制度约束有效的关键是：董事会真正代表股东的利益，并且做到与高级管理者之间的独立性；监事会具有检查公司财务的权力和能力。为此，要加强组织机构建设，在合乎规范的公司体制下，由公司股东（大）会、董事会、监事会与经理班子组成一套分工明确、权责分明、协调配合、互相制衡的公司领导机制，从而起到组织制度约束的效应。当然，组织制度约束的前提是所有权与经营权的分离，否则就会出现"形似而神不至"的治理结构。

2. 内部审计约束

内部审计是指企业内部建立的独立的审计部门，基于内部管理的需要，以公司内部控制为对象，以日常业务流程为内容，按照董事会的要求，坚持独立、客观、公正的原则，对企业内部管理和其他相关方面做出评价和判断，从而有效地为降低内部经营风险，保证企业良性运转，并促进企业管理的高效与透明的一种评价活动。内部审计是在一个组织内部建立的一种独立的评价活动，对该组织的活动进行审查和评价。内部审计对企业管理起到制约、防护、鉴证、促进和参谋作用。

监督职能是内部审计最基本的职能。监督是指以财经法规和制度规定为评价依据，对审计对象的财务收支及经济活动进行检查和评价，以便衡量和确定其会计资料与其他资料是否正确、真实，其所反映的财务收支及经济活动是否合法、合规、合理、有效，检查审计对象是否履行经济责任，有无违法违纪、损失浪费等行为，追究或解除其经济责任，从而督促审计对象纠错防弊，遵守财经纪律，改进经营管理，提高经济效益。通过对公司全方位、全过程系统的监督形成约束机制，对促进公司的董事会、经理层及其领导的各个部门依法经营起着重要的作用，弥补监事会监督的不足。

（二）外部约束机制

外部约束机制是指法律和政府部门等对管理者进行的影响和监督。

1. 市场约束

高级管理者的行为要受到来自经理人市场、产品市场、资本市场三个方面的约束。经理人市场的竞争对管理者施加了有效的压力，只有业绩良好的管理者才能在市场上显示其能力和未来报酬。产品市场如果是竞争性的，或者说公司处于完全竞争市场，那么管理者只能通过降低成本、提高效率、增强公司竞争力的方式在产品市场上获胜，并显示其经营业绩。资本市场的作用至少表现在两个方面：一是股票价格的高低是判断公司经营状况的灵敏指标；二是如果公司股票价格下跌，就会发生股东"用脚投票"和收购接管行为，一旦收购成功，就会解聘在任的管理者。

2. 债权人约束

债权人通过对公司偿还能力的考核和监督，保证公司按期还本付息，实现对公司的约束。公司在很大程度上依赖银行，银行可以较大程度地监控公司的运行。

3. 法律法规约束

市场经济是法治经济，完备的法律体系是市场经济正常运行的保证，应依法规定高级管理者的职责权利，限制高级管理者滥用权力侵害公司的利益，对违法者应依法追究其责任。从强度上说，法律法规约束是最有力的约束，也是其他约束机制生效的最终保证。

只有公司内部约束机制和外部约束机制对高级管理者形成直接和间接的合力约束，才能达到有效约束高级管理者行为的目的。

第六节　企业监督机构

一、监事会的内涵

（一）监事会的概念

监事会是公司的常设机构，负责监督公司的日常活动及对董事、经理等人员违反法律、公司章程的行为予以指正。监事会的设立目的是由于公司股东分散，专业知识和能力差别很大，为了防止董事会、经理滥用职权，损害公司和股东的利益，就需要在股东（大）会上成立这种专门监督的机构，代表股东（大）会行使监督职能。

在现代企业制度中，所有权与控制权的事实分离使股东一般难以直接管理或控制公司，公司交由董事会治理。为了避免代表所有者的董事会因追求自身利益而损害公司、股东、债权人、职工的权益，必须通过一定的制度安排对董事会进行制约和监督。公司法当然可以通过规范性条款、股东（大）会等方式对董事会及董事进行监控，但这难以彻底防止董事和董事会滥用权力。为此，多数国家设置了监事会为公司的专门监督机构，形成了股东（大）会、股东、监事会对董事会及董事权力的多层监控机构。

（二）监事会的法律地位

监事会的法律地位表现在以下三个方面：

（1）监事会或监事是公司的法定必设机关。

（2）监事会向股东（大）会汇报工作，并得到股东（大）会的批准，以体现股东对公司的权力。

（3）监事行使监督职权，对公司财务及董事、经理执行业务进行监督。

（三）监事会的人数和成员结构

关于监事会的人数，各国公司法对有限责任公司一般无强制限制，多由公司章程予以确定；股份有限公司的监事会成员多规定为 3 人以上，具体人数一般视公司的股本规模、职工人数而定。《中华人民共和国公司法》规定监事会成员不得少于 3 人，设监事会召集人一名；监事会召集人不能履行职权时，由该召集人指定一名监事代行其职权。有限责任公司规模较小、股东人数较少的，可以不组成监事会，只设立 1~2 名监事。

有限责任公司及股份有限公司设立监事会的，监事会由股东代表和适当比例的公司职工代表组成，具体比例由公司章程规定。对职工监事的比例，《上市公司章程指引》规定，公司职工代表担任的监事不得少于监事人数的1/3。此外，监事还应具有法律、会计等方面的专业知识或工作经验；监事会的人员和结构应确保监事会能够独立有效地行使对董事、经理和其他高级管理人员及公司财务的监督和检查。

二、监事会制度的形成与发展

（一）国外监事会制度的形成与发展

监事会制度属于内部监督范畴，而内部监督制度最早可以追溯至英国，英国议会于1844年颁布了《合股公司法》，要求企业设置监事会，专门负责行使企业内部的监督控制职能。随后受到英国东印度公司的影响，该制度逐渐传播到德国和法国等大陆法系国家，从而逐步形成了具有各国特色的监事会制度。1861年，德国制定了《德国商法典》，该法典第225条规定可以任意设置监事会，监事会作为股份有限公司的机构在法律上被承认。此后，随着1899年日本《新商法典》（又称《明治商法》）、1966年法国《商事公司法》及1993年中国公司法对监事会制度的导入，监事会制度逐渐被越来越多的国家所采用。

（二）我国监事会制度的形成与发展

中国监事会制度起步于20世纪90年代。1992年，国家经济体制改革委员会发布了《有限责任公司规范意见》和《股份有限公司规范意见》，首次正式使用"监事"和"监事会"的字样，并对其相应权力进行了规定。1993年12月29日通过的《中华人民共和国公司法》正式确立了监事会在公司中的法律地位，形成了董事会、监事会与高级管理人员相互制衡的公司治理结构，进一步明确提出股份有限公司和有限责任公司设监事会，并较为全面地规定了监事会的组成、监事的任职资格、监事会的职权和议事规则及监事的权利和义务等，监事会制度在我国被正式建立起来。

为了强化对国有大型企业的监督，1998年5月7日，国务院印发了《国务院向国有重点大型企业派出稽察特派员的方案》。鉴于稽察特派员制度所取得的现实效果，1999年9月，中国共产党第十五届中央委员会第四次全体会议通过的《中共中央关于国有企业改革和发展若干重大问题的决定》确定，继续试行稽察特派员制度，同时要积极贯彻中共十五大精神，健全规范监事会制度，过渡到从体制上、机制上加强对国有企业的监督，确保国有资产不受侵犯。基于此，在1999年12月25日对《中华人民共和国公司法》进行修改时，增加了国有独资公司监事会的规定。2000年3月15日发布施行的《国有企业监事会暂行条例》及2002年1月7日由证监会和国家经贸委联合公布的《上市公司治理准则》中进一步扩大了监事会监督的范围，明确了相应的权责。直至 2005 年，再次修订后的《中华人民共和国公司法》在总结我国监事会制度实施以来经验和教训的基础上，进一步强化了监事会在公司治理中的地位、作用、职责、权利和义务，为监事会增设了"罢免权""提案权""股东（大）会的召集权和主持权""诉讼权"等诸多实质性监督权利，规范了监事会会议和表决机制，并明确了监事会行使职权的费用保障机制。

阅读专栏 2-6　监事会的设置模式

监事会是由全体监事组成的、对公司业务活动及会计事务等进行监督的机构，负责监督和检查公司事务或业务活动的公司常设的组织机构一般可称为监事会。与公司其他机构相比，监事会是各国公司法和不同公司中差别最大、变化最大的组织机构。在不同类型、不同规模的公司中，监事会的性质与规模各不相同。在有限责任公司，监事会一般是公司的任意机构，公司可设监事或监察人一人至数人，也可不设。有些国家对资本数额或职工人数较少的小型公司是否设置监事会，原则上不加干预，由公司自己决定；对于资本数额、职工人数达到一定规模的公司，规定必须设置监事会。对于股份有限公司，各国对是否设置监事会的规定也不尽一致，大致有四种模式。

一、德国监事会模式

监事会作为董事会的领导机构，对公司业务和财务状况及董事会执行业务进行监督，并行使一定的业务执行决定权，即董事会是执行监事会决议、负责公司日常运营的执行机构。从监事会成员的构成来看，由股东代表和工会代表组成，公司规模在 2000 人以上的，监事会中工会代表占一半以上。

二、日本监事会模式

在股东（大）会下同时设置监事会和董事会，监事会作为与董事会地位平行或独立于董事会的机构，负责对公司事务及董事会执行业务的监督工作，向股东大会负责并汇报工作。

三、英美监督模式

采用英美公司制度模式的一些国家，公司的股东（大）会之下不设置监事会。例如，美国公司的监督职能一般由董事会特别是外部董事兼任，公司设立以外部董事组成的审计委员会，负责监督董事会的经营活动。英国股份有限公司的董事会成员可分为一般董事和执行董事，前者参加董事会会议并监督公司财务，后者与公司订立服务合同并全力管理公司业务。对公司会计事务的审计核查则交由股东大会或董事会聘请的专业人员如会计师进行，证券市场、董事和经理人市场的竞争与选择机制无形中对公司的董事、经理等人员产生监督和压力。由此可见，英美法系国家公司立法中尽管未规定设置专门的公司监督机构，但董事会中的外部董事制度或独立董事制度、股东的代表诉讼制度及公司账目的专门审计制度，在相当程度上弥补了这一缺陷，与公司监事会制度作用一样。

四、中国监事会模式

我国采取监事会与董事会平行的公司治理结构，实际上是德国监事会模式与日本监事会模式的混合产物。我国规定，监事会是公司监督机构。有限责任公司经营规模较大的，设置监事会；规模较小、股东人物较少的，可以不设监事会，只设1~2名监事，行使监事会的职权。股份有限公司须设置监事会，公司职工代表担任的监事不得少于监事人数的1/3。

三、监事会的职权

在实行不同公司组织机构和治理方式的国家，监事会的职权范围虽然有很大差异，但一般主要包括财务监督、业务监督和管理者监督三个方面。

（一）财务监督

监事会有权随时调阅检查公司财务资料，调查公司的业务及财产状况，并将调查结果向股东（大）会汇报。监事会对董事会拟提交股东（大）会的财务报告、营业报告和利润分配方案等财务资料，应进行核查，发现疑问的，可以公司名义委托会计师、审计师等专业人员帮助复审。

（二）业务监督

监事会应当监督公司的业务执行情况和财务状况。监事会可以要求董事或经理提交公司的营业报告，以随时了解公司的业务执行情况和财务状况，实施有效的监督。例如，《德国股份公司法》规定，监事会应监督公司业务的执行。

（三）管理者监督

管理者监督是监事会的主要职权。监事会的监督权限主要有：一是监督董事会或董事、经理履行职务的情况。监事会成员可以列席董事会会议，听取董事会的报告，对董事、经理违反职责的行为进行监督。二是纠正或停止董事和经理违反法律、公司章程的行为。当监事会发现董事或经理超越权限的行为或其他违反法律、公司章程的行为，对公司可能产生显著损害时，可以要求董事或经理予以纠正，或者请求停止董事、经理的行为。三是代表公司与董事交涉、对董事起诉或者应诉。

此外，有些国家的监事会有一些特定的权力，如赋予监事会特定的经营事项的决定权，独立召集或提议召开临时股东（大）会。为了保证董事会的经营权限与监事会监督职能的相互独立，多数国家的公司法均规定监事会不参与公司的经营，但德国采取了独特的公司权力分配制度。

我国相关法律规定了监事会或监事的职权，包括以下方面：

一是检查公司财务。二是对董事、高级管理人员履行公司职务的行为进行监督，对违反法律、行政法规、公司章程或者股东（大）会决议的董事、高级管理人员提出罢免的建议。三是当董事、高级管理人员的行为损害公司的利益时，要求董事、高级管理人员予以纠正。四是提议召开临时股东（大）会会议，在董事会不履行法律规定的召集和主持股东（大）会会议职责时召集和主持股东（大）会会议。五是向股东（大）会会议提出提案。六是依照法律规定，对董事、高级管理人员提起诉讼。七是公司章程规定的其他职权。另外，监事有权列席董事会会议，但不享有在董事会会议上的表决权。《上市公司治理准则》规定，公司监事会应向全体股东负责，对公司财务及公司董事、经理和其他高级管理人员履行职责的合法合规性进行监督，维护公司及股东的合法权益。

四、监事会的运行机制

（一）监事会的议事规则

从公司立法来看，有的国家规定监事会的召集与议事规则由公司章程规定，而有的国家则采用董事会的有关规定。德国基于监事会的特殊地位，在《德国股份公司法》中对监事会的召集、议事及表决均做出了较为详尽的规定。

我国监事会的议事方式及表决程序由公司章程自行确定。按照《上市公司章程指引》和《上市公司治理准则》的规定，公司应在公司章程中规定监事会的议事方式、规则和表决规则，监事会会议应严格按照规定程序进行。

1. 监事会会议的召开

监事会每年度至少召开一次会议，监事可以提议召开临时监事会会议。

监事会会议有两种形式：一是定期会议；二是临时会议。监事会的定期会议是指依照法律规定，每年度至少召开一次的会议。监事会的定期会议，应当由公司章程做出规定，按时召开。这就要求公司章程对定期会议的召开做出具体的规定，如明确规定一年召开一次会议或者召开两次会议等，并明确每次会议的召开时间，如年中或者年底等。监事会的临时会议是指公司章程中没有明确规定什么时间召开的一种不定期的会议。相对于定期会议，临时会议是在正常召开的定期会议之外的会议，如监事可以提议召开临时监事会会议。监事提议召开临时监事会会议的，监事会主席应当及时召集和主持监事会会议；监事会主席不能履行职务或者不履行职务的，由半数以上监事共同推举一名监事召集和主持监事会会议。

2. 监事会的议事方式和表决程序

监事会的议事方式和表决程序，除法律规定以外，由公司章程规定。监事会不实行主席负责制而是实行民主决策，做出决议应当经半数以上监事通过方为有效。监事会作为公司内部的监督机构，在实施监督工作的过程中，需要依照职权做出决议。监事会决议应当经半数以上监事通过。监事会决议的表决应遵循两个原则：一是一人一票原则，即每个监事享有一票表决权；二是多数通过原则，即监事会决议需经半数以上监事表决通过。监事作为由股东和职工选举产生、参加监事会决议的成员，对于维护公司和股东利益、保障职工合法权益负有重要责任，并对选举他的股东（大）会、职工代表大会等负责。监事应当认真履行职责，出席监事会会议，对监督事项发表意见。

3. 监事会应对所议事项的决定记录并签字

监事会应当对所议事项的决定形成会议记录，出席会议的监事应当在会议记录上签名，为了备案查询，要明确监事责任。出席会议的监事应当在会议记录上签名，监事在会议记录上签名，是监事的一项法定义务，监事必须履行。同时，监事作为监事会的组成人员，出席监事会会议并在会议记录上签名，也是监事的一项权利，任何人不得剥夺其签名的权利，监事会会议的召集人、主持人应当保证监事的签名权。会议记录应当包括监事会会议所议事项及讨论后得出的结论，具体包括会议召开的时间、地点、出席人员、议题、监事讨论意见、决议通过情况等。

（二）监事会监督的有效性

要实现监事会监督的有效性需要在以下三个方面下功夫：

1. 监事会监督的独立性

独立性是监督有效性的前提。监事会工作的特殊性要求监事会在工作中必须保持独立性，即必须明确监事会和董事会的工作界限，确立监督和管理的分界线，监事会在工作中不能受董事会的影响和控制，从而做出客观、公正的评价。具体而言，应该从三个方面考虑：一是监事会相对于董事会、经理层的独立性；二是监事会主席的独立性；三是监事身份独立、行为独立，可以设置外部监事。

2. 监事会监督的过程性

过程性是指监事会的监督贯穿企业运作的全过程，对企业运作全过程持续性地监督，不是仅查看财务报表、账目的事后监督。过程性监督既有生产经营活动的内容，又有资本运作的内容；既对资产运作进行监督，又对负责资产运作的人员进行监督。如果监事会不涉入企业运作的全过程，就很难主动、及时地发现企业运作中存在的问题和风险，维护出资人的利益也就无从谈起。正因如此，对监事会的设计中应充分考虑这一特点。

此外，监事会工作机构要涉入企业运作的全过程，掌握全面的运作信息，从动态的信息中把握企业运作的实际情况和发展趋势。在强调监事会监督过程性的同时，切忌干预企业的日常生产经营活动。

3. 监事会监督的有效性

监事会工作的关键是监督的有效性，衡量监事会工作是否有效的标准在于监事会的监督工作是否有利于企业的长远发展，是否有利于出资人的利益。

第一，监督工作的有效性要看监督方式的运用是否合理。监督方式是多样的，对于不同的企业，监事会应根据实际情况采取不同的方式，在企业运作的关键环节予以突破，从而使监督工作积极有效。

第二，可以采取日常运行监督与重大事项监督相结合的监督方式。日常运行监督是指监事会通过列席董事会、查阅董事会报送的有关材料等，对公司的日常运作行为进行监督。通常而言，监事会在日常运行监督工作中重点对董事会的决策程序、公司预算决算的制定和实施、公司重大经营活动的组织和实施、公司财务会计活动情况等进行监督。重大事项监督一般是指对一些异常情况的监督，如各类造成资产损失的行为及公司高级管理人员违法、违规和严重违纪行为等。监事会在发现企业存在异常情况时，应及时召开监事会会议，必要时应提议召开临时股东（大）会。

第三，为了实现监事会工作的有效性，应该把事后监督转换为当期监督（类似于救火员转换为防火员），这对于监督事项的实现设计极为重要。建立事先的评价机制也是提升监事会工作有效性的重要内容，可以建立企业负责人评价体系、董事会及董事评价体系、经理人胜任能力评价指标等。

案例 2-1 安然公司：神话的破灭

一直以来，美国安然公司（Enron Corporation）身上都笼罩着一层层的金色光环：作为世界最大的能源交易商，安然在 2000 年的总收入高达 1010 亿美元，名列《财富》杂志"美国 500 强"的第七名；掌控着美国 20% 的电能和天然气交易，是华尔街竞相追捧的宠儿；安然股票是所有的证券评级机构都强力推荐的绩优股，股价高达 70 多美元并仍然呈上升之势。直到破产前，公司营运业务覆盖全球 40 个国家和地区，共有雇员 2.1 万人，资产额高达 620 亿美元。安然一直鼓吹自己是"全球领先企业"，业务包括能源批发、零售宽带、能源运输及金融交易，连续 4 年获得"美国最具创新精神的公司"称号。

一、安然的噩梦

2001 年初，一家有着良好声誉的短期投资机构老板吉姆·切欧斯公开对安然的盈利模式表示了怀疑。他指出，虽然安然的业务看起来很辉煌，但实际上利润很少，也没有人能够说清安然是怎么盈利的。据他分析，安然的盈利率在 2000 年为 5%，到了 2001 年初就降到 2% 以下，对于投资者来说，投资回报率仅有 7% 左右。

切欧斯还注意到有些文件涉及了安然背后的合伙公司，这些公司和安然有着说不清的幕后交易，作为安然的首席执行官，斯基林一直在抛出手中的安然股票，而他不断宣称安然的股票会从当时的每股 70 美元左右升至每股 126 美元。按照美国法律的规定，公司董事会成员如果没有离开董事会，就不能抛出手中持有的公司股票。

也许正是这一点引发了人们对安然的怀疑，并开始真正追究安然的盈利情况和现金流向。到了 2001 年 8 月中旬，人们对于安然的疑问越来越多，并最终导致了股价下跌。8 月 9 日，安然股价已经从年初的每股 80 美元左右跌到了每股 42 美元。

10 月 16 日，安然发布 2001 年第二季度财报，宣布公司亏损总计达到 6.18 亿美元，即每股亏损 1.11 美元。同时，首次透露因首席财务官安德鲁·法斯托与合伙公司经营不当，公司股东资产缩水 12 亿美元。

10 月 22 日，美国证券交易委员会注意到安然，要求公司自动提交某些交易的细节内容，并最终于 10 月 31 日开始对安然及其合伙公司进行正式调查。11 月 1 日，安然抵押了公司部分资产，获得 J.P. 摩根和所罗门·史密斯·巴尼的 10 亿美元信贷额度担保，但美林和标普公司仍然再次调低了对安然的评级。

11 月 8 日，安然被迫承认做了假账，虚报的数字让人瞠目结舌：自 1997 年以来，安然虚报盈利共计近 6 亿美元。11 月 9 日，迪诺基公司宣布准备用 80 亿美元收购安然，并承担 130 亿美元的债务，当天午盘安然股价下挫 0.16 美元。

11 月 28 日，标准普尔将安然债务评级调低至"垃圾债券"级。11 月 30 日，安然股价跌至每股 0.26 美元，市值由峰值时的 800 亿美元跌至 2 亿美元。12 月 2 日，安然正式向破产法院申请破产保护，破产清单中所列资产高达 498 亿美元，成为美国历史上最大的破产企业。当天，安然还向法院提出诉讼，声称迪诺基中止对其合并不合规定，要求赔偿。

安然公司的管理层，包括董事会、监事会和公司高级管理人员他们面临的指控包括疏于职守、虚报账目、误导投资人及牟取私利等。

在 2001 年 10 月 16 日安然公布第二季度财报以前，安然公司的财务报告是所有投资者都乐于见到的：2000 年第四季度，"公司天然气业务成长翻升 3 倍，公司能源服务公司零售业务翻升 5 倍"；2001 年第一季度，"季度营收成长 4 倍，是连续 21 个盈余成长的财季"。在安然，衡量业务成长的单位不是百分比，而是倍数，这让所有投资者都喜笑颜开。到了 2001 年第二季度，公司突然亏损了，而且亏损额还高达 6.18 亿美元！

一直隐藏在安然背后的合伙公司开始露出水面。经过调查，这些合伙公司大多被安然高层官员所控制，安然对外的巨额贷款经常被列入这些公司，而不出现在安然的资产负债表上。这样，安然高达 130 亿美元的巨额债务就不会为投资人所知，而安然的一些官员也从这些合伙公司中牟取私利。更让投资者气愤的是，显然安然的高层对于公司运营中出现的问题非常了解，但长期以来熟视无睹甚至有意隐瞒。包括首席执行官斯基林在内的许多董事会成员一方面鼓吹股价还将继续上升，另一方面却在秘密地抛售公司股票。公司的 14 名监事会成员有 7 名与安然关系特殊，要么正在与安然进行交易，要么任职于安然支持的非营利机构，对安然的种种劣迹睁一只眼闭一只眼。

安然假账问题也让其审计公司安达信面临着被诉讼的危险。位列世界第五的会计师事务所安达信作为安然公司财务报告的审计者，既没审计出安然虚报利润，也没发现其巨额债务。之前安达信曾因审计工作中出现欺诈行为被美国证券交易委员会罚了 700 万美元。安然的核心业务就是能源及其相关产品的买卖，但在安然，这种买卖被称作"能源交易"。据介绍，该种业务是构建在信用的基础上，也就是能源供应者及消费者以安然为媒介建立合约，承诺在几个月或几年之后履行合约义务。在这种交易中，安然作为"中间人"可以在短时间内提升业绩。由于这种业务以中间人的信用为基础，一旦安然出现任何丑闻，其信用必将大打折扣，业务马上就有中止的危险。

此外，这种业务模式对于安然的现金流向也有着重大的影响。大多数安然的业务是基于"未来市场"的合同，虽然签订的合同收入将计入公司财务报表，但在合同履行之前并不能给安然带来任何现金。合同签订得越多，账面数字和实际现金收入之间的差距就越大，安然不愿意承认自己是贸易公司，一个重要的理由就是为了抬升股价。作为贸易公司，由于天生面临着交易收入不稳定的风险，很难在股市上得到过高的评价。安然鼎盛时期的市值曾达到其盈利的 70 倍甚至更多。

为了保住其自封的"全球领先企业"地位，安然的业务不断扩张，不仅包括传统的天然气和电力业务，还包括风力、水力、投资、木材、广告等。2000 年，宽带业务盛极一时，安然又投资了宽带业务。

如此折腾，安然终于在 2001 年 10 月的资产负债平衡表上拉出了高达 6.18 亿美元的大口子。

二、破产余波难平

在安然破产事件中，损失最惨重的无疑是那些投资者，尤其是仍然掌握大量安然股票的普通投资者。按照美国法律，在申请破产保护之后，安然的资产将优先缴纳税款、赔还银行借款、发放员工薪资等，本来就已经不值钱的公司再经这么一折腾，投资人肯定是血本无归。

投资人为挽回损失只有提起诉讼。按照美国法律，股市投资人可以对安达信在财务审计时未尽职责提起诉讼，如果法庭判定指控成立，安达信将不得不为他们的损失做出赔偿。

在此事件中受到影响的还有安然的交易对象和那些大的金融财团。据统计，在安然破产案中，杜克集团损失了 1 亿美元，米伦特公司损失了 8000 万美元，迪诺基公司损失了 7500 万美元。在财团中，损失比较惨重的是 J.P. 摩根和花旗集团。仅 J.P. 摩根对安然的无担保贷款就高达 5 亿美元，据称花旗集团的损失也差不多与此相当。此外，安然的债主还包括德意志银行、日本三家大银行等。

资料来源：张锐：《安然神话的破灭》，《中外企业家》2002 年第 2 期。

推荐阅读

1. 鲁桐，仲继银，孔杰. 公司治理：董事与经理指南［M］. 北京：中国发展出版社，2008.

2. 魏杰. 中国企业制度创新［M］. 北京：中国发展出版社，2006.

3. 牛国良. 现代企业制度（第二版）［M］. 北京：北京大学出版社，2006.

思考题

1. 如何看待企业制度？现代企业制度有哪些基本特征？

2. 现代企业制度的主要内容包含哪些？

3. 公司治理结构与公司治理原则有哪些？

4. 企业的决策机构是如何运行的？

5. 企业的执行机构中高级管理者的激励机制、约束机制包括哪些？

6. 企业监事会的职权一般包括哪些方面？

第三章　企业管理制度

学习目标

1. 了解企业管理制度的含义、类型和基本功能。
2. 把握企业管理制度的结构。
3. 掌握现代企业管理的基本特征。
4. 熟悉企业管理制度制定的原则、流程和主要内容。
5. 熟练现代企业职能管理制度体系包含的内容。

第一节　管理科学

管理科学是现代企业制度的主要内容之一。其所包含的内容主要体现在对企业管理的规定性，对企业运行过程的设计、实际运行管理、控制等方面，管理科学要求企业建立完善的企业管理制度。

一、管理科学的规定性

管理科学是指企业管理要符合企业运行和发展的规律，适应市场环境，有效的获取、调动和组合企业经营所必须的各种要素资源，协调各方面的关系，集约地使用资源，通过提高企业生产与经营效率的管理方法和手段，不断地提高企业的经济效益。

管理科学是现代企业管理的必然要求，也只有现代企业才追求管理的科学化。现代企业具有区别于传统企业的特征。

首先，现代企业具有现代企业制度。在长期的企业发展过程中，与不同的产权形式相适应逐渐形成了业主制、合伙制和公司制三种企业制度。通常业主制企业是最简单的企业形式，只有一个产权所有者，企业就是业主的个人财产，由业主直接经营，并享有全部经营所得，同时对债务和经营风险负完全责任。业主制企业规模较小，结构简单，全部的企业经营决策和执行都由业主进行，并不需要复杂的管理，因此也不存在管理科学的问题。合伙制企业是业主制企业的扩充形式，是在两个或两个以上业主的个人财产基础上成立并经营。合伙人共同分享企业经营所得，共同承担企业债务等责任。这类企业虽然比业主制企业规模要大，但整个企业的经营管理决策由合伙人共同做出，经营管理过程比较简单，合伙人的意志是管理的准则，科学管理并不是必要条件。公司制使企业制度发生了质的变化，公司股东在享有产权的基础上，对企业债务承担有限责任，并以其拥有股份的多少对企业决策施加影响。公司的经营管理委托给具有经营能力的经理人员。公司的规模增大，企业的经营风险和不确定性也会增加，对公司的管理需要规范的制度和程序，管理科学成为成功企业经营的有力保障。

其次，现代企业是建立在大规模分工基础上的大生产方式的企业。表现为生产阶段的平行性，生产过程的连续性，生产要素的结构比例性和工作的程序化、标准化。没有科学的管理，企业不可能有序运行。

再次，企业的大规模市场活动，使企业和市场的联系更加广泛，不但企业大规模的生产必然要求企业进行大规模的销售，而且需要企业大规模和高质量地从市场获取资源。企业单纯依靠内部的高效率还不能保证企业的高效益，企业必须和市场进行高效率的联系，才能获取高效益。

最后，随着经济全球化的发展，企业国际化经营成为重要的方式，企业经营必然要符合国际惯例和国际规则，企业要在全球范围内获取和整合资源，采用统一的标准和规范，在全球范围内销售产品，因此管理的国际化成为必要。管理科学是现代企业经营的必然要求，是企业发展的必然要求，也是企业国际化经营的必然要求。

现代企业管理有其自身的特性：

人机协调。现代企业是采用机器来生产产品的，机器运作有其自身的规律和运行环境，而机器是由人来操作的。这里出现了两个方面的问题：其一是人的活动和管理要遵从机器的规律，这样机器的作用才能被发挥出来。其二是机器运作的结果要符合人的愿望，即人利用机器实现人的愿望。这就出现了人与机器的协调问题。

生产经营环节的协调与衔接。现代企业的生产经营建立在高度的专业化分工基础之上，专业化分工提高了效率。但一个企业产品的产出需要众多的环节，这些环节的有机衔接和有序协调是整个企业效率的基础和保证，理论和实践都证明，单纯的分工可以提高分工的效率，但整体效率的提高必然需要系统的协调。现代企业不仅需要生产环节的相互协调，而且需要资源配置、产品销售环节的衔接。

人际关系调整。从生产经营的角度看，企业员工是一种特殊的生产要素，但是从组织学的角度看，员工是承担着权利与义务的责任主体。人的效率受精神的影响很大，调整人际关系是企业管理的重要内容。

资本经营。这是现代企业管理的重要职能。企业必须从战略上把握企业资源，尤其是资本资源的配置和使用。

与外界环境的协调。一方面，要实现与市场的动态平衡，即企业能力与市场需要的平衡；另一方面，作为一个企业组织，也必须与社会环境的变化相协调，这样才能实现企业的发展与社会发展的协调。

现代企业制度和现代企业管理的发展，赋予管理科学以丰富的内涵。

（1）管理思想科学化。企业管理是在一定的思想支配下进行的。管理科学必然要求管理思想的科学化。管理思想体现为管理者对企业宗旨和企业目标的深刻理解与把握。管理思想支配企业管理的方法和途径，影响企业管理方针和管理决策的制定。管理科学所体现的管理思想是一个思想体系，体现在管理者对不同的管理对象实施管理的过程之中。

（2）管理组织科学化。组织的科学化是管理科学的基础，没有管理组织的科学化设置和运行，管理科学就是一句空话。管理组织的科学化表现为战略、目标和任务的统一；完善的企业组织设计；统一领导，分级管理，正确处理好集权和分权的关系；解决好有效管理幅度与管理层次的关系，力求使管理组织简明精干；加强组织横向和纵向协调。

（3）管理方法科学化。管理的变革开始于管理方法的变革。管理科学必须体现为管理方法的科学化。管理方法是一系列管理技术与管理工具的结合，到目前为止，在企业各项专业管理中，都有相应的管理方法。管理方法的科学性，表现为管理的标准化、程序化和数字化。

（4）管理手段科学化。管理手段科学化也可以说是管理手段的现代化。其具体的实现形式是把电子计算机应用到企业管理过程中。计算机的应用使企业管理发生了变革。计算机使管理快速化、准确化和精细化，真正实现了立体和并行管理，使企业管理迈入信息化管理时代。从某种意义上讲，计算机在企业管理中的应用程度表征着企业管理科学化的程度。

（5）管理人才现代化。管理人才现代化就是管理人才具备实施管理科学的素质。其一是对人才自身知识结构和能力结构的要求，即管理人才要具备现代化的知识和管理能力；其二是企业要具有合理的现代化人才结构，能够适应企业发展和市场竞争的需要。

二、管理科学的实现形式

（一）制度健全

管理科学，要求企业建立一套系统、严密、有效的内部管理制度。制度健全有效是管理科学的基础，也是管理科学的重要形式。为了便于考察企业内部管理制度，我们把企业内部的管理和管理制度划分为四个基本方面：使用价值的管理及其管理制度、价值的管理及其管理制度、组织和人的管理及其管理制度、事务协调和程序管理及其制度。

企业管理制度的系统、完善、严密程度，体现着企业间管理水平的差异。对企业管理制度的制定，包含着企业领导者对企业生产经营及其管理过程的理解和把握程度。企业管理制度体现着企业管理的规范性、全面性和科学性。管理科学必然要求管理制度的系统性、完整性和权威性。

（二）组织严密

管理组织是实施企业管理的基本单位和基础。管理科学必然通过企业组织来实施。管理科学要求管理组织健全，即凡是需要管理的事务和地方，也必须是管理组织能够涉及的地方。组织具有严密性，尽可能避免管理的漏洞和管理组织的缺位。组织高效是指管理组织对信息反应敏捷，处理问题及时。如果出现组织对变化反应迟钝或办事推诿，就必须对组织实施变革。企业的竞争力取决于企业组织的效率和敏捷程度。

（三）运行有效

管理科学是对管理过程进行决策、组织、指挥、协调和控制，并遵循管理对象特有的运行规则。管理的一致性和各自的规律性相结合，构成了管理的协调有序。不能片面地强调管理的一致性而忽视甚至压抑管理对象的特殊性，也不能用特殊性来对抗管理的一致性。

（四）激励与约束兼顾到位

管理科学要求对管理过程和管理客体实施有效的激励与约束。从根本上讲，激励是从正面给予管理客体利益。约束是为防止管理客体偏离目标所采取的措施。在管理中，激励和约束是相辅相成的，不可偏废。

（五）利益协调，效益提高

企业不仅是一个生产经营系统，而且是一个利益集合系统。管理科学，不仅追求效率的提高，而且追求利益的协调。要协调企业利益方的利益，就必须兼顾企业的所有者、经营者、管理者和生产者的利益。企业的直接目的就是获取经济效益。企业管理科学的直接目的是提高企业的经济效益。因此，管理科学的最终判断是看企业的经济效益能否得到提高。

三、管理科学与管理创新

管理科学包含着对管理规律的认识和根据管理规律对客体实施管理两个基本方面，从这个意义上讲，管理科学是一个对管理不断深化认识和创新的过程。管理创新丰富和发展着管理理论的科学性和管理实践的有效性。

管理科学对管理规律的认识，体现在管理理论的发展和创新上。管理从实践活动到理论的抽象，再发展成为系统的理论，从 19 世纪末开始，经历了 100 多年的历程。管理理论是伴随管理成为一种专门的活动和专门的职业而发展起来的。管理理论的发展是一个对管理主体、管理客体和管理过程不断深化认识与探索的过程，也是一个使管理不断科学化的过程。管理理论对企业生产经营过程的对策主张，一方面是管理实践发展的需要，另一方面也促进着管理的创新和科学化。管理创新是管理科学的要求，管理科学必然包含着管理创新。

管理科学所包含的管理创新还体现为在新的管理思想或理念的指导下，运用新的管理方法和手段对企业资源配置和生产经营活动实施管理的实践过程，因此管理科学所体现的管理创新是管理理论创新和管理实践创新的结合与统一。

第二节　企业管理制度内涵、类型与功能

一、企业管理制度的含义

企业管理制度是对企业生产和经营过程实施管理的一系列方针和规范性规则的总称；是企业管理思想、管理组织、管理方法、管理手段和管理方式的综合体现。科学的现代企业管理制度是企业进行科学管理的前提和保障。没有科学的现代企业管理制度，就没有科学的现代管理。

现代企业管理制度就是按照现代化生产经营管理的客观要求，用文字形式对企业生产、技术、经济等活动所制定的章程、条例规则、程序和办法的总称。它是企业全体职工所共同遵守的行为准则。

建立一套科学的管理制度，可以使企业管理人员有效地指挥和组织生产，使企业各个职能部门分工明确、职责清楚、相互协作，提高工作效率，实现企业管理目标。企业管理制度种类繁多，在不同类型和不同规模的企业中可能各有不同。

管理制度化是与管理科学化紧密相连的，它是伴随着企业规模的扩大，企业组织的复杂程度提高，企业所有权和经营权的分离，企业面临着越来越多的经营风险和控制风险而逐步被认识和强化起来的。

阅读专栏 3-1　什么是制度？

对制度的研究由来已久。我们不妨通过经济学上研究制度的两大学派——制度演化论制度学派和新制度经济学派来了解一下。

一、制度演化论制度学派的定义

凡勃伦和康芒斯的制度演化论制度学派形成和发展于20世纪的美国。其创始人凡勃伦主要从社会学和进化论的角度出发，认为制度实质上是"个人或社会共有的某些关系或某些思想习惯"。因此，他把诸如私有财产、价格、市场、货币、企业组织结构、法律规则及营利性活动等统统纳入"社会习惯"范畴。此外，受达尔文进化论的影响，他特别强调任何制度都有它的历史起源和演化过程，并且强调了技术变异对制度演变的意义。

作为凡勃伦的追随者，美国经济学家康芒斯主要从法律学的角度研究分析了制度对经济运行与发展的作用。他的《制度经济学》是该学派第一部系统的理论著作。他认为，制度就是"集体行动控制个体行动"，制度经济学就是"关于所有权的经济学"，当财产所有权发生冲突时，应通过经济制裁、法律制裁等手段来加以控制，任何社会机构的运行都必须遵守一定的准则。

二、新制度经济学派的定义

该学派中的诺思认为，制度是一系列被制定出来的规则、服务程序和道德、伦理的行为规范，包括企业组织方式、产权结构、管理体制及市场规范等。他在其著的《制度、制度变迁与经济绩效》中将制度进一步表述为为决定人们的相互关系而人为设定的一些制约。制度构造了人们在政治社会或经济方面发生交换的激励结构。他分析了制度的作用。按照诺思的观点，制度通过影响交换与生产成本来影响经济绩效，制度在社会上建立起了一个人们相互作用的较为稳定的（当然未必有效）结构来减少不确定性。

新制度经济学派指出制度制约包括非正规制约与正规制约。制度包括用来决定人们相互关系的任何形式的制约。制度制约既包括对人们所从事的某些活动予以禁止的方面，也包括允许人们在一定条件下从事某些活动的方面。制度制约确定了个人的活动范围，它是正规制约与非正规制约的组合。

正规制约是由人类设定的正规规则，如政治司法规则、经济规则与合约。这些规则可作如下排序：从宪法到成文法与普通法，再到明确的细则，最终到单个合约，从一般规则到特定的说明书。非正规制约包括正规制约的扩展、阐明与修正，社会公认的行为准则，内部实施的行为标准。

即使在最发达的经济中，正规规则也只是约束的一部分，甚至是一小部分。人们的日常行为中，行为规范、行为准则和习惯在很大程度上控制着人们的活动。因此，非正规制约是相当普遍的。

顺利贯彻正规规则，努力增进非正规规则的有效性，可以降低信息实施及监控成本，而正规规则也可以修正、修改和替代非正规制约。将正规制约与非正规制约较好地组合起来，则可能推动社会实体获得持续的发展。

总而言之，从最一般的意义上讲，制度可以被理解为社会中组织和个人遵循的一套行为规则。在一个社会化的系统和机构中，人们的行为及其行为的结果都是社会性的，人们必须和其他人结成一定的社会关系来从事经济的、社会的、文化的活动。每个人行为的结果，不仅取决于他自己的行动，而且还取决于他人的行动；同样地，一个人的行为所影响的不仅有自己，还有他人。要在这种共同活动中为参与各方带来满足，就需要约束和调整各方行为方式和关系的规则。这就是制度最基本的含义。

二、企业管理制度的类型

企业管理制度是一个规章制度体系。

（一）对企业过程方面实施控制管理的规章制度

企业的生产经营活动基本上是围绕产品的制造与销售、服务过程的展开而进行的。不同的企业有不同的产品或者服务领域。这类制度的核心是根据机器等设备的运转规律、产品的功能和质量要求、服务功能等来规定机器运行的程序、操作或实施人员的工作环节和工作标准。制度的内容主要体现为操作或工作人员对产品制造或服务要达到的数量和质量等级及所承担的相应责任。

（二）对组织运行进行指挥和协调的规章制度

企业作为一个组织，其机构的设置和运行必须遵照一定的程序和规则。其中，大量规章制度是用来指挥和协调企业内部组织关系和运行的。企业内部组织之间的业务关系的建立和矛盾的处理要依赖于这类制度。

（三）有关职工行为和确定利益关系的规章制度

在企业中，职工处在一定的工作岗位上。岗位的职责、工作构成和规则限定了职工的工作行为及工作要达到的标准。职工在企业中必然要求实现自己的利益，包括物质利益和精神利益。企业通过规章制度来规范职工行为和利益关系。

阅读专栏 3-2　企业管理制度的发展和现状

一、强制制度

麦格雷戈的"X理论"及泰勒的"经济人"假设认为，人天生是懒惰的，没有责任心的，只为了自己的经济利益而劳动，甚至不愿意工作。在这种理论的影响下，管理者在制定管理制度时，也只会考虑到以怎样的方法强迫员工进行劳动。因此，在工业经济初期，管理制度是强制性的"硬"要求，严格规定员工在日常工作中应该做什么，不应该做什么，甚至对员工完成某项工作的动作都有要求。这种程序化的管理制度完全没有关注员工，只是一味地以提高生产效率为目的，员工迫于自身利益的考虑也只能服从这种强制制度。

二、约束制度

随着时代的发展和周围环境的改变，员工开始反抗过于苛刻的制度，争取自己的权利。相应地，管理者在一定程度上修改了制度，出现了"软化"的趋势。正如"人际关系之父"罗伯特·欧文提出的改善工作条件、制定童工法、缩短工作时间等管理方法，都是前所未有的。可以明显地看到，这些措施的提出，已经不再把人当作"经济人"，而是当作一种"社会人"来看待了。此时的管理制度已经开始对人本身有了关心和思考。

现在国内大多数企业都是采用这种"胡萝卜加大棒"的管理制度。从员工来看，管理制度就是一只无形的手，约束他们的行为，若有违反便会受到处罚；但是，员工对这种约束制度并不是特别抵触，制度中也有对人际关系和对劳动环境的相关规定。从管理者的角度而言，管理制度对员工的约束不能过紧，否则会如强制制度那样压榨员工，使员工心存不满。此时的管理者不再把人和机器等同，管理制度也不会像机器的使用说明书那样严格教条了。可以说，现在的这种约束制度较之前是有一定的软化的，但无论从力度还是范围的角度看，都还有改善的空间。

三、企业管理制度的基本功能

企业管理制度有三个基本功能。

（一）规范功能

企业作为一个庞大且复杂的生产经营和组织体系，包含着众多的过程，与此相伴的是存在着不确定性和风险。企业为了降低风险，不断地创造和完善着管理制度，用以规范企业过程和人的活动，以期使企业过程和人的活动在规定的程序和框架内进行，达到预期的效果。管理制度的规范功能，规定了人们可以做什么，不可以做什么，以及违反制度可能遭受的后果。制度的规范功能，还表现为制度规定了人们对待问题和处理问题的准则，使人们拥有共同的标准，便于判断是非。同时，管理制度可以使人们形成合理的预期，便于积聚力量，统一行动，明确目标。这样，就可以使企业分散的过程按照统一的规则进行，朝着预设的方向发展。

（二）激励功能

管理制度不仅要规定员工的行动，而且更为重要的是要激励员工为了企业的目标而努力工作。因此，企业管理制度的核心问题，是要建立起行之有效的激励机制。管理制度的激励功能主要是通过制度程序来满足职工的需要，调整职工的工作行为和努力方向，使其符合企业的目标。现代企业管理制度越来越重视激励功能，从分析人的工作动机和心理入手，设计管理制度，使得企业管理制度越来越人性化。

（三）约束功能

约束是为了保证事物运作和人们行为按照预定的程序和方向进行的限制性因素。管理制度的约束功能，主要是对企业的生产经营过程和职工的工作活动给予必要的限制和控制，使其过程沿着设定的轨迹运行，不得超出合理的边界。制度的约束性，既包括对不准许行为发生的限制和控制，也包括对已经发生的不准许行为的惩罚。限制和惩罚是制度约束功能的完整体现。

阅读专栏 3-3 联想的罚站制度

联想集团有个规矩，凡开会迟到者都要罚站。在媒体的一次采访中，柳传志表示，他也被罚过 3 次。

他描述，"罚站是挺严肃而且尴尬的一件事情，因为这并不是随便站着就可以敷衍了事的。在 20 个人开会的时候，迟到的人进来以后会议都要停一下，静静地看他站一分钟，有点儿像默哀，真是挺难受的一件事情，尤其是在大的会场，会采用通报的方式。第一个罚站的人是我的一个老领导。他罚站的时候站了一身汗，我坐了一身汗。后来我跟他说：'今天晚上我到你们家去，给你站一分钟。'不好做，但是也就这么硬做下来了。"据说在联想被罚站的人不计其数，这不禁让人质疑这个制度的有效性。对此，柳传志非常肯定地回答："当然有效，而且非常有效。在不计其数以后，出了问题就要受罚的观念就会深入人心了，并且不管谁犯了错误都会受罚，公平感才会产生，你的团队才会精神百倍。"

资料来源：《柳传志罚站——制度的作用是引导》，《商周刊》2005 年第 37 期。有改动。

启示：一个制度，当它在企业中被严格有效地执行时，它便不仅在行动上约束了员工，也在精神上影响了员工，并最终成为一种被所有人认同的企业文化。

第三节　企业管理制度结构

企业管理制度结构是指制度的构成层次和内容。

一、管理的方针和原则

管理制度必须体现企业的经营与发展战略，必须确定和阐述实施管理的方针和原则。针对企业某种具体的管理活动，企业的管理方针和管理原则会有其各自的特点和针对性，这是企业管理思想和管理观念在企业管理制度中的具体化。

二、管理的目的和实现的目标

企业的管理制度是为了实施对企业的某一种或某一类活动的管理而设计和制定的。管理的目的是使企业的活动能够有序地进行，管理制度的目的是使管理能够有效有序地进行。因此，管理制度必须能够反映管理的目的和企业要实现的具体目标。

三、管理的空间和时间范围

管理制度必须明确实施管理的业务或活动的空间范围，即实施管理的边界。一般来讲，业务或活动的边界确定了管理的边界。完整的管理制度应该使企业的每一项活动或业务都得到明确的管理，完善的企业管理制度使得企业的活动或业务得到有效的管理。管理的时间范围，是指实施管理的起始顺序和管理持续的时间间隔。管理的有效性和有用性在很多方面是用时间特性来衡量和体现的。不能及时地实施管理或过多的管理，往往会造成管理的缺乏和管理的过度。如何把握管理的时间特性，是管理制度改革和完善的重要使命。

四、管理的方法和手段

管理制度的落实要依靠管理方法和管理手段，管理方法和手段是管理制度的重要组成部分。管理制度必须选择和确定管理的方法和手段，以实现管理的规范化，提高管理效率。

五、管理程序

管理制度规定了实施管理的程序，管理程序由管理制度得以保障，没有程序的管理是杂乱无章的。管理程序规定了如何开展管理、管理的步骤和顺序。管理程序的确立可以避免管理的随意性，更好地对企业过程实施有效的监督。

六、管理者、管理权力与管理责任

管理制度必须确定实施管理的主体，即管理者。企业中管理活动的主体是部门与个人的结合体，管理指令的发布往往以企业中某一组织或个人的名义进行，管理制度必须明确管理指令发布者的权力和责任。在企业中，管理是分层次的。首先，管理制度规定的管理者是分层次的，管理权力与责任必须与管理层次相匹配。其次，在每一层次，必须明确管理部门和管理者个人，即明确管理权力和责任的具体承担者，这是管理制度得以贯彻和执行的基础，也是防止管理推诿和管理遗漏的保证。再次，在每一层次上，管理事务与管理权力和责任必须相统一，即对管理权力的确定，使管理者能够独立处理规定的事务，并承担相应的管理责任。最后，管理权力与责任的界定，这要求激励管理者能够创新性地工作，赋予管理者充分发挥自主能动性的空间。

七、管理中的考核评价标准、考核程序和方法

管理制度规定了业务、活动成果和生产过程的考核评价标准，即所管理的业务或活动要达到的基础要求。通常根据企业生产经营业务过程的不同，制定相应的标准。考核评价标准既是企业要实现的基本目标，也是考核职工业绩的基础。考核程序规定了考核的时间和业务范围，以保证考核的适时性，规范考核活动，同时也给被管理者一个完成业务的时间预期，使其便于调整资源和工作时间的分配。考核方法的选择和确定，通常会影响管理者和被管理者的行为。对考核项目的选择不同，也会引起考核方法的不同。

八、利益分配和实施奖惩

管理制度不但规定企业业务和活动的管理方法和管理目标，而且规定了管理实施者和管理接受者的利益结构。在企业中，管理者之所以实施管理，被管理者接受管理，其基础是两者都需要通过管理和被管理取得经济利益和个人发展的机会。因此，企业管理制度非常重视利益分配，尤其是对经济利益的分配。完善的管理制度，必然通过利益结构和利益机制的设计与构造，建立企业的激励机制。管理制度中的利益结构和机制，可以体现管理的基本出发点，并且能够协调各方利益。企业管理制度的进步在很大程度上由利益的分配来呈现。利益的结构设计必须能够激励管理者和被管理者的工作努力程度，并且使他们在工作中提高自己的能力。奖惩是利益机制的直接表现形式，也是管理的重要方法和手段之一。

第四节 现代企业管理的基本特征

现代企业管理制度是适应现代企业生产经营而建立起来的，是现代企业管理理论的制度化和现代企业管理经验的结晶，也是对传统企业管理制度的继承和发展。现代企业的管理制度较传统企业管理制度有以下七个特点：

一、企业经营战略的国际化

随着科学技术的发展尤其是现代交通、通信工具的发展，世界各国的交往距离日益缩短。地域、时间的概念都发生了变化。全球的经济生活正逐渐打破国家与地区的限制，而形成一个世界性的大市场。任何一个国家的国内市场都只是这个全球大市场的一个组成部分。在这种情况下，任何一个企业尤其是大企业都要根据国际化的需求来进行生产，每一个企业的命运都与国际市场的变化密切相关。因此，许多大企业都把生产国际产品、占领国际市场当作企业管理的一项重要任务。为了增强企业的国际竞争力，使产品能够适应国际市场的需要，越来越多的企业设立了全球性的研究、开发和销售机构，有的企业甚至将完善的售后服务推广到国外。

二、职工的培训与考核：企业生存与发展的基础

管理界普遍承认，企业竞争在本质上是技术力量与管理水平的竞争。对职工的培训、考核对提高企业的技术力量与管理水平起着决定性作用。世界科技前进的步伐不断加快，企业要不断追赶、超越先进技术，开发智力资源是任何一个企业都必须重视的迫切任务，有的企业明确地把是否有能力培养下级作为考核管理者能力及工作绩效的重要指标。几乎所有的现代企业都对职工进行全员培训，不少企业不仅重视培训本企业的职工，还积极为合作伙伴和用户提供培训机会，以便更有效地推销自己的产品。

三、企业管理的中心：技术与产品创新

当前的国际市场上，企业之间的竞争十分激烈。随着科技进步，新产品不断涌现，消费者对新产品的要求也越来越多。如何加强企业的技术改造来开发新产品就成了企业在竞争中获得优势所需要考虑的"头等"问题。为了加快企业的技术改造和开发新产品，现代大企业一般都设有企业直接领导下的研究开发部门。在一个现代大型企业中，基础研究和应用研究对新产品的开发和发展各有分工又紧密配合，由于技术改造和开发新产品投入大、时间长、风险高，现代企业都对其科研机构工作的程序设有严

格的规定，尽量确保研发的成功。

四、民主管理：激发内生动力

现代企业的管理制度大多明确规定了职工在企业管理中应发挥的作用，让职工参与管理，鼓励职工对企业的各项工作提出意见与建议。有的企业还扩大基层工作者的工作自主性，将组织质量的检验、工作流程的控制都交给职工来把握，从而极大地调动了职工在企业中的主动性、积极性、创造性；同时也有利于增强职工的责任感。

五、分散与集中相结合的管理体制

随着现代企业规模的扩大和生产社会化程度的提高，传统的集权式管理无法保证企业及时地适应市场需求，于是现代企业基本实行了集中与分散相结合的管理模式，企业组织机构的设置和管理体制制定均以此为原则，追求灵活性与稳定性的统一。

六、企业系统性无缝反应

现代企业的组织机构上下级之间已不再是单纯的指挥与被指挥的关系，下级的自主权正在逐步增大，下级有责任向上级提供相关信息，上级也有义务听取下级的意见。信息化社会的到来使信息在企业中的作用越来越受到重视。如何及时准确地获取信息，以便企业及时掌握国际市场动态和科技动态，从而调整企业的发展战略、销售计划等有着至关重要的作用。

七、重视企业文化建设

现代管理者广泛地重视企业的文化建设。任何企业都存在着文化现象，但并不意味着每个企业都有自己的企业文化。企业文化是企业经营思想、企业精神、行为规范等的综合体。良好的企业文化能够保持企业旺盛的生命力，在社会上树立良好的企业风范和形象，使消费者和客户对企业产生良好的印象，从而促进企业持续快速地发展。

第五节　影响企业管理制度形成的主要因素

企业管理制度最具企业个性与特色，不同企业的管理制度都是不同的。通过笔者的考察和分析，六种因素对企业管理制度的形成有着重要的作用。

一、企业的产权制度

企业的产权制度规定了企业的财产关系及其法律权利的实现方式。产权制度决定了由谁来控制和管理企业，对企业的控制与管理是企业产权的实现形式。通常地，企业的产权制度决定了企业的领导制度和企业的治理结构及其管理制度。

现代企业的发展，使企业的产权制度更加复杂且更加完善。两权分离，即企业所有权和经营权的分离，需要不同的人来分别行使这两种权利，但两权分离并没有改变企业产权制度对企业管理制度的决定作用。现代企业的发展，同时表现为企业资本经营与企业生产经营的分离，企业战略管理与企业日常管理的分离。在企业经营中，对企业产权的重组，如企业的兼并、收购、联合等，越来越成为企业经营的重要组成部分。虽然产权所有人对企业的经营有着很大的决定权力，但是企业的经营也越来越职业化。产权管理是企业经营的重要组成部分，因此产权管理制度也是企业管理制度的重要组成部分。

二、企业的生产经营结构

企业管理制度的选择与设计受企业生产经营结构的约束。企业的生产经营结构主要是指由行业结构所决定的产品的生产、技术、销售等组织方式和运行系统。企业所处的行业不同，生产的产品或提供的产品不同，其生产经营结构也就不同，管理制度也就不同。例如，钢铁行业、汽车行业、服装行业、电子行业、信息行业、旅游行业的管理制度就会有很大的不同。

三、企业所处环境的变化

企业所处环境是指企业生产经营的内部和外部条件。企业管理制度的建立必须考虑企业所处的环境。企业所处的环境包括社会和政治环境、经济体制、资源条件、技术水平等。企业环境处于变化之中，企业管理制度也必须适应企业环境的变化。

四、企业的经验

企业经验是指企业在生产经营管理过程中形成的成功方法和手段。企业管理制度是对企业生产经营的规定，吸收企业经验是企业管理制度形成的重要因素。企业经验对企业制度的影响具有独特性，其也是企业形成独特优势的关键。企业可以模仿先进企业的做法，但由于经验的不同，其模仿效果差异很大。此外，企业经验也会对企业发展造成不良影响，它可能会成为保守或不善于创新的企业领导者企业拒绝改革的依据。

五、学习与借鉴

在这里，学习是指管理者对企业管理把握和理解的过程。企业管理制度的形成是一个学习的过程。学习分为自觉学习和被动学习。自觉学习是一种主动的适应，可以通过学习形成比较成熟的管理方法。被动学习只有在制度与实践发生了激烈的冲突情况下才会发生，即改变管理制度。总之，学习是企业管理制度形成和改革的推动力。对企业来讲，借鉴其他企业的优秀做法主要是为了竞争。企业可以通过对优秀管理制度的引进，提升自身的能力。此外，借鉴其他企业的优秀做法可以比较自己的优劣势，避免管理制度改革走弯路，节约制度创新的成本。

六、创新

创新作为企业管理制度形成和改革的促进力量，其作用越来越大。对企业管理制度来讲，创新包括两个方面：其一是对原来管理制度的变革，包括创立和原来不同的管理制度和对原来制度的部分变革、完善、补充；其二是形成企业制度创新的因素。管理制度的形成和创新，最终是由企业的组织需要所决定的，因此研究企业管理制度的改革必须从研究企业的需求出发。

阅读专栏 3-4　企业制度与企业管理制度

企业制度是以产权制度为基础和核心的企业组织和管理制度。企业制度和企业管理制度之间有着统一性，但也有着重要的区别。

（1）企业制度是企业的根本制度，以产权制度为核心，构造企业的决策、执行和监督制度，所保障的是企业产权所有者的根本利益。从企业产权形态考察，企业制度有三种基本形态，即个人业主制、合伙制和公司制。

（2）企业制度决定企业的管理制度，企业管理制度体现企业制度。从管辖上看，企业制度主要作用于企业的重大决策方面，如企业领导体制的确立、企业的产权组合、重要的投资决策、人事变动等。企业管理制度要以企业的这些重大决策为基本前提，并体现这些决策的意志，执行这些决策。企业管理制度虽然专门针对企业的具体业务，但各项业务都是企业重大决策的具体化载体。企业制度决策的结果，往往会引起企业业务和管理的重大变化。

（3）企业制度相对稳定和持久，企业管理制度则变化较快较多。随着企业的设立，企业制度就基本上可以确定下来，并且在很长的时期内不会变动，经常变动的是企业制度所规定的制度运行程序和内容。企业管理制度则不同，会随着企业经营业务的变化而变化。在市场竞争日益激烈、科学技术迅猛发展的情况下，企业必须通过变革管理制度，应对快速变化的时代。企业制度的相对稳定不能妨碍管理制度的变化和创新，如果管理制度不能适应和应对变化的挑战，就必须改变企业制度。

（4）不同企业制度的企业可以有相同的企业管理制度，相同企业制度的企业可以有不同的企业管理制度。由于企业管理制度针对的是企业具体的生产经营业务，不同企业制度的企业可以有相同的生产经营业务，因此就会有相同的企业管理制度。例如，国有企业和股份制企业是两种不同的企业制度，由于相同或相似的生产经营业务，其管理制度就可能是相同或类似的。由于企业制度体现为产权制度，主要是出资者之间的关系，不同生产经营业务的企业完全可以采用相同的企业制度，但是其管理制度可能不同。例如，同为股份有限公司制度的汽车制造业企业和化工产品制造业，其管理制度会有很大的不同。这个原理证明了企业管理制度的相同性和相通性，不同企业制度的企业之间完全可以在企业管理制度方面互相借鉴。

（5）企业制度更偏重于企业的经济意义，而企业管理制度更偏重于管理效率与管理意义。企业制度是为了保证企业出资人的经济利益而进行的制度设计与安排，如有限责任制度、委托—代理制度、董事会制度等都是出资人经济利益保障制度。企业管理制度则通过对企业实际生产经营过程的设计和安排，调动资源效率，并不直接表现为企业出资人利益，而是表现为企业过程效率和过程利益。有的管理制度安排，还必须通过各种管理人的利益安排制度曲折的实现出资人的利益，甚至通过利益的部分让渡作为出资人利益的实现途径。只有在出资者和管理者、生产者为一体的情况下，企业制度和管理制度的利益才会完全一致。

（6）企业制度更能体现社会的政治和经济制度形态，企业管理制度更多的是体现管理的基本规则和规律。企业制度虽然有自身独立的制度特点，但不可避免地体现了企业所处社会的政治和经济制度。企业管理制度是针对企业具体的业务，体现企业经营过程中技术工艺规律和经济管理规律的成分较多。

第六节　企业管理制度的制定

一、制定企业管理制度的原则

企业管理制度的制定要依照企业自身的实际情况进行。制定制度的目的是让企业更加高效、稳定地运行，但由于每家企业在行业、组织结构、人员结构等各方面都存在着差异，所以世界上没有任何一个管理制度适用于所有的企业。

职业经理人要依靠和运用企业管理制度经营管理企业，担负着制定职业管理制度、创新和完善企业管理制度的职责，应当学习和把握制定企业管理制度的一些原则。

（一）合法性原则

制定的制度内容应与国家、政府相关的法律规章保持一致，绝不可以违反法律法规。法律规章是全社会范围内约束个人和团体行为的基本规范，是企业组织正常生存发展的基本条件和保证，制定制度时切不可忽视这方面，应予以重视。

（二）科学性原则

制定制度应遵从管理客观规律，制度化的管理必须服从管理学的一般原理和方法，违反了科学性原则只会导致失败，因此必须遵从客观规律，这样才能将管理引向科学、理性、规范的轨道，实现管理的稳定性和有效性。

（三）适用性原则

制定的制度要从企业的实际出发，根据本企业的规模、业务特点、行业类型、技术特性及管理沟通的需要等方面来考虑，制度要体现企业特点，保证制度规范具有可行性、适用性，切忌不切实际。

（四）必要性原则

制定制度要从需要出发，必要的制度一个不能少，不必要的制度一个也不可要，否则会扰乱组织的正常活动。例如，在一些非正式行为规范或习惯能很好发挥作用的前提下，就没有必要制定类似内容的行为规范，以免打击企业组织成员的自尊心和工作热情。

（五）合理性原则

制定制度要合理，要体现制度的严谨性、公正性，同时要考虑人性的特点，避免不近人情、不合理等情况的出现。在制度的制约方面，要充分发扬自我约束、激励机制的作用，避免过分使用强制手段。

（六）完整性原则

企业管理制度要完整，也就是说，制定制度时要考虑周密，不能疏忽大意，出现漏失或衔接不当的问题，更不能出现前后矛盾或相互重复、要求不一致的情况。

（七）先进性原则

制度规范的制定要从调查研究入手，要总结企业经验，同时还要吸取其他企业的先进技术。不论是本企业还是其他企业的制度，只要是过时的就坚决舍去，不合理的就要坚决废除；反之，是成功的、先进的就应该发扬、保留。

二、企业管理制度制定工作流程和内容

（一）制度需求调查研究

所谓制度需求调查，就是根据企业的战略要求，结合企业经营管理及企业创新发展的需要，对制度的必要性和可行性进行调查分析，总结出企业需要建立、修订和完

善的制度类型和制度数量，制定相关计划。

实施制度需求调查研究的方法包括：

（1）比照法，即与同类型的行业企业、先进企业管理制度的内容进行对标，借鉴其经验和做法，提出本企业需要建立、修订和完善制度的需求。

（2）访谈法，即通过与企业领导人、员工、客户、供应商、合作者、社区等进行访谈，调查他们认为企业需要建立、修订和完善的制度，征询他们的意见。

（3）诊断法，即企业制度管理人员通过对各管理制度环节的运行现状及发展趋势进行评估，发现存在的问题，提出合理建议或改进方案的办法。制度诊断的目的是发现制度执行过程中和企业经营管理中的各种问题，改进管理制度，提高企业的管理效率和促进企业经营目标的实现。

（二）企业管理制度设计

1. 掌握制度设计的一般性原则

（1）与组织结构和规模相匹配的原则。制度设计应以企业的发展战略为指导思想，同时结合目前企业的组织结构和规模来确定制度设计的基本思想，在此基础上再进行调研，明确制度建设的现状与需求。

（2）系统化原则。销售、采购、财务、人事等各大系统内部及系统之间的制度应该相互衔接，形成一个全面的相互支撑的管理制度体系。

（3）简明化原则。制度规定应简洁明了，以规范工作流程为切入点来进行管理工作。

（4）一般和特殊相结合的原则。制度设计中既要遵循管理的共性原理，也要结合企业的特殊情况。应将企业管理制度分为通用制度与特殊制度两大类，前者指企业制定的财务类、人事类等通用性制度，后者指符合企业特殊情况的业务类制度。

（5）刚柔相济的原则。制度的刚性是维持其严肃性、有效性的基础，这是管理科学化的重要体现。但是，为了保证制度的有效性，制度要具有一定的弹性，保持适当的灵活性，这也是制度生命力的体现。

（6）激励与约束相结合的原则。企业管理制度要对企业各方面、各环节进行有效的控制，提升管理效益；但企业管理制度又要以人为本，充分发挥员工的积极性与创造性，实现个人与企业的共同成长。

2. 明确企业管理制度的层次与内容

企业管理制度的具体内容可结合企业的实际情况分为以下三种：

（1）工作制度，指企业对各项工作运行程序的管理规定，是企业各项工作正常有序开展的必要保证，如生产经营制度、人事管理制度、财务制度、设备管理制度、物资供应管理制度、销售管理制度等。

（2）责任制度，指企业各级人员的权利及义务规定，如管理人员责任制度、岗位责任制度等。

（3）特殊制度，指企业非程序化的规定，如员工评议管理人员制度、总结表彰会制度等。

此外，企业管理制度还应包括一些必备的附件作为补充，如组织结构图（包含管理层次和管理幅度等）、职务说明书、表格流程图（包含表格的填写、审批、存档等）、标准作业书（以业务为核心，描述业务流程）、操作规程（以机器为核心，描述机器如何操作）等。

3. 提高企业管理制度的规范性要求

（1）编制的制度本身要规范，即符合企业管理科学原理和企业的实际情况。这里的规范具体是指管理思想统一、工作流程规范、格式规范等，在企业内部制定一个标准版本。

（2）实施制度过程要规范。制度的实施需要企业全员参与，以制度作为指导的工作为流程应该是规范的。经实践检验对企业有利的制度应该被固化、优化、创新，并最终形成企业的制度文化。只有这样，才能实现企业管理制度体系的良性运作，否则管理制度的实施难以达到预期的效果。

（3）制度的规范性要贯彻于企业发展的始终。企业因发展阶段、规模等的不同使企业在不同时期所制定的制度各有不同，但是制度的规范性永远伴随企业发展而存在着。在一定时期内我们应保持企业制度的稳定，反对朝令夕改，但也不能僵化思维，要根据企业的内外部环境变化及时更新制度，为企业在激烈的市场竞争中保持优势地位提供保证。

4. 企业管理制度设计技巧

企业内部管理制度是提高企业管理水平、形成企业核心竞争力的前提，它的设计和实施要重点关注企业管理的需要。下面主要从四个方面介绍企业内部管理制度。

（1）基础制度的形式类型。

企业管理有三个层次：①高层管理，即从整体上对企业业务和资源进行把握和控制，包括组织架构、资源配置和企业战略等；②中层管理，即对业务的控制、组织和协调，是企业各种业务有效开展的关键环节；③基层管理，即业务处理的细节管理。

基础管理虽然是基层管理内容，但其规定的内容包括以上三层管理（高层管理、中层管理、基层管理），因此基础管理能够影响企业的全部管理活动。基础管理制度包括以下形式：①管理手册。它阐明方针和目标，描述管理体系构架和要素，是整个体系运行的总纲。②程序文件。它是运行方法的具体描述，是开展各项管理工作的控制程序，是体系的主体，是管理手册的量化和细化。③作业指导书。它是各项具体管理活动的指导性文件及相关工作记录表单，是控制程序的支持性文件。

（2）基础制度设计的标准步骤。

制度设计部门需要在明确分工和完全清楚设计目的的情况下，按照以下步骤操作：

第一，明确制度制定的依据、制度实施的时机、制度需要达到的目的等。

第二，提炼企业使命、企业精神、企业作风、质量方针、服务理论等价值理论，在调查分析的基础上，经过各相关部门的充分讨论予以确定制度的大致内容。

第三，设计管理制度（含程序、表单）草案，反复修改后由高层管理者审定。

第四，试行、修订后全面推行，同时根据运行情况制定配套措施。

（3）管理制度需要员工的认同。

管理制度的定位不能仅关注管理者的主观期望，它必须得到管理制度约束的对象——广大员工的认同，与员工的利益和期望相适应。因此，要消除员工对制度的抵触情绪，这样才能最大限度地实现制度设计的目标。要达到此目的主要从以下几个方面入手：

第一，制度制定要避免单纯强调惩罚。例如，有的企业规定如果员工完不成定额，就要接受某种形式的处罚；如果没有通过考核评价，就会影响职位晋升与工资水平。惩罚是需要的，但只强调惩罚而没有激励机制，企业肯定是管理不好的。

第二，管理制度要规定工作标准和管理模式，不能扰乱人际关系。组织中人与人之间的相互关系（上下级之间、部门之间）如何是调动员工积极性的主要条件，组织内部的利益竞争会使员工感到压力。

第三，减轻管理制度对员工的不利影响。管理制度对员工的自我实现产生不利的影响时，员工就会感到威胁。要尽量减少或避免员工的这种威胁感。

（4）规范企业内部管理环境和条件。

管理制度必然受到管理制度的推行环境——企业内部管理环境和条件的限制。因此，在制度设计的最初就需要考虑减少制度执行时可能遇到的阻力，避免管理制度被扭曲。

要使管理制度符合管理者最初的设想，必须具备下面两个条件：

第一，编制的制度是规范的，符合企业管理的科学原理，符合企业行为涉及的每一个事物的发展规律或规则。

第二，实施管理制度的全过程是规范的，它要求工作程序也是规范的。只有这样，企业管理制度体系的整体运作才可能规范，否则将导致管理制度的实施结果偏离管理者的最初设想。

第七节　现代企业职能管理制度体系

企业的业务职能活动的内容非常复杂，对各项职能领域的计划、组织、指挥、控制等管理活动，有其特定的内容、原则、程序和方法。将其职能领域的管理行为规范化，就形成了企业业务职能管理制度体系。

一、市场营销管理制度

随着买方市场的逐渐形成，市场竞争日益激烈，消费者需求层次的多样化趋势增强，分析市场和消费者的消费行为对企业生产经营的基础作用越来越重要。市场营销已经成为现代企业的核心职能。现代企业管理越来越把市场开发与营销作为其重要的组成部分，越来越重视市场营销管理制度的开发与完善。

（一）企业的市场营销管理过程

企业市场营销管理过程，就是企业的市场营销部门调查、预测、识别、分析、选择和利用市场机会，确定企业生产经营任务和目标的过程。由此可以看出，现代市场营销并不单纯是企业产品的销售过程，而是一个为整个企业决策和生产经营提供前提和目标的过程。现代企业的生产经营越来越建立在准确的市场预测和对市场的正确把握上，市场成为企业生产经营的出发点。

企业的市场营销过程包括以下三个基本内容：

1. 市场调查和预测

市场调查和预测是企业管理的一项重要内容，企业必须经常地对市场进行调查，及时掌握并运用市场供求信息，根据市场情况增强企业的应变能力，把握经营的主动权，实现预期的目标。同时，要通过市场预测，经过科学分析，掌握企业未来发展的趋势，为制定经营决策提供科学的依据。

市场调查的主要内容一般包括消费者需求、供应情况、销售渠道、新产品发展趋势、市场竞争情况等。

市场调查是一种经济活动，同时也是科学实验，具有较强的科学性。要准确地进行市场调查，就必须按照一定的科学程序，加强组织，分步骤地进行。

市场预测就是根据所得到的各种市场经济活动的信息资料，运用一定的方法和数学模型，预测未来一定时期市场对产品的需求量及变化趋势，为企业研究制定计划目标和经营决策提供客观依据的活动。它在企业生产经营和管理活动中具有很大的作用：一是企业必须根据外界的发展变化不断地调整自己的发展战略，这就要求正确地进行市场预测。因此，市场预测是市场决策的重要前提条件。二是企业在制定计划时，除了要符合国家的发展战略外，还必须研究社会、市场及用户的需要，这样做出的计划才具有可行性。为此，企业需要对市场进行预测，准确把握市场走向和消费者的需求偏好，生产出适销对路的产品。

企业在市场调查的基础上，要提高市场预测的准确性，使预测方案、结果更加接近实际，真正地为企业经营服务，使企业在正确预测的基础上做出正确的决策。

2. 制定企业市场营销战略和市场营销计划

第一，选择目标市场。在市场调查和预测的基础上细分市场，发现有利的市场机会，提出目标市场的选择方案。

第二，制定市场营销方案。要全面考虑企业目标和企业内部、外部环境，并根据目标市场的需要和特点，对企业可控资源和要素进行综合运用，满足目标市场的需要。

第三，分析市场营销方案的可行性，对目标市场进行综合评价。

第四，确定目标市场。在综合分析的基础上，根据成本收益分析进行市场组合分配，从而获得目标市场的满意效益。

第五，市场营销计划的执行。建立和完善市场营销组织，明确分工协作关系，划分职责范围和权限，建立联系与沟通机制；制定与培训、激励、评价和约束相关的机制和制度；建立市场营销责任制度，将市场营销计划任务落实到部门和个人。

3. 市场营销过程控制

市场营销过程控制就是在执行市场营销计划的过程中，检查分析实际营销成果，如果发现偏差，则采取纠偏措施，以保证计划目标的实现。

（二）企业市场营销业务及其管理制度

企业的市场营销包括与市场有关的一系列具体业务经营活动，对这些经营活动的管理都可以纳入市场营销管理范畴。这些活动主要包括：市场营销信息与市场营销研究管理、销售组织管理、产品管理、价格管理、售后服务管理、销售账款管理、进出口贸易管理等。企业有关市场营销的管理制度，体现着这些具体市场业务的方针、内容、处理过程程序和方法。

主要的管理制度包括：市场营销信息与市场营销研究制度、销售组织管理制度、产品制度、价格管理制度、销售账款管理制度、进出口贸易管理制度等。

（三）市场营销管理制度的特点

企业市场营销管理制度主要有三个显著特点：

（1）企业市场营销管理制度要体现市场环境的变化。企业生产经营活动和市场的联系是通过市场营销管理制度进行的。一方面，企业的市场营销管理制度要体现企业的管理特点；另一方面，企业的市场营销管理制度必须能够适应市场环境的变化。因此，企业的市场营销管理制度是一个较其他管理制度更为开放和要求更具适应性的管理制度。如果企业的市场营销管理制度不能适应市场环境的变化，就可能使企业陷入被动状态。

（2）企业的市场营销管理制度不仅对企业内部的管理起作用，而且和企业外界发生联系，并作用于企业外界。虽然企业的市场营销管理制度主要是对企业的市场营销行为起到规范和约束作用，但是企业的市场营销是在与市场用户和消费者的互动中进行的活动，企业并不能单纯依靠自己完成市场营销活动。因此，企业的市场营销管理制度，一方面要体现企业本身的利益，另一方面也要体现客户和消费者的利益，达到企业利益和客户、消费者利益的统一与平衡。设计平衡规则和达到这种平衡的基础就是企业管理制度必须符合国家有关的法律、法规。在国际贸易中，还应当体现和贯彻国际惯例。例如，企业的售后服务管理制度必须体现国家相关的法律或法规，而不能根据企业的偏好违背或忽视有关规定。

（3）企业的市场营销管理制度必须以市场为中心，用市场法则促进企业的制度建设更能符合市场要求和消费者需要。

二、产品、技术研究与开发管理制度

企业之间的竞争已经演变成企业产品、技术研究与开发能力的竞争。企业为了保持竞争优势，不断地创造发明和应用新技术、新产品、新工艺、新设备和新材料，加强了对产品、技术研究与开发的预测、计划、组织、协调与控制，并建立起有效的管理制度，予以保障。

（一）企业产品、技术研究与开发管理的职能

企业产品、技术研究与开发管理的职能主要包括以下五个方面：

1. 研究和制定企业产品、技术研究与开发战略

企业产品的选择、新产品的开发、新技术和新工艺的应用等，都会对企业的生产经营方向和生产经营过程产生重大影响，会涉及企业的各个方面，也会影响企业的市场竞争能力。因此，企业必须进行产品、技术战略的研究。其内容主要包括：企业产品、技术的竞争力分析，新产品、新技术研究与开发的目标选择与定位，研究与开发的风险分析，研究与开发的资本筹措与效益分析，研究与开发的资源配套措施，研究与开发的市场前景预测，市场投放预测等。

2. 制定产品、技术研究与开发规划

研究与开发规划是企业对产品、技术研究与开发战略的具体化。其内容主要包括：研究与开发具体新产品和新技术的实施项目选择、研究与开发的途径、资本筹措与资源配套措施、研究与开发的阶段划分和具体任务等。

3. 组织实施产品、技术研究与开发规划

其主要内容包括：建立研究与开发领导、管理、实施组织，制定实施研究与开发责任制度，建立研究与开发阶段预算与实施制度，实施研究与开发监督与控制，研究与开发成果评价和鉴定等。

4. 新产品、新技术成果的试生产转化与规模化生产组织

其主要内容包括：成立生产转化组织，确定生产转化工艺技术和条件，小批量试制鉴定和质量测试，成立规模化生产组织，建立生产制造控制系统等。

5. 新产品或新技术的市场投放

其主要内容包括：选择商业化投放市场的时机，确定市场营销方式和营销组织。在这里可以和企业原有的市场营销制度相协调。市场投放是企业进行新产品和新技术研究与开发的直接目的，这和专业研究开发不同。

（二）企业产品、技术研究与开发管理制度及其特点

与企业产品、技术研究与开发管理职能相一致，为了有效、有序地组织管理企业产品、技术研究与开发，必须建立相应的管理制度。其主要有：企业产品、技术研究与开发组织管理制度，新产品、新技术研究与开发资本筹措、预算、决算管理制度，企业研究与开发实施规则，研究与开发奖励制度，研究与开发技术资料管理制度，研究与开发成果鉴定制度，新产品、新技术推广应用制度等。

与其他企业管理制度相比，企业产品、技术研究与开发管理制度有其自身的特点，主要包括以下两点：

（1）企业产品、技术研究与开发管理制度受产品开发和技术运行本身的制约较大，必须遵循科学技术规律，同时企业的技术开发和产品开发不仅是一个技术问题，还是一个市场问题。因此，制定企业产品、技术研究与开发管理制度，必须把握技术与市场的结合特点，这样才能使制度更符合实际。

（2）企业产品、技术研究与开发管理制度应当更多地关注管理创新。在现实中，市场竞争的加剧，主要是由于技术和产品变化的速度导致的。企业为了应对日益激烈的市场竞争，不得不加快技术和产品研究开发的速度和力度。因此，企业的产品、技术研究与开发管理制度应当更为鼓励产品与技术的创新。用制度来调动企业和社会，包括高等学校和科研机构参与企业科技与产品创新，已经成为企业管理制度改革的重要方面。

三、人力资源开发与管理制度

在企业的各种生产资源中，人力资源是最为宝贵的财富。因此，必须加强企业的人力资源开发与管理，注重人力资源管理制度的建设。

（一）企业人力资源管理的特点和职能

企业人力资源管理就是通过对企业人力资源进行一系列的组织和激励活动，使企业的人力和物力保持最佳结合，以促进企业的不断发展。其任务是为企业提供实现目标所需的合格人才，提高员工素质并调动其积极性，使之推动企业的进步和全面发展。与传统的企业人事管理不同，人力资源管理更具有战略性，更着眼于企业的未来发展，更具系统性。其主要特点是：

（1）现代企业人力资源管理的职能进一步扩大。现代企业人力资源管理更强调人力资源计划、培训、考核、激励等。人力资源管理已经成为企业战略管理的重要组成部分。

（2）现代企业人力资源管理更注重对人的能力的开发和利用。传统的人事管理把管理的侧重点放在对人的控制和约束上，注重管理与使用，其激励方法和措施也大都是外在性的。现代企业人力资源管理则把侧重点放在人的内在能力的增强和开发上，更加注重人的主动性和创造性。

现代企业人力资源管理领域进一步扩大。企业可以把人力资源的开发和利用扩大到企业边界之外。在更大的范围内，采用多种方式获取和开发人力资源。人力资源管理的主要职能包括：

第一，制定企业人力资源战略与规划。主要是根据企业未来发展要求，制定出人力资源获取的方式，进行岗位和工作设计及其人员配备；同时，还要制定人力资源发展规划。

第二，获取人力资源。主要是制定政策、程序、方法，实施人力资源的招聘、选拔和录用。

第三，开发人力资源。主要是根据企业的发展需要，编制劳动定员计划，制定人力资源培训与发展规划，针对不同岗位编制不同的培训内容。

第四，对人力资源实施考核和激励。主要是制定企业员工薪资报酬和福利待遇政策，根据不同岗位，实施不同的激励政策。

第五，贯彻国家相关法律法规，处理有关劳动、工资及福利待遇方面的争议。

（二）人力资源管理制度及其改革

在企业中，人力资源管理制度是一个体系，主要包括企业组织结构设置管理制度、员工聘用制度、员工培训制度、员工管理制度、考勤管理制度、人事考核管理制度、劳动争议处理制度等。

企业人力资源管理制度主要包括以下几个方面：

（1）企业员工聘用制度。主要是要建立起与社会主义市场经济体制相适应的企业用工制度。企业可以根据生产经营和发展的需要聘用员工。要建立起员工招聘、辞退、辞职、离职管理制度，加大员工流动，建立起"能进能出"的用工机制。

（2）企业员工考核制度。要加强岗位和工作设计，规范工作流程，加强工作考核管理。

（3）以分配制度为核心的激励与约束制度。主要是完善各种分配制度，根据工作和岗位职务的不同，采用不同的分配指标和分配机制，最大限度地调动企业管理人员和员工的积极性。同时，完善惩罚规则和机制，约束员工行为。

（4）企业职工培训制度。不断提高职工的劳动技能和管理素质，增强员工的敬业精神。

（5）职工福利和劳动安全保护制度。改善员工的工作条件和劳动环境。

（6）劳动工资争议处理制度。随着就业市场化程度的提高，劳动工资争议发生的概率也会相应地增大，迫切需要企业根据国家的法律法规建立和完善劳动工资争议处理制度。

四、财务管理制度

企业的财务管理在企业发展中具有重要的地位：它可以提供资金，保证正常的业务需要；通过对资本的运用，提高资金使用效果；实行开源节流，降低生产耗费，提高盈利水平；实施财务监督，完善财务制度；进行企业风险预测，实施风险管理。因此，财务管理制度在企业管理制度中处于核心的地位。

（一）财务管理的任务与内容

企业的财务管理，是对以价值形态所表现的企业全部财产和企业市场经营活动的管理，是企业综合性的管理。

财务管理的任务，总体说来就是根据企业经营资本的运动规律，正确地组织财务活动，处理好财务关系，以提高企业的经济效益，促进企业的发展。具体而言，其任务包括三点：一是将企业的生产经营活动价值化，对企业的生产经营活动进行管理。企业的财务管理体现了企业的目的和企业管理的目的。二是运用财务制度和手段对企业生产经营的全过程实施监督，包括对企业决策的监督。三是处理企业内外的财务关系，执行国家的财务制度和政策，维护本企业的正当权益，完善企业财务分配制度。

企业财务管理的主要内容可分为五个方面，即资金筹集、资金管理、利润管理、预算管理、风险管理。

（1）资金筹集。

企业的资金筹集有内部积累和外部筹措两种形式。企业从内部积累资金，主要靠企业内部利润积累和固定资产折旧；企业从外部筹集资金主要途径包括银行贷款、发行股票及吸收外资等。

（2）资金管理。

资金管理主要是资金的投放与使用，主要包括固定资产的投资、流动资金的投放与控制、证券投资。

①固定资产投资。企业的固定资产投资属于企业的长期投资。必须根据企业的发展战略要求，对企业的固定资产投资制定相应的企业财务政策，对重大项目实施财务分析，使企业的财务和资金能力与企业发展战略相平衡。

②流动资金的投放与控制。企业流动资金是用于购置原材料、支付工资和其他生产费用所需的资金。流动资金管理的主要内容就是根据企业生产经营的需要，提供合理的流动资金规模，提高流动资金的使用效率和效益。

③证券投资。随着企业的发展和证券市场的完善，债券投资正在成为企业的一种投资方法和投资领域。企业要对投资证券的种类、收益预期、风险等方面进行充分的分析与把握，以提高证券投资的安全性。

（3）利润管理。

利润管理是企业财务管理中的关键环节。一个企业盈利水平的高低，决定于企业的各个部门经营管理的好坏。因此，企业利润指标反映整个企业的经营管理水平。企业利润管理主要包括编制利润计划和企业盈利的分配。企业利润计划是根据企业的经营方针和经济计划制定的，通过利润计划确定企业的年度利润额和利润率，以促进企业合理地组织生产经营，不断提高利润水平。利润分配是企业管理的重要内容，其包括高级职员奖金、股东分红、企业内部利润留成等。

（4）预算管理。

预算管理又称为预算控制，指通过预算对企业的资金进行管理。预算管理对企业具有重要作用：对企业的经营管理的促进作用，对企业内部关系的调节作用，对企业各项费用指标及企业经营活动的控制作用。从不同角度来看，企业预算可分为长期预算和短期预算、部门预算和综合预算、损益预算和资金预算、大纲预算和细目预算。

（5）风险管理。

企业的经营环境复杂多变，内部条件有时也会发生很大的变化，由此使企业经常面临着各种风险，甚至可能遭受重大损失。因此有必要预测、分析各种潜在的风险，研究并制定出应对的措施，以规避风险，或者将风险造成的损失降至最低或可控制的程度。企业的风险大都和企业的财务风险相联系，或者直接表现为财务风险。因此，风险管理已经成为企业财务管理的重要内容。

企业的风险管理主要内容包括：风险预测、风险分析、风险测定、规避和应对风险的措施等。

（二）企业财务管理制度及其改革

企业财务管理制度主要包括：企业财务部门工作责任制度、企业资金计划和预算管理制度、企业财务控制制度、企业财产管理制度、企业财务工作管理制度等。

企业的财务活动在企业中具有突出的作用，亟须建立和完善符合社会主义市场经济体制的企业财务管理制度。

（1）改革企业资金筹措制度。随着企业成为独立的法人实体和市场竞争主体，企业必须根据自身的发展战略，采用市场运作方法筹措资金，企业必须改革和完善借款、股票、债券、信用票据等管理制度。

（2）改革和完善企业资产管理制度。随着企业投资主体多元化改革，企业国际化经营及企业投资项目的增加，企业的资产管理日益复杂，因此企业的资产管理制度的形式和种类也在不断增加和变化。企业应当重点建立资产组合和收益制度、企业投资制度、资产控制制度。

（3）改革和完善企业财务决策和财务监督制度。在现代企业中，企业财务管理在决策和监督方面的职能不断增加，必须通过制度建设，强化企业财务对企业生产经营过程的监督作用。

（4）严格企业的财经纪律，保证企业财务管理的有效性和真实性。要加强对企业财务经济活动的审计和监督制度。坚决纠正做假账、违反财经纪律、营私舞弊、挥霍浪费等现象，建立起企业财务管理法治秩序。

（5）加强企业财务管理信息化建设，使企业财务管理向程序化、科学化、规范化与法治化方向发展。同时，要广泛运用计算机技术，建立先进的财务管理网络；要提高企业财务人员的业务素质，加强对财务人员的培训。

（6）学习和借鉴其他企业的财务管理先进经验。

五、生产与作业管理制度

生产与作业始终是企业活动的基本形式，对企业生产与作业的管理是企业重要的职能，生产管理的基本问题是提高生产率。生产与作业管理制度的设立和改革也必须围绕这一基本问题而展开。

（一）生产与作业管理的职能

生产与作业管理主要是对生产与作业过程实施计划、组织和控制。

1. 生产与作业计划

生产与作业计划主要是根据市场需求和企业生产与作业能力，对企业的产出品种和提供的服务、产出时间、资源配置等问题进行整体的安排。

对于制造业企业来讲，生产与作业计划主要包括三个方面的内容：

（1）产品生产计划。企业生产计划必须和企业的市场营销、产品开发相协调，包括探索选择新产品和做出现有产品的发展、保留或淘汰的决策，确定产品的质量和成本，企业产品的市场竞争能力等。

（2）企业生产能力及其开发计划。企业生产能力不足，会使企业失去销售额和市场机会，造成生产效率低下和不经济。生产能力过剩，会造成设备和资源的浪费。因此，企业生产能力计划的确定必须考虑市场对产品的需求，以及预测未来市场的变化趋势。制定企业的生产能力计划，应要充分考虑生产的成本。对企业生产能力的开发计划，主要应该考虑新产品的生产布局和市场开发的可能性，在生产选址、设备选购等方面，在时间和空间上为生产能力的增长提供可能，同时也为生产能力的调整和转换提供条件。对于短期或年度生产能力计划的制定，主要考虑原材料、人员招聘及其工资水平、生产基础设施等因素。

（3）生产进度计划和部门作业任务计划。这些计划主要是把企业的年度生产计划进行分解，并将分解计划落实到相应的部门和直线执行机构。

2. 生产组织

合理有效的组织生产，是生产与作业管理的重要内容。其主要包括：

（1）选择生产组织。企业生产组织的选择和确定，是一个非常复杂的问题。一般地，不同的生产品种、规模、规格、技术等对生产组织的选择有着重要影响。可依据工艺、产品或两者的结合进行生产组织的配置。

（2）生产和作业流程配置。生产组织决定了生产和作业流程的配置。可以根据工艺、产品、场地、人力、技术、安全等因素设置生产流程。

3. 生产与作业控制

控制是生产与作业管理的重要方面。其主要包括：

（1）采购和库存控制。原材料和零部件的合理采购和储存，是保证生产与作业过程连续进行的基本条件。对采购的管理主要包括根据生产计划，决定采购原材料、零部件的种类、规格、质量和数量；选择有信誉的供应商；决定购买原材料和零部件的时间和批次。库存管理控制主要包括：合理确定库存的品种、数量，对不同的品种实施分类管理，使采购与库存管理相协调。

（2）生产作业控制。其主要是对生产作业过程中的数量进度实施控制，同时保证作业的安全有序；主要内容包括生产调度、作业核算和在制品管理。

（3）质量控制。质量控制就是按照产品的质量计划，对影响质量的全部因素进行监督。建立起严密、协调、有效的质量管理体系，明确作业流程中各部门、环节、人员的质量管理权限和责任，对质量实施全面控制。

（4）设备运行状态控制。设备运行状态控制就是要对生产设备进行监测、检测、维护和维修，使设备保持良好的运行性能和运行状态，以保证按照数量、质量和时间进度要求生产出产品。

（二）生产与作业管理制度及其改革

企业生产与作业管理制度主要包括：生产组织管理部门工作职责方面的制度、生产技术管理制度、生产管理制度、设备管理制度、安全生产管理制度等。

随着经济和社会的发展，企业的生产与作业管理正在发生重大的变化，出现了一些新的特征，主要表现在以下几个方面：

（1）市场需求的多样化和消费者消费的多层次性对企业的生产与作业提出了新的挑战。随着卖方市场向买方市场的转变和深化，顾客对企业生产的产品和提供的服务提出了更高的要求，使得产品的寿命周期越来越短。从过去追求大规模生产方式转向现在的多品种、小批量生产方式，企业再也不能仅凭自己的想象和意志组织生产，而必须充分考虑消费者的意见和要求，从而出现了企业按照消费者要求定制生产的模式。

（2）企业生产与作业必须适应市场变化。现代企业的竞争越来越表现为速度的竞争，企业如果不能快速适应市场变化，就会成为市场竞争的落伍者。

（3）现代化技术不断地被应用到生产与作业中。自动化技术、微电子技术、新兴控制技术、信息技术、新材料技术、网络技术等的出现，给企业提供多样化产品和服务创造了可能性，企业要不断地设计、调整、组合和升级生产系统。

（4）生产与作业的全球化。随着信息技术和交通运输业的发展，不仅贸易越来越全球化，而且生产也越来越全球化，企业面对的竞争也是全球化的竞争。

所有这一切，为企业生产与作业管理制度的改革提供了机遇和挑战。

首先，必须从企业的整个战略考虑生产与作业管理制度。现代企业生产与作业管理的范围已不再仅限于生产与作业过程的计划、组织与控制，而是包括生产与作业战略的制定、生产运作系统设计及新的生产方式选择等多个层次的内容。必须把生产与作业放到企业整个"价值链"与"作业链"中，进行综合管理。

其次，适应新的制造与作业技术，探索应用先进管理技术。为了在生产与作业中应用先进技术，提高生产效率，管理技术也必须适应生产与作业技术的升级。信息技术已成为生产与作业系统控制和管理的重要手段，由此带来了一系列管理组织结构和管理方法的变革。管理制度也应当充分运用信息技术，提高管理的效率和管理的科学性。

再次，提高资源利用效率。在生产与作业管理中，如何提高资源的利用效率，是一个必须认真探讨的重大管理问题。资源的浪费和无效性，主要原因在于对技术和时间把握上的偏差。要通过提高生产与作业的集成度和对市场的预测，提高其与市场的一致性和与资源的协调性。

最后，以全球视野考虑生产布局。随着经济全球化发展，企业必须考虑全球生产运作管理模式。

六、成本管理制度

企业生产经营过程是成本投入和效益产出的统一过程，企业生产经营的直接目的是获取利润，但是利润必须依赖于成本的投入，利润来自于成本的转化。成本管理贯穿于企业的所有过程。

（一）成本管理内容和成本管理原则

成本管理是对企业生产经营活动的成本进行计划、控制、分析、考核，目的是取得最优的效益。成本管理的主要内容如下：

（1）成本预测和决策。成本预测是现代企业成本管理工作的第一步，是实行科学管理、降低成本的一个重要方法，是企业经济效益得以提高的手段之一。成本决策是为了提高经济效果，利用决策理论，在预测分析的基础上，选择最佳方案的过程。企业要降低生产成本，取得良好的经营效果，就必须对成本方案进行可行性研究，做出正确的经营决策。

（2）成本计划。它是指以货币形式预先规定企业计划期内完成生产任务所需耗费的费用数额，并确定各种产品的成本水平和降低成本的任务。企业应在分析研究各种技术经济条件、发展前提及采取各种相应措施的基础上，规划一定时期的成本水平，确定目标成本，根据已确定的目标成本来编制成本计划。

（3）成本控制。企业的成本控制，就是在产品设计、制造、销售过程中，根据事前规定所耗费的各种生产费用标准进行控制。当实际发生额与标准额产生差异时，要及时进行分析，找出产生差异的原因，提出纠正、改进措施，以保证成本计划的完成。

（4）成本核算。企业要对产品成本和生产经营过程成本进行系统的核算，真实、完整、及时地反映成本情况，以便为有效的成本控制打好基础。由于成本核算能够为成本管理提供真实、可靠的数据，它也就成为成本管理的一个重要内容。

（5）成本分析。企业管理中的成本分析，目的在于找出成本差异并探究造成差异的根源，根据不同的情况采取有效措施，以降低成本。

（6）成本的日常管理。成本管理除了上述项目外，还要做好日常的管理工作。首先，建立健全管理的规章制度和组织机构；明确成本主体各自的责任和义务，使责、权、利对称。其次，要做好原始记录，建立严格的考勤制度，执行劳动定额，正确计算工时，改进劳动组织，合理利用工时，提高劳动生产率。再次，合理使用、维修、养护机器设备，防止损坏丢失；严格执行材料、燃料的耗定额，正确计算费用，节约、合理地使用财产物资，充分做好废料再利用工作。最后，提高产品质量，减少次品率，进行严格的质量检查。

（二）成本管理原则

（1）协调原则，是指企业在进行成本管理时，要使之与企业的其他管理相互关联、协调一致。

（2）全员原则，又称为全员成本管理原则，即企业全体人员都必须积极学习和掌握有关成本管理的知识，积极参与企业成本管理工作，降低成本。

（3）事前控制原则，即要对生产经营成本实行事前控制，制定每项费用支出的标准或成本计划，以便在生产经营过程中按照成本计划进行控制，防止超支，避免浪费和损失。

（三）成本管理制度的改革和完善

成本管理制度也是一项综合管理制度，其主要包括：成本预测制度、成本计划制度、成本控制制度、成本核算制度、成本分析制度。

如上所述，成本发生在企业所有的生产经营过程中，由此也决定了成本管理制度改革的基本方向和基本方面。

（1）建立和完善企业成本控制制度。成本是发生在过程和活动之中的，企业应当根据成本的"形成链"，建立起针对过程和活动的普遍性成本管理制度。

（2）加强成本预测和成本计划制度。根据现代经济和管理理论，成本管理并不单纯是企业过程，而是一个市场竞争过程，也是与消费者讨价还价的过程，因此企业必须加强成本预测。在成本管理中，不仅要考虑本企业和竞争者对成本的要求，也要考虑消费者对成本的要求，使成本计划更加符合企业、市场和消费者的需要。

（3）树立新的成本观念。过去企业考虑成本管理，往往只看到产品制造和提供服务过程中的直接成本，而忽视了间接成本。在现代企业中，管理者要树立全面的成本观念，积累相关时间成本、质量成本、组织成本、交易成本、知识成本、机会成本等方面的知识，并在成本管理和其他方面的管理中加以运用。

（4）采用先进的成本管理方法和手段。随着企业成本管理的拓展和深化，需要不断地学习和采用先进的管理方法和手段，包括成本管理信息化建设，以促进企业成本管理水平的提高。

七、质量管理制度

为了保证企业产出达到规定和所期望的质量目标或质量标准，必须建立相应的质量管理制度。

（一）现代企业质量管理的内容和地位

1. 现代企业质量管理的内容

（1）质量预测与决策。现代企业的生产经营是为消费者和顾客提供所需要的产品或服务，消费者和顾客对企业产品和服务的功能、性能的需求就成为企业产品和服务质量管理必须认真对待的因素，这也是质量管理的应有内容。企业的生产经营面临着激烈的市场竞争，企业也必须充分了解竞争对手的产品质量水平和产品质量战略与策略。同时，科学技术的迅猛发展深刻地影响着企业产品和服务的生产方式，影响着企业质量生产与管理的方式。因此，企业为了满足消费者的质量需求，接受日益激烈的市场竞争挑战，不断地利用科学技术改造和提升企业的产品与服务质量，并且进行质量预测和决策。质量预测与决策主要包括：对消费者质量需求的分析和预测、对市场竞争对手质量管理的预测、科学技术发展对产品与服务质量发展和影响的预测。企业可以根据质量预测和自身的质量能力与质量目标，进行质量决策，形成质量管理、质量改进和质量提升的方针。

（2）质量计划。企业在质量预测与决策的基础上，形成质量方针。质量计划是对质量方针的细化分解和实施方案。如果企业只有生产经营的数量计划，而没有质量计划，就可能使企业只追求产量、销售收入、利润，而忽视产品或服务的质量，从而导致企业市场份额减少，失去竞争力。企业的质量计划包括企业的目标计划、质量标准计划、质量管理行动和实施计划等。

（3）质量控制。质量控制是质量管理中最为常见的活动，就是采用一定的质量管理组织和质量管理方法，对企业的生产经营及其管理过程实施质量监督，确保企业的产品质量、服务质量、工作质量和管理质量符合质量计划的要求并达到一定的标准和水平。质量控制主要有两种基本方法，即组织化方法和技术化方法。

组织化质量管理方法主要采用组织结构调整、业务流程组合优化和人员授权等方式，开展质量管理，包括建立质量保证体系，分解质量责任和权利，对员工进行质量培训，开展质量控制小组活动等。

技术化质量管理方法主要是运用数理统计方法，对质量过程实施对照、检查、分析等，或者借助计算机手段对质量过程进行监控管理等。

2. 现代企业质量管理的地位

首先，质量管理是一项综合管理职能工作。企业的生产经营过程和活动都会存在质量问题，因此，质量管理问题也是常见的，任何一个环节都不能忽视质量管理问题。质量管理必须和生产经营过程相结合，才能实现有效管理。

其次，相对于其他职能和专业管理，质量管理具有监督的作用。企业通过制定质量计划对企业的其他生产经营职能起到促进作用，并且对其他生产经营职能进行质量监督和控制。

最后，企业的质量管理工作反映着一个企业的精神面貌，不仅影响企业的成本和市场份额，而且体现了企业对社会和消费者的责任承诺。只有企业的管理者认识到了质量问题的重要性和必要性，才能做好企业的质量管理工作。

（二）质量管理制度分类及其改革与完善

1. 质量管理制度分类

按照质量管理制度的功能可以把质量管理制度分类为质量预测与决策制度、质量计划制度、质量控制与监督制度、质量分析制度等。

按照质量管理制度作用的对象可以把质量管理制度划分为生产质量管理制度、产品质量管理制度、工作质量管理制度、管理质量管理制度、服务质量管理制度等。

按照质量管理制度实施程序可以把质量管理制度划分为质量管理组织制度、质量管理人员责任制度、质量管理标准制度、质量检查和检测办法制度、质量会议制度、质量事故责任追究和处理制度、质量发布制度等。

2. 质量管理制度改革与完善

质量管理制度改革是企业内部管理制度改革的重要组成部分。企业的领导人必须从企业发展的战略高度来认识质量管理制度的改革与完善问题，不能把质量管理制度改革与完善同其他管理制度对立起来。那些认为质量管理制度改革和完善会影响企业经济效益的改善和提高，甚至用降低质量的方法来增加利润的观点，都是不可取的，更是错误的。

对于中国的企业来讲，应当从以下五方面重点考虑质量管理制度的改革与完善问题：

（1）要高度重视企业质量战略问题。企业的质量和质量管理问题，决不仅是对待和处理个别产品的质量问题。从根本上讲，质量问题是关系到企业生死存亡的全局性问题。因此，企业必须高度重视质量战略问题，以求得企业的长远发展和壮大。

（2）要加强质量预测，提高质量决策水平。在市场竞争日益激烈，经济全球化趋势加强，科技发展速度加快，消费者需求多样化、个性化的情况下，企业再也不能从自身的利益出发，孤立封闭地考虑企业的质量问题，而必须改变质量管理的观念。强化质量预测，可以使质量决策的科学化和合理化水平得到进一步提高。

（3）采用科学先进的质量管理方法和手段。随着科学技术的进步和企业组织的变革，传统的以事后检测为中心的质量管理方法已经越来越不能适应企业发展对质量管理的要求，采用先进的质量管理方法和手段显得越来越迫切。要采用全面质量管理的组织和技术方法，加强企业全过程和全员的质量管理，采用计算机信息技术，加强质量信息化和质量预警制度的建设。

（4）采用国际通行的质量管理标准。一方面，国际质量标准是企业从事国际化经营的必然选择；另一方面，采用国际质量标准，可以促进质量管理制度的完善和提升。

（5）加强企业质量管理制度的系统化建设。现在很多企业的质量管理制度主要是针对某些具体的质量问题，缺乏系统性和权威性。质量管理制度的改革，在制度的系统化建设方面，不仅要使质量管理制度本身系统化，而且要使质量管理制度同其他管理制度相协调、相促进。此外，还要强化质量管理制度的法治化，提高管理制度的权威性和严肃性，使质量管理制度得到切实的贯彻执行。

八、考核管理制度

过去的企业管理没有把对人的考核和评价管理作为一种独立的职能，而是把对人的考核附加在企业管理的其他职能或活动中，也没有形成独立的考核体系和考核制度。被管理者并不是被动地接受管理者的指令或安排，而是有其自身的意志和利益要求。管理者如何对被管理者在企业生产经营过程中的活动方式和活动效果进行评价，并使被管理者的行为符合企业的期望，而又能使被管理者的需求得到满足，就是企业考核管理制度必须面对和解决的重大问题。

（一）考核在企业管理中的地位和作用

（1）考核是覆盖整个企业生产经营活动的管理活动。由于企业生产经营活动是一种群体活动，必须对每一个成员做出的努力和贡献进行评价。如果按照努力和贡献程度分配成果，就必须以考核作为评价的前提。没有考核，就没有评价和分配的依据。必须对企业的每一个职工进行考核，每一个职工都必须接受考核。

（2）考核是对职工实施奖惩、职务升降、岗位调整的依据。对职工实施奖惩、岗位调整和职务升降，是企业人力资源管理与开发的重要内容。管理者在客观公正考核的基础上，对职工实施奖惩、岗位调整、职务升降。

（3）考核是促进管理规范化的重要保证。在企业中，要贯彻和实施制度，必须有强有力的推动和保证机制。考核事实上为制度的贯彻执行奠定了基础。企业中，各种管理制度规定了职工的行为规范和活动准则，但并不必然能够保证制度能够得到实施，必须找到保证制度实施的机制。逻辑的分析和实践都证明，考核能够使制度具备引导功能，促进制度目标的实现。同时，考核还规范着各种管理制度，防止管理失控，改进和完善着各种管理制度。

（4）考核改进和完善着企业管理和生产经营活动过程。企业的考核，不但考核着人的行为，而且考核着企业的各种生产经营和管理指标。人的行为必然通过生产经营指标和效率指标得以反映和体现。通过考核，可以发现企业的优劣势，找到企业管理改进和完善的努力方向和结合点。因此，考核是一个完善和改进企业中人的行为的过程，也是一个强化和升华企业管理的过程。

（5）考核可以促使企业的激励与约束机制更加完善和有效。考核作为一个独立的运作系统，一方面，建立了职工贡献度判断标准，另一方面，是激励与约束机制的基础。通过考核，可以了解员工的工作态度、工作状态、工作结果，以及员工的要求和心理期望。同时，通过考核标准和考核活动，职工可以明确怎样做才是正确的，怎样做才是合乎目标的，怎样做才是有效的，为员工提供了行为判断标准。

（二）企业考核制度的建立、改革与完善

1. 企业考核制度组成要素

（1）考核组织机构。

考核作为一项重要的企业管理职能，必须有相应的组织机构来承担。按照企业组织机构的设置，在相应的垂直和横向部门中，都可以设置考核机构，负责对自身组织和下属机构与人员的考核。

（2）考核标准。

考核标准是考核制度的核心部分。如何设置考核标准，是考核制度建设的重要内容。没有健全的考核标准，就不可能有高效的考核制度。考核标准的设置，一般必须考虑以下原则：

第一，工作标准原则。在企业中，考核就是对职工工作的鉴定和评价。因此，考核标准的设置必须同工作标准密切协同。这就要求，对工作进行细致的分类和分析，真正从整个企业组织的整体目标出发，设置每一项对组织有意义和有贡献的工作。工作是细致的和琐碎的，工作的标准也是如此，但考核又不能是碎片化的，如何确立和处理考核标准与工作标准的关系，是管理者必须关注的问题。一般地，职工的自我考核可以采用工作标准，但是上级对下级或个人的考核，就必须设置简单明了的考核标准，体现管理者的目标，同时也让下级明白上级的意图。此外，应在考核标准中引入工作标准，这样做可以使职工看到工作对组织的意义和贡献，从而起到激励作用。

第二，职务等级原则。考核标准的设计必须考虑企业中不同的职务等级。职务是权利、责任和义务的载体，职务的不同导致了工作的分类和差异，因此不同的职务其考核标准也是不同的。在制定考核标准时，要根据工作职务和工作内容不同，确定相应的考核标准。

第三，促进原则。制定的考核标准要能够促进员工工作水平的提升和组织的发展。虽然制定考核标准必须贯彻工作标准原则，但是考核标准不是工作标准的重复。考核标准必须设置阶梯式的档次，工作标准是基础考核档次，工作标准以上的档次，体现了工作的优化和组织的更高目标，也体现了被考核者更高的利益要求和发展目标。

第四，公正与公平原则。人们经常要求考核要公正和公平，而考核标准的公正与公平则是考核公正与公平的基础。首先，必须以工作和职务的要求制定考核标准，而不能因不同的人承担相同的工作或职务而制定不同的考核标准。在现实中，往往因人的变化来制定不同的考核标准，这是引起考核欠缺公正与公平的重要原因。其次，注意考核标准类别之间的协调与平衡。企业中，工作、岗位、职务、职能的差异性很大，都有各自的考核标准，必须统筹考虑标准之间的差异性和平衡性，以免引起考核标准的宽严失度。最后，考核范围和考核项目要一致或大体相当。

（3）考核方法。

考核方法既是考核制度的重要组成部分，又是考核制度的落实手段。在考核实践中，有许多考核方法，如定量考核、定性考核及其综合运用方法，定期考核、不定期考核及其综合运用方法，自我考核、组织考核、群体评议考核、领导考核及其综合运用方法，日常考核，晋升考核，等等。

（4）考核程序。

考核程序是对考核实施过程顺序的规定。考核程序的设定对于增加考核的真实性、客观性，调动职工参加考核的热情，提高考核的效率，保证考核的成功，具有重要意义。完善的考核制度必须注重考核程序的安排。考核程序因考核种类和采用方法的不同而不同。必须充分考虑考核中可能出现的问题和障碍，运用考核程序加以解决。

（5）考核结果的运用。

考核结果的运用，体现了考核的目的，也可以为企业管理者和领导者决策提供相应的依据。考核结果的运用，一般有以下三方面：

第一，兑现各种有关工资、奖金、福利及各种合同契约规定的经济利益或实施经济惩罚。

第二，根据考核结果，对企业各级生产经营和管理部门、职工进行工作评价，实施岗位调整和职务晋降。

第三，根据考核结果，调整企业管理指标、考核标准。

2. 考核制度类型

考核组织结构制度：主要包括企业考核机构职能的设置规则、工作规则、考核人员职业道德守则等。

考核标准制度：主要包括各类工作标准制度、专业管理标准、企业目标管理考核标准等。

考核程序制度：主要包括各种考核管理办法、考核会议制度、考核结果公布和确认制度、考核评价反馈制度、考核资料管理办法等。

3. 考核制度的改革与完善

考核作为一项独立的企业管理职能，一方面对其他管理职能具有考核和评价的作用，另一方面自身也必须不断地改革与完善。

（1）要加强企业考核信息制度建设。考核问题在很大程度上是一个信息问题。之所以要加强考核制度建设，主要目的之一就是要解决管理者与被管理者之间，管理者与生产者之间的信息不对称问题。企业管理者要想通过考核掌握企业生产经营的状况、企业职工的工作态度和能力水平，在很大程度上要依赖于考核信息。因此，企业考核制度的改革与完善，必须加强考核信息制度建设。

（2）改进考核方法。要提高考核的质量，必须改进考核方法。要正确处理好统一考核和专业考核的关系，集中考核和分散考核的关系，领导组织考核与自我考核的关系。采用先进的考核手段，包括计算机辅助考核等，提高考核的及时性和有效性。

（3）提高考核结果的使用效果。考核的目的之一是为了利用考核结果改进企业管理，调整职工行为。因此，在企业的各种专业管理、人事调整、职务设置管理中，要更多地采用考核管理办法，充分利用考核结果，增强其合理性，减少主观性和随意性。

（4）改进对考核工作组织的领导。企业各级组织的主要领导人，都要重视考核制度的改革与完善，充分发挥考核在企业管理中的促进和引导作用，建立起有效的激励与约束机制。

阅读专栏 3-5　企业治理与企业管理

一、企业治理

企业治理是企业发展到一定历史阶段的产物。手工作坊式的企业，由于产权没有分解，所有权和经营权没有分离，不存在委托代理问题，也就不存在治理问题。工厂式企业虽然产权开始有了分解，但所有权与经营权仍然是合一的，委托代理问题并不严重。直到股份公司制度产生，所有权和经营权才高度地规范化分离，并出现了职业经理专门行使公司资产经营权，而且公司内部权利结构日益复杂，出现了所有权主体（股东）多元化与经营权主体一元化的格局。这使股份制公司内部形成了多个层级的、不可忽视的委托代理关系。恰恰是这种由于所有权与经营权相分离而产生的委托代理问题，才是公司治理产生的根源。公司治理是指有关公司控制权和剩余索取权分配的一整套法律、文化和制度性安排。

二、企业管理

广义的企业管理是指企业所有的关联者对企业所进行的管理，既包括公司治理方面的内容，也包括对经营活动本身所进行的管理；狭义的企业管理是指对企业经营活动所进行的管理，它是企业内部管理者所进行的组织、指挥、协调等方面的活动。因此，当我们说公司治理与企业管理相关，公司治理是企业管理一部分的时候，我们是以广义的企业管理与公司治理做比较；而当我们说治理与管理具有不同内容和特点时，则是以狭义的企业管理与公司治理做比较。

三、企业治理与企业管理的联系

公司治理的本质是理顺决策权、管理权和监督权之间相互协调、相互制衡的关系，保证企业在有效监督下高效运作，最大限度地保证企业发展和股东利益。企业管理的本质是对公司的经营活动进行组织、指挥、协调，以保证企业经营活动有序开展。这两者之间的联系是很密切的。一是公司治理解决了企业经理人与所有者、决策者与执行者之间的相互关系，为公司内部经营管理创造了一个良好的运行环境，使企业内部管理能全力以赴地处理日常经营问题。二是公司治理明确了企业的经营目标、重大战略，从而决定了企业内部管理的方向和重点，减少了企业内部管理的盲目性。三是公司治理对公司组织结构的影响。企业组织结构的实质是一种"责权利"分工体系，企业的组织是任务导向的，它把企业目标分解成具体任务，再分配给各个部门、各个岗位去承担，同时建立起相互之间分工与协作关系。公司治理是企业组织活动的一个基本背景。四是企业内部管理直接承担着落实董事会确定的经营目标、利润计划的任务，因此搞好企业管理，是衔接公司治理与内部管理的关键，也是实现公司治理目标的基础和保证，它决定着治理的效果。公司治理是企业管理的基础，企业管理会反作用于公司治理。企业管理水平的提高势必会增加股东对经理人的信任，改善和巩固所有者与管理者之间的关系，产生一个稳定有效率的公司治理环境。反过来说，一个管理混乱的公司肯定会造成股东对管理层的不满，影响两者之间的合作关系。

四、企业治理与企业管理的区别

企业治理与企业管理的区别，主要表现在以下七个方面：

第一，工作的目标不同。无论是公司治理还是企业管理，都要为实现利润最大化而努力，在这一点上没有区别。但是作为直接工作目标，公司治理和企业管理有所不同。公司治理的直接工作目标，是股东利益最大化或实现相关利益者"责权利"平衡；企业管理的直接目标则是实现公司既定目标。为此，企业管理应把工作重点放在保证经营活动得到顺利开展，并且保证每一项经营活动都能达到预期收益上。

第二，从事管治的层级不同。公司治理的层级集中在公司高层，无论是董事会、监事会，还是高级管理层，他们的活动都在公司高层，属于单一层级治理。企业管理则是多层级管理，管理的层级决定于公司组织的层级，公司组织分几层，管理就分几层。不仅如此，各层管理都紧密相连，形成一个管理链，环环相扣。

第三，管治的对象不同。公司治理的管治对象，是公司最重要的事项，董事会为股东进行重大决策，所面对的是公司经营中的重大事项，如一年的经营计划、重大投资决策、高级管理层的聘用及薪酬决定等。高级管理层执行董事会决策，监事会监督董事会的决策和高级管理层执行决策的情况，它们所面对的都是重大事项。企业内部管理则不同，它是多层级的管理，高级管理层所面对的当然也是公司的重要事项，但其他层级的管理主要以经营活动中的具体事项作为管理对象。

第四，手段不同。公司治理的手段是协调、防范和制约；而企业管理的手段主要是组织、规划、控制和领导。

第五，实施基础不同。公司治理是以契约关系包括书面的和口头的为基础，通过企业内部外部显性、隐性契约、公司治理结构和市场机制来实施。企业管理则以行政权威为基础，通过内部组织结构和制度运作。

第六，边界不同。公司治理边界与管理边界的不同表现在公司治理是公司边界之外董事如何全面指导企业及监督和控制管理部门的执行行动，以满足边界之外利益集团对责任和规制的合法预期。管理涉及的是公司边界之内的业务运作，如生产、开发、人事、营销等。公司治理的中心是外部的，公司管理的中心是内部的。

第七，导向不同。公司治理是战略导向的，而企业管理是任务导向的。公司治理本身并不关注企业的运行，而是给企业提供全面的指导，监控经理行为，以满足超过企业边界的利益主体的合法预期。综上所述，公司治理和企业管理既有联系，又有区别；既相互制约，又相互促进，公司治理是企业管理的一部分，是其最关键、最核心的部分。

推荐阅读

1. 周景勤等 . 国有企业内部管理制度改革研究——以邯钢经验为例 ［M］. 北京：企业管理出版社，2001.

2. 邓焱 . 企业管理概论 ［M］. 北京：科学出版社，2011.

3. 宋志平 . 问道管理 ［M］. 北京：中国财富出版社，2021.

思考题

1. 企业管理制度的类型和基本功能包括哪些？

2. 企业管理制度的结构包括哪些方面？

3. 现代企业管理的基本特征有哪些？

4. 企业管理制度制定的主要内容、遵循的原则和流程有哪些？

5. 现代企业职能管理制度体系包括哪些方面？

第四章　职业经理人制度

学习目标

1. 了解职业经理人的定义、性质和意义。
2. 把握职业经理人的特征及职业经理人职业资质的含义与内容。
3. 理解职业经理人制度的意义和内涵。
4. 掌握职业经理人制度体系及中国特色职业经理人制度的特点和建设路径。

第一节　职业经理人的定义与内涵

一、职业经理人的定义

对于职业经理人，许多学者或机构从不同的角度对其进行了界定，有不同的解释。

国家市场监督管理总局、国家标准化管理委员会 2021 年 8 月 20 日颁布并实施的《职业经理人相关术语》（GB/T 26999—2021），对职业经理人的定义是受雇于企业，担任不同层级的领导和管理职务、承担相应的义务和责任，从事企业经营管理活动，以此为职业的人。

（一）对职业经理人职业身份的界定：职业经理人是企业的雇员

从企业组成人员的构成上来看，企业人员包括企业主人，即企业财产的所有者，企业的经营管理者和企业的生产者。企业的经营管理者和生产者是企业的雇员，职业经理人作为企业的经营管理者，是企业的一类雇员。

（二）职业经理人是担任不同层级的管理职务，从事经营管理活动的人

企业是一个生产经营组织，从组织结构上看，划分为不同层级和不同职能类型的组织。担任这些组织领导和管理职务，从事经营管理活动的人就是职业经理人。由此可以确定，在企业里，担任企业高层、中层、基层管理组织领导职务，处于管理岗位，

具有相应职位的人即为职业经理人。这个定义，把在企业不同层级、从事经营管理活动的人，确定为职业经理人，拓展了职业经理人的范围。从事经营管理活动成为职业经理人的必要条件。

（三）企业经营管理是一个职业

企业作为一个复杂的生产经营组织体系，包含多种工作体系和职业。对企业生产经营活动进行管理和协调控制即经营管理工作。正是企业的演化和发展，诞生了许多职业，并且不断孕育出新的职业。自从经营管理成为一个专门的职业后才诞生了许多从事经营管理工作的职业经理人。

（四）职业经理人划分为不同的专业类型

从企业的组成要素上看，企业由人、资金、物质、信息、知识等要素组成，对这些要素的经营管理就是经营管理活动。同时，企业经营管理活动，可划分为许多专业的经营管理活动，如企业运营管理、成本管理、质量管理、战略管理、决策管理、组织管理等。由此，根据经营管理活动的类别，可以将职业经理人划分为不同专业的职业经理人，如企业财务总监、运营总监、人力资源总监、财务经理、技术经理、市场经理等。

（五）职业经理人划分为不同层级

企业组织通常被划分为企业高层组织、中层组织和基层组织，企业经营管理活动也对应被划分为企业高层经营管理活动、中层经营管理活动和基层经营管理活动，在企业不同层级从事企业管理活动的人，可分别称为高级职业经理人、中级职业经理人和基层职业经理人。

阅读专栏 4-1　中华人民共和国国家标准《职业经理人考试测评》
GB/T 26998—2020（摘录）

高级职业经理人和职业经理人所包含的职位分类见表 4-1。一般由市场广泛认可的权威机构组织开展职业经理人考评。

表 4-1　职业经理人职位分类

分级	分类	资质证书
高级职业经理人	包括且不限于首席执行官、运营总监、财务总监、人力资源总监、行政总监、企划总监、生产总监、市场总监、项目总监、技术总监、营销总监、销售总监、信息总监、物流总监、采购总监等职位	中国高级职业经理人

续表

分级	分类	资质证书
职业经理人	包括且不限于运营经理、财务经理、发展规划经理、人力资源经理、行政经理、生产经理、技术经理、质量经理、安全经理、设备能源经理、项目经理、营销经理、市场经理、销售经理、客户经理、品牌经理、企业文化经理、社会责任经理、国际贸易经理、物流经理、采购经理、审计经理、投资经理、基金经理、证券经理、期货经理、信息经理、法规经理、公关经理等职位	中国职业经理人

阅读专栏4-2　职业经理人定义辨析

《牛津商务词典》将"Manager"（经理人）定义为受雇于控制、组织、指导整个业务活动或整个组织、部分业务活动或部分组织的人。

商务印书馆出版的《现代汉语词典》（第7版）中，"职业"的定义是个人在社会中所从事的作为主要生活来源的工作；"经理"的定义是企业中负责经营管理的人。

最早的职业经理人产生于20世纪40年代的美国，后来国外一些著名学者对职业经理人的概念进行了界定。从国外的研究来看，法国经济学家萨伊认为，职业经理人是指将经济资源从生产效率低、产量低的地区转移到生产效率高、产出高的地区的人。美国哈佛大学的约翰·彼得认为，职业经理人是能够发起变革、设计变革和组织变革的人。以研究公司历史而闻名的美国经济学家钱德勒认为，职业经理人通过正式考试或培训和教育，在技术上是合格的。他们不是他们管辖下的企业的所有者。他们领取固定的"工资"。他们是专职人员，遵守有关企业的职责和规则、纪律和约束。同时，他认为，经理人的职业将变得越来越技术化和职业化，当经理职业化时，企业的经营权就会与所有权分离。德鲁克从规划目标、整合资源、激励下属、绩效考核和员工发展五个方面对职业经理人进行了界定。职业经理人是企业稀缺的资源，价格昂贵，但折旧快，需要频繁补充。

在我国，随着社会主义市场经济体制改革的深化与现代企业制度的建立和完善，职业经理已经或正在成为一个新的社会职业，职业经理人作为一个新兴社会群体，其地位和作用日益得到重视。

关于职业经理人，国内外的研究者有众多的定义。从职业人群的划分范围上看，大体上可以有两种定义：

其一是指从事企业经营管理的人，即受雇于企业，担任不同层级的领导和管理职务，承担相应的义务和责任，从事经营管理活动，并以此为职业的人才。这一定义将职业经理人根据企业管理的组织层次划分为：高级职业经理人、中级职业经理人和初级职业经理人。显然，这种定义没有把从事企业管理的工作和作为职业经理人专门履行经营权的历史特征区分开来，模糊了企业管理工作同职业经理人职业属性的界限和内涵。

其二是从企业所有权与企业经营权分离，将职业经理人作为企业经营权化身来定义职业经理人。从历史角度来看，职业经理人不是作为企业管理工作者出现，而是作为与企业所有权分离出来的经营权的化身出现的。职业经理人是指在一个所有权、法人财产权和经营权分离的企业中承担法人财产的保值增值责任，全面负责企业经营管理，对法人财产拥有绝对的经营权和管理权，由企业在职业经理人市场中聘任，而其自身以受薪、股票期权等为获得报酬主要方式的职业化企业经营管理专家。从企业组织岗位上看，职业经理人是指代表企业所有者，全面行使企业经营管理权的人。他们既不同于一般在企业从事某一管理岗位或某一项管理工作的人，也不同于企业所有权与经营权集于一身的人，即指企业总经理、总裁或 CEO 一类的人。

为了满足企业实际运营和管理的需要，一些组织或政府部门也对职业经理人的概念进行了界定。海南省职业经理人协会将其定义为企业的中高级管理人员。2003 年上海市劳动和社会保障局颁布的《职业经理人职业标准》认为，职业经理人是运用全面的管理知识和丰富的管理经验，独立经营或管理经济组织的人，将职业经理人分为职业经理和高级职业经理。

从国内外有关职业经理人的定义可以看出，有权经营企业的经理不是企业的中层管理者，而是董事会成员和企业管理层的人员。企业中层管理人员，如车间主任、部门经理等，不能纳入职业经理人的范围。只有那些长期以企业管理为主要职业或以企业经营管理为主要职业的高级管理人员，才能被股东或董事会授予企业管理权，并主要以工资收入作为自己的经济收入来源，才能称为职业经理人。职业经理人的能力、经验和素质不仅是他们应有的内涵要求，也是他们作为职业经理人应有的准入条件。他们是管理好企业、实现股东价值和企业价值最大化、保证企业资产保值增值的基本条件。

我国对企业高级管理人员做了专门的界定："高级管理人员，是指公司的经理、副经理、财务负责人，上市公司董事会秘书和公司章程规定的其他人员。"在企业中，只要拥有独立的管理权，从事高级管理工作的管理人员就属于职业经理人的范畴。

可以看出，职业经理人是指以企业管理为主要职业，由股东或所有者雇用或聘用，赋予企业管理权，以薪酬和激励作为主要收入来源的企业高级管理人员。

二、职业经理人的性质

（一）职业经理人是一种特殊的人力资本形式

人力资本是指存在于人体之中的具有经济价值的知识、技能和体力（健康状况）等质量因素之和。职业经理人具有人力资本的五大特性。

1. 实体性

职业经理人人力资本的实体性是指职业经理人所具有的组织管理能力和资源配置能力，职业经理人的人力资本同出资人或投资者的货币资本一起，组建企业，进入企业，获得经营管理企业的权利，承担经营管理的重任。

2. 产权性

产权性是指职业经理人，特别是高级经理，作为人力资本可以获得一定的公司股份，参与企业利润的分配。参与企业利润分配是企业资本的权利。现代企业大都赋予职业经理人一定的利润分配权利，一方面是对职业经理人的激励措施，另一方面体现了职业经理人的资本地位即人力资本的地位。

3. 增值性

职业经理人人力资本同货币资本一样具有增值的能力。职业经理人经营管理企业，在追求资本增值的同时，也实现了自身人力资本的增值。

4. 积累性

职业经理人人力资本的积累性，就是通过对职业经理人教育、培训的投资性投入，增加其人力资本的积累。

5. 交易性

职业经理人作为人力资本，可以在人力资源和人才市场上进行交易，通过市场评价，确定其职业资质水平并形成职业经理人人力资本市场价格，完成职业经理人的市场流动，使职业经理人人力资本实现优化配置。

（二）职业经理人是资本的代理人

职业经理人作为企业规模发展和制度进化的产物，作为人力资本同产业资本、商业资本共同组成了企业。职业经理人凭借委托代理关系，通过签订委托代理契约来获得企业经营权。职业经理人作为企业的高级雇员，受资本委托管理和控制企业，实质上是资本的代理人。

（三）职业经理人是一个系统

现代企业是多层级管理制联合体，管理层级制是企业的基本管理制度安排。层级制是自上而下的各级授权，即企业的主要经营者将企业经营管理的诸多权力分别授予下级，下级再将他所接受的权力分解后授予其下级，直至底层。各个层级由各级职业经理负责，各级经理分工明确。在企业，职业经理人构成了一个系统。

三、职业经理人的特征

经理是社会分工的产物，随着社会分工的不断演化，使经理逐步走向职业化。经理作为一个独立的角色发展于社会，形成了职业经理人职业群，具有其自身的特征。

（一）专业性

职业经理人是专门从事企业管理工作的人，他从事企业管理工作的基本前提是具备一定的管理能力、管理技能和管理素质，即具备管理才能。职业经理人的管理才能一方面弥补了企业所有者管理才能的短缺，另一方面推动了企业向大规模、多层级、专业化、多地域发展的进程，形成了现代企业，促进了现代企业制度的诞生。

专业经理人管理才能的形成，主要有两种基本途径：一是"干中学"，就是在实际的经营管理工作活动中向有管理经历和管理经验的人学习，或者在管理活动中总结经验教训并形成自己的管理才能。二是通过系统化的教育和培训，系统学习管理知识，训练管理能力。一个优秀的职业经理人的管理才能的形成需要结合上述两种途径。

（二）职业性

职业性是指职业经理人以经营管理作为职业，凭借经营管理才能获得薪金。薪金是职业经理人的主要生活来源。

与所有者不同，职业经理人获取薪金的主要依据是其经营管理能力，而不是企业的所有权。在现代企业中，随着人力资本参与企业收益分配制度的发展，许多职业经理人拥有了公司的股权。股份往往与职业经理人的经营管理才能密切相关，是对职业经理人经营管理才能的定价，其他是职业经理人获得薪金的一种形式。

职业性还体现在形成了针对职业经理人的职业规范，包括职业经理人的价值观、职业道德规范和职业经理人制度。这些规范在经理人市场上发挥作用，从企业外部约束职业经理人的行为；在企业内部，这些规范是相对独立的，专门用于规范职业经理人的履职行为。

职业性是职业经理人的内在动力，要想调动职业经理人的积极性应从职业性入手。这主要是因为：一是职业经理人被企业雇用为人力资本，以其专业管理能力作为谋生手段。二是职业经理人不仅把管理的专业能力作为谋生手段，而且致力于追求职业发展、职业成就和自我实现。

此外，有关职业经理人的行会（协会）、职业信仰、职业规范、职业伦理、职业工具、职业标准、职业知识、职业语言等也体现了职业经理人的职业性。

（三）契约性

契约性是指职业经理人与企业在合同期间的契约关系。职业经理人和企业双方，在一定的时间点，根据一定的市场价格和协议，自愿签订合同，合同终止时，合同关系宣告终止，除非双方在自愿协商的基础上继续签订新的合同。契约性决定了职业经理人不是企业的终身雇员，是企业的合同制高级员工。

契约性主要体现在，职业经理人凭借契约获得了企业的经营权。现代企业的主要标志是企业产权的分离，即所有权和经营权的分离。职业经理人与一般员工不同，经理层在企业层级制中处于较高层级，拥有经营管理企业的决策权力，并承担相应的义务。

（四）市场性

市场性是指职业经理人通过职业经理人市场进行交换和流动，通过市场机制实现个人的职业价值。首先，职业经理人是由社会分工发展到一定阶段而产生的一种社会化公共资源。职业经理人和其他社会化公共资源一样，以市场"无形的手"为主导，通过经理人市场，企业与职业经理人完成双向选择，人力资本的市场化配置得以实现。其次，从价值实现的角度来看，职业经理人的薪酬是由市场价格决定的。即使职业经理人已经被企业雇用，确定了薪酬待遇，但是外部市场的价格机制仍然客观存在，市场价格的波动也会对职业经理人产生影响。企业也会关注职业经理人的市场价格波动，做出留任或辞退的决定。最后，在市场选择和就业方面，企业通过人才选拔机制任命职业经理人，并根据职业经理人的综合素质确定其薪金。市场化是职业经理人的显著特征之一。

（五）国际性

企业经理人的国际化包含四层含义：一是职业经理人配置的国际化，即职业经理人在全球市场上流动，企业根据国际化经营的需要，面向全球寻求职业经理人。二是指职业经理人要拥有国际化的视野、国际化经营管理的能力和素质，精通国际化经营规则，熟悉国际法律和经济、政治环境，能够胜任跨国公司的经理职务。三是指职业经理人以全球为市场和舞台，经营管理企业。四是许多职业经理人成为职业经理人国际组织的会员，并获得资质或资格认证。

四、职业经理人类型划分

（一）按职业经理人在企业所处的管理岗位的层级划分

1. 高级职业经理人

高级职业经理人主要包括企业董事会或企业所有者聘任并受委托担任高级管理职务，同企业董事会或企业所有者签订聘用契约，拥有企业经营权，对企业经营管理负有最终责任的人员。高级职业经理人包括企业的总经理、总裁等人员；由企业总经理聘任，同企业签署劳动合同的其他高级管理人员；同企业总经理签订聘任协议的企业管理部门高级管理人员等。

2. 中级职业经理人

中级职业经理人主要包括处于企业职能管理部门、决策辅助部门和生产经营部门的管理人员。他们同企业高级管理人员或企业人力资源部门签订聘用合同和任职契约，获得任职岗位和职务，如企业战略规划部、人力资源部、市场营销部、财务管理部等职能部门和企业所属分公司和分支经营机构的经理。

3. 初级职业经理人

初级职业经理人也称一线经理或基层经理。其主要包括在企业生产现场对企业生产经营业务流程和活动进行统筹管理的管理人员。他们接受企业中级职业经理人的指导和领导，直接对生产现场的生产经营操作人员实施管理和监督，是企业生产经营活动的具体管理者，如生产经营企业的车间主任、班组长、工段长等。

（二）按从事管理工作的性质和类别划分

1. 全面管理职业经理人

全面管理职业经理人也称综合管理经理人。其主要指对企业和部门负有全面领导和管理责任的经理及副经理，如企业总经理、总裁、各部门的经理及副经理。

2. 职能管理职业经理人

职能管理职业经理人也称专业经理人。其主要指企业职能管理部门的经理，如运营总监、财务总监、人力资源总监、行政总监、生产总监、市场总监、项目总监、技术总监、营销总监、采购总监，企业战略经理、人力资源经理、财务经理、市场营销经理等。

（三）按产业或行业划分

1. 产业职业经理人

产业职业经理人主要是以产业类别命名的职业经理人，如机械行业职业经理人、汽车产业职业经理人、信息产业职业经理人、房地产职业经理人、广告职业经理人、酒店职业经理人、饭店职业经理人等。可以说，有多少行业就有多少类别的职业经理人。

2. 行业职业经理人

行业职业经理人主要根据行业和工作类型命名的职业经理人，如咨询业职业经理人、创新职业经理人、研发管理职业经理人、财务管理职业经理人、平台管理职业经理人、信息管理职业经理人等。

阅读专栏4-3　企业家与职业经理人的联系与区别

一、企业家和职业经理人是一对紧密联系的概念

（一）企业家和职业经理人都是企业的经营管理者，都与企业联系在一起

企业家是企业的出资者和创办者，企业家聘请职业经理人担任企业的经理职务，一起共同经营管理企业，离开了企业，企业家和职业经理人都失去了存在的基础。在现代企业创办过程中，有两种情况：一是职业经理人也可能参与企业的创办并担任经理职务，主持企业的经营管理，但并不进行包括货币在内的实物出资。二是企业经理人以经营管理能力人力资本产权出资作为股份，所谓"干股"，创立企业，担任企业经理职务，主持企业经营管理，但不承担企业的盈亏责任。如果企业盈利，职业经理人"干股"分红，这实际上是薪金的一种形式。企业亏损，根据亏损程度和聘任契约降低职业经理人薪金，直至取消"干股"，干股不承担亏损补偿，因此"干股"并不是真正意义上的企业股份。因此，实物出资与承担亏损责任与否，是区别企业家与职业经理人的主要标志之一。

（二）从职能上看，企业家和职业经理人有较大的重合

企业家的天然职能是发展企业，他作为舵手掌握企业发展的方向，不断创新、不断进行战略性的判断决策，承担组织协调等经营管理工作。职业经理人作为具体管理的执行者，要执行企业家的决策，也要承担经营管理工作。两者在经营管理职能的执行上存在差异，但也存在重合。企业家首先是经理，是职业经理人的经理。

（三）企业家要借助职业经理人实现自己的决策，完成自己的职责

企业家根据企业条件和市场变化做出的战略性和判断性决策，以及任何创新，仅仅是一个决定、任务和目标，想要变成具体的实施行动，则需要职业经理人组织实施。企业家的决策要有职业经理人实施，才能转化为企业的竞争力和利润。

二、企业家和职业经理人的区别

（一）性质不同

企业家是一个理念化的、抽象的概念，更多的是一种称号；是对那些具有创新精神、敏锐的市场和局势洞察力，善于和敢于做出判断性决策，并通过这些努力使企业经营获得巨大成功的人的一种称谓。并不是所有的企业经营者都是企业家，只有那些获得成功的经营者才有资格成为企业家。职业经理人是对现代企业中从事企业经营管理职业，担任企业经理职务的一类人的社会身份的一种称谓。

（二）产生的机制不同

企业家的产生大都经历了从 0 到 1 的企业创立和从 1 到 N 的创业过程。首先，企业家一定是通过出资或筹资，形成企业生产经营的资产，开始企业生产经营活动的人。其次，企业家带领企业从小变大，由弱变强，使企业在市场和社会中形成强大的影响力。再次，通过企业生产经营和持续发展，企业家为国家和地区做出了巨大贡献。最后，在对企业的经营管理中，形成了企业文化和企业家精神。由此，企业家的产生是一个自然演进的过程，是一个自然人创立企业成为企业经营管理者，并对企业的经营和发展产生独特的影响力，成为企业家的过程。职业经理人是具有职业素养和职业能力的人，他们通过教育培训、社会培养和"干中学"获得成为企业经理所应该具备的职业资质。企业家与职业经理人签订契约，使其担任经理职务。

（三）身份、职责与社会地位不同

企业家是企业的灵魂，掌握着这个企业的发展方向，负责企业的全面事务，是企业的最终决策者。职业经理人是企业家决策的具体执行者，只负责企业管理的部分工作而不是全部工作。在企业层级制中，每个层级都有经理，因而企业有多个经理和多类经理。职业经理人担任企业经理职务，对外交往中也代表企业，但是他仅是企业家委托的代表，而不是企业的化身。在社会中，企业家的社会地位要高于职业经理人，企业家作为社会赋予的成功企业经营者的一种称号，本身就是其社会地位的体现。

（四）拥有的权利不同

在企业中，企业家和职业经理人拥有的权利有较大的差异。企业家拥有企业的全部权利，包括所有权、经营权和控制权。职业经理人拥有部分或全部经营权。

（五）行为方式不同

企业家和职业经理人的行为方式是不同的：一是在战略上，企业家的行为是受机会驱动的，企业家努力的方向是捕捉和追求机会。职业经理人的行为是受已控制资源驱动的，如合约、业绩指标、计划、规划、战略目标等，其动机在很大程度上源自企业组织的要求。二是从把握机会的方式来看，企业家面对稍纵即逝的机会，能够在最短的时间内做出反应，并迅速制定新的措施予以实施，甚至更改原有的决策。职业经理人一般要按照原有的程序逐步协调推进。三是在资源的合约方面，企业家往往逐步调整合约分阶段推进，职业经理人往往以签订一次性的合约为依据推进，合约未达成之前，一般不会有进一步的行动。四是在资源控制上，企业家往往以资源的充分利用为原则，并不在乎资源的控制方式。职业经理人则以资源的实际控制为目标，往往要求得到资源的所有权和使用权。五是在管理层次上，企业家往往以灵活的非正式网络组织加以管理，职业经理人则采用正规的层级制度加以管理。六是在对待风险的态度上，企业家和职业经理人也存在较大差异。风险分为企业风险和个人风险。企业家不仅要承担企业风险，还要承担个人风险，因为企业失败，企业家也就不再是企业家了。职业经理人只承担个人风险，不承担企业风险。企业失败可能是多方面的原因，不是一个人造成的，但是企业经理人要承担个人风险，职业经理人可能被解聘。

（六）追求和思维方式不同

企业家将经营企业视为自己的事业，将自身与企业融为一体。职业经理人则不同，他将经营管理企业作为自己的职业，追求自身效用最大化。职业经理人不一定将自己的命运与企业直接连在一起，当这家企业不能实现自己的追求时，他就会跳槽到另外一家企业，而且经理人的职业化也形成了这种机制。从思维方式上看，企业家从企业的发展角度思考问题，职业经理人在企业所有者的约束下追求自身效用和价值最大化。有研究比较了企业家和职业经理人思维的逻辑差异，企业家思考有关企业发展问题的逻辑顺序是，企业发展的机会在哪里，我要如何抓住这些机会，我需要什么样的资源，我该如何控制这些资源，什么样的结构是最有效率的，等等。职业经理人的思维逻辑顺序是，我控制了什么资源，什么样的结构决定组织与市场的关系，我如何降低其他因素对我的能力和业绩的影响，什么样的机会是合适的，等等。

阅读专栏 4-4 职业经理人与企业经理

"企业经理"一词的三重含义主要体现在职务、职位和职业的区别上。

一、职务意义的企业经理

职务是指职位规定的应担任的工作任务。企业中必定会有一种社会工作，一般是由担任企业经理职位的人来承担的。当然，有的企业也可以由其他职位称谓的人来承担或兼任。职务意义的企业经理，是指由企业经理职位规定的应担任的工作任务，是一种社会工作任务的称谓。承担企业经理职务的人，可以称为职务意义的企业经理人。

二、职位意义的企业经理

职位是指机构或组织中执行一定职务的工作岗位头衔的称谓。职位意义的企业经理，是指多数企业中设立的执行企业经理职务工作的企业负责人岗位头衔的称谓。担任企业经理职位的人，可以称为职位意义的企业经理人。

三、职业意义的企业经理

职业是指从业人员为获取主要生活来源所从事的社会工作类别的称谓。这包含两层意思：第一层意思是社会工作要进行类别的划分，我国把职业分为大类、中类、小类和细类等类别；第二层意思是从业人员要根据其主要生活来源的社会工作类别划分其职业身份的类别。符合上述两层含义的企业经理人，可以称为职业意义的企业经理人。职业意义的企业经理人，一是要确认其在企业中担任的是企业经理职位，承担的是企业经理职务，所从事的社会工作职业细类为"企业经理"工作类别；二是要确认其担任企业经理职位的收入是其主要生活来源的职业身份。

职业经理人就是可以实现人才市场求职交流，具有一定企业经营管理专业水平，又能初步体现自身职业化进程的企业经理人。准确地说，职业经理人是指长期从事"企业经理"社会职业，具备职业经理人的职业特征，具有社会公认的职业经理人才资质，享有全国职业经理人才市场统一认定的"市场品牌"社会身份的企业经理人。

上述职业经理人的含义，表明职业经理人与经理人的区别，不是在企业中履行的职务不同，企业中只有"企业经理"这一职务，没有"职业经理"这一职务；也不是在企业中担任的职位不同，企业中只有"企业经理"这一职位，没有"职业经理"这一职位；又不在于从事的社会职业不同，社会职业只有"企业经理"这一职业，没有"职业经理"这一职业。职业经理人与从事企业经理职业的人的本质区别，在于是否具有社会公认的职业经理人才资质和是否具有全国职业经理人才市场统一认定的"市场品牌"社会身份。一般从事"企业经理职业"的人虽然拥有社会工作分类的职业身份，但不一定拥有全国职业经理人才市场统一认定的"市场品牌"社会身份。职业经理人是既具有"企业经理"社会工作分类的职业身份，又具有全国职业经理人才市场统一认定的"市场品牌"社会身份的企业经理人。

第二节　职业经理人职业资质

随着经济形势的发展和企业家战略理念和观念的转变，越来越多的企业积极引进职业经理人，为职业经理人提供了一个机遇和发展的平台。那么，如何科学地选拔、任用、培训和评价职业经理人？如何成为一个合格、优秀和卓越的职业经理人呢？迫切需要一套实用、易操作、可供参考的职业经理人职业资质标准。

一、职业经理人职业资质含义

（一）资质、职业资质、职业资格

1. 资质的含义

资质划分为人的资质和物品的资质。

（1）人的资质。

人的资质是指人的天资、禀赋，可以分为三个组成部分，即人生而有之的自然禀赋、随着人的成长而形成的资质、通过学习锻炼而形成的资质。

（2）物品的资质。

物品的资质是指物质分类及其所含物质成分的比例状况，通常采用所含化学元素的成分比例或物品的功能来描述。

2. 职业资质

职业资质是指人从事某种社会职业工作或活动所应具备的条件、知识、能力、技能、资历、经验等。职业资质是在总结人们从事某种职业工作经验的基础上，统一社会共识并对这种经验进行提炼归纳而形成的从事这一职业必备的素质和能力规范。通常由社会行业协会、行会制定标准，向社会颁布实施。大学和社会培训机构按照职业资质标准培养职业人才，社会机构按照职业资质标准评价人才、推荐人才。社会用人单位，包括企事业单位等按照职业资质标准选拔录用人才。

3. 职业资格

职业资格是指为某种职业所要求的职业资质设置的许可标准。通常由政府或政府授权的机构制定并颁布职业资格标准，并设置职业资格证书。求职者通常经过国家或政府组织的职业资格考试，才能取得职业资格证书。职业资格是入职的前提条件，只有取得职业资格证书才能入职，并从事职业工作。

（二）职业经理人职业资质

职业经理人职业资质是从事企业经理职业应具备的职业资历、职业素质、职位适配度的总和。

1. 职业资历

职业资历是指从事企业经理职业应当具备的基本条件，如曾经工作的经历、经验，接受教育和培训的情况，等等。

2. 职业素质

职业素质是指从事企业经理职业应当具备的职业素养、职业知识和技术、职业能力和技能等。

3. 职位适配度

职位适配度是指求职者的职业资质或职业资格同用人单位所设置职位的匹配关系和匹配程度。职位适配度分为三个方面的内容：一是选拔聘用的适配度，即求职者同用人单位公布的选拔聘用条件的适配度。通常用人单位和用人主体从具备职业资质或职业资格条件的求职者中，通过比较确定最为适配的人选。二是被聘用人选试用期的匹配。通常用人单位为了提高选人用人的准确性会设置试用期，考察被聘用的人选是否满足职位的要求，是否适应单位的工作环境。三是履职匹配，即被聘用人选正式入职后，其拥有的权利和义务的匹配。职位适配度，是用人单位选拔聘用人才最为关注的方面，也是求职者能否最终被聘任的最为重要的因素。

二、职业经理人职业资质标准

（一）中国职业经理人协会《职业经理人才职业资质社会：评价工作指引（2018年）》

1. 职业素养

（1）职业关系认知。

①尊重雇主的地位和权利的理念。明确选聘经理职位是雇主的权利；在工作中，尊重和服从雇主的意志，维护雇主合法利益，依据雇佣合同正确处理与雇主的关系；从维护企业的根本利益出发，积极主动向雇主提出自己的建议和意见。

②懂得决策与执行区别的理念。尊重出资人和董事会作为企业决策者的地位和拥有的决策职能，经理层必须贯彻执行和落实公司决策，充分履行执行职能。

③明白经理是执行机构首脑的理念。在企业的高层管理人员中，经理是首席高管人员；副经理、财务负责人是由经理提名才能获得任免的职位，是在经理领导下，按照经理层的分工，协助经理负责企业经营管理工作的高管人员。

④明确执行机构实行的是首长负责制的理念。在执行决策的过程中，每位成员应充分发表个人的意见和建议，在经理形成决策后，服从决策并积极组织贯彻执行；经理对企业生产经营活动的实施过程和结果负全部责任，副经理、财务负责人按照分工承担其相应责任。

⑤明晰班子与团队相互协作关系的理念。发挥经理班子整体的作用，调动班子成员的积极性；调动员工的积极性；努力体现企业负责人的带头示范作用。

⑥认识依法履职与依法维权关系的理念。按照法律、企业的章程和管理制度，规范自身履职行为与职责，实施履职权利与义务；依照法律和与企业签订的劳动合同以及企业的相关规定，维护自己的合法权益。

（2）职业工作意识。

①人本意识。树立以人为本发展的认识，保障客户利益，促进企业与社会和谐；关心员工，尊重员工价值追求，促进员工个人职业生涯与企业发展有机结合。

②创新意识。树立创新发展的认识，具有强烈的改革创新精神，把握创新规律，掌握创新方法，营造创新环境，建立企业创新管理体系，培养培育创新人才；大胆实践，努力开拓，不断突破企业发展瓶颈，使企业充满发展活力。

③生态意识。树立绿色发展的认识，不以牺牲生态环境为代价片面追求企业利益。

④国际意识。适应经济发展的国际化、区域化的趋势，能够自觉地、迅速地、深

入地了解国际社会与企业发展相关联的国际经济发展状况，敏锐地洞察影响企业经营活动的国际因素，快速做出反应并采取适当的措施。

⑤合作意识。树立同企业利益相关方开展合作的意识，积极探索合作方式和模式，兼顾各方参与企业经营活动的利益诉求，共享企业经营与发展成果。

⑥科技意识。清楚认识到"科技是第一生产力"，也是企业发展的根本动力；积极推进企业科学研究和技术创新，不断提升管理技术和管理手段创新，促进企业创新发展。

⑦人才意识。树立"人力资源是第一资源"的认识，适应企业经营、管理与发展，善于发现、识别、评估、培养、使用、激励人才，为人才搭建事业舞台，尊重人才特性，促进人才健康成长成才。

⑧法制意识。认识到企业是法人实体，企业生产经营活动和个人履职必须在国家法律法规、企业章程和制度范围内行事，做到违法必究、违纪必惩。

⑨社会意识。认识到企业是社会细胞，是社会的组成部分，勇于履行社会义务、承担社会责任。

⑩政策意识。了解党和国家为实现一定历史时期的路线和任务而制定的方针政策，并能够预测政策对市场和企业可能产生的影响。

⑪市场意识。明确企业是市场主体，能够把握市场规律，适应市场、利用市场和创造市场，开展企业经营与管理工作。

⑫效益意识。认识企业是经济组织，从事的是投资获利的经营活动，不断探索以尽可能少的投入获取尽可能大的产出，实现经济效益、社会效益、生态效益的最大化，追求企业长期可持续发展。

⑬品牌意识。对企业生产的产品、建设的工程、提供的服务，注重品牌建设、商标权益维护、知识产权保护，不断提高企业的市场形象和竞争力。

⑭企业文化意识。塑造具有企业特征的企业文化，增强员工认同感和凝聚力，促进企业持续和谐发展。

⑮"因企制宜"意识。认清企业经营环境的差异性、行业的区别性、企业组织形式的多样性和企业发展阶段的特殊性，能够根据实际情况制定企业经营与管理方案，并组织有效实施。

⑯与时俱进意识。准确把握时代发展特征和经营环境变化趋势，坚持解放思想、实事求是，不墨守成规、不因循守旧，发扬改革创新和开拓进取的精神，促进企业不断发展。

（3）职业操守。

①坚守职业。尊重"职业经理"这一特定社会工作职业身份。

②敬业履职。专心致力于企业经理职位的工作，主动履行企业经理职位的职责。

③诚实守信。说真心话，干实在事，讲求信用，兑现承诺。

④遵纪守法。敬畏国家法律和公司章程及制度，依法经营，按章办事。

⑤社会担当。维护社会公众利益，依法保护消费者权益和安全，维护员工的合法权益，敢于承担责任，勇于为企业分忧。

⑥竞业避止。禁止在企业任职期间和离职后的一定时期内，从事与任职或已离职企业具有营业竞争性质的行为。

（4）职业作风。

①求真务实。思想坚定，信服真理，讲究实际，追求实效。

②艰苦奋斗。不畏困难，不怕挫折，坚持到底，目标执着。

③多谋善断。决策中能够听取各种意见，精于比较各种方案，善于归纳形成符合实际的决策意见。

④包容宽厚。为了坚持既定的目标，着眼于企业发展全局，倾听包涵各方诉求，容纳体谅各方不同言行，甚至误解。

⑤公道正派。秉公行事，公平处事，公正断事，公私分明。

⑥廉洁自律。品行端正，清廉无私，行事自律，生活俭朴。

（5）职业心理。

①心理状态。职业经理人在一定时期内表现出来的与职业活动相关的心理活动表征。

②心理潜质。目前尚未明显表现出来的，但是可以预测到的与职业活动相关的职业经理人心理素质。

③心理偏好。表现出的与职业活动相关的，极具个人特质的一种心理情感和倾向。

④心理缺陷。在职业活动中表现出的，与同类人群相比，个人心理方面的欠缺及不足。

2. 职业能力及技能

（1）企业领导能力及技能。

①统领驾驭能力及技能。能够统一领导班子的认识和行动，及时拍板决策；善于驾驭全局，协调各方、化解矛盾、解决问题，实现既定目标。

②战略谋划能力及技能。善于从全局视野、长远跨度和企业的根本利益出发，深入思考企业内外部的环境和条件，制定企业的发展战略。

③管理决策能力及技能。制定企业战略实施计划及管理制度并组织实施，识别关键问题，善于把握时机，进行科学决策并承担决策风险。

④组织协调能力及技能。根据工作目标要求，善于协调各方面关系、调动各方面

积极性、整合各方面资源，及时处理和解决实现目标过程中的各种问题，促进工作的顺利开展和目标的达成。

⑤实施执行能力及技能。能够准确理解出资人的意图，在职权范围内制定实施目标和任务，进行任务分解、过程跟踪、节点控制、及时纠偏，确保目标和任务的完成。

⑥团队建设能力及技能。围绕企业发展目标，选择适宜人才组建精干有力的团队，组织带领团队实现企业发展任务和要求，及时调整团队组成，不断增强团队的履职能力。

⑦变革创新能力及技能。适应新形势、新环境的要求，主动吸收新思路、积极开展新业务，敢于尝试新方法，及时实施调整优化、转型升级等举措。

（2）企业业务管理能力及技能。

①综合分析能力及技能。对工作中的各种信息进行收集、归纳、概括，以认清其本质；对工作中的各种状况进行区分、剖析，搞清其性质、范围、特点、发展的程度、产生的原因以及与其他各方面的相互关系等。通过综合分析，进行判断、推理，为制定决策和行动方向提供正确的意见。

②市场开拓能力及技能。密切关注公司的产品市场，发现和创新客户的需求，善于捕捉商机；积极建立和开拓市场渠道，以客户为导向，密切关注客户新的需求，做好技术、产品、营销开发工作，提升企业的营销能力和客户服务能力。

③成本控制能力及技能。在保证正常工作运营的前提下，通过加强核算、优化流程、技术革新等手段控制和降低成本，提高资金使用效率。

④识人用人能力及技能。通过有效识别和发掘人才，将合适的人才放在合适的岗位，注重发挥人才的优势，做到人尽其才。

⑤创新管理能力及技能。建立企业创新管理体系，制定企业创新战略规划；设计开发创新项目，培养创新团队和创新人才；组织企业开展技术创新、管理创新、商业模式创新和事业创新等。

⑥风险与应急管理能力及技能。及时识别和评估生产、经营和管理的风险，掌握风险管理流程和内控体系设计；能够采取适当的措施来规避风险或减少风险的损失，为实现企业经营的稳健发展提供保障。

（3）企业所在行业需要的特殊能力及技能。

①行业产品特性、生产工艺、产业组织的经营模式。

②产业营业务盈利模式的发展和形成，准确判断行业业态发展趋势。

③产业业务价值链的分析和核心能力的塑造。

（4）自我提升的能力及技能。

①拓宽更新已有能力和增加新能力的方法和技巧。

②灵活运用已有能力的方法和技巧。

3. 职业知识及技术

（1）企业领导知识及技术。

①企业领导理论知识及技术。了解现代企业领导理论，包括领导特质理论、领导行为理论、领导权变理论、情境领导理论等，掌握领导方式方法，提高领导素质和能力。

②经济学和管理学知识及技术。了解宏观与微观经济学基本原理，掌握市场经济运行规律，熟悉均衡分析、边际分析等分析工具与方法；了解管理学的基本原理和管理职能，了解企业管理理论的新发展，掌握管理方法和手段。

③法律基础知识及技术。掌握我国公司法、劳动法、劳动合同法等相关法律法规、政府相关政策，使企业合法有效经营。

④科技创新知识及技术。了解新知识、新技术、新工艺、新生产方式和新经营管理模式等，为开发生产新产品、提供新服务奠定基础。

⑤国际商务知识及技术。了解和掌握国际商务的基本原理和方法，国际贸易的理论、政策措施及国际惯例。

⑥社会公共管理知识及技术。了解政府、非政府公共组织和民众共同参与的，对社会公共事务进行规划、协调和执行的活动过程中涉及的各方面基础知识。

⑦经济社会发展的方针政策知识及技术。掌握党和国家各项经济社会发展的方针政策，用以指导企业经营管理活动，使企业的发展符合经济社会发展的基本方向。

（2）企业业务知识及技术。

①战略管理知识及技术。掌握战略管理的工具与方法，确定企业使命与愿景，设计、选择、控制和实施企业战略，实现企业战略总目标。

②市场营销知识及技术。掌握市场需求分析工具与方法、营销渠道管理、产品定价、品牌管理等知识，制定有效的营销策略，提升企业市场占有率。

③人力资源管理知识及技术。掌握现代人力资源管理、职业生涯管理的基本理论知识，了解管理思想、方法论、操作工具、企业实践知识等。

④财务金融管理知识及技术。清楚公司财务指标体系，掌握财务基本法规与原则、财务报表分析、资本运营、投资管理等知识及技术，提高企业经营过程中的资金使用水平与盈利水平。

⑤信息网络知识及技术。了解和掌握信息网络的基本原理和方法，如管理信息系统、电子商务、大数据应用等。

⑥生产运营知识及技术。了解和掌握生产运营的基本原理和方法，如供应链管理、库存管理、质量管理、项目管理等。

⑦安全生产管理知识及技术。了解和掌握安全生产管理的基本原理和方法，如监督检查、工艺技术管理、设备设施管理、作业环境和条件管理等。

⑧质量管理知识及技术。了解和掌握质量管理的基本原理、方法、质量方针政策等。

⑨生态环保知识及技术。了解和掌握生态环保的基本原理和方法，如环境评价、监测、环境保护与环境污染治理等。

⑩有关创新与创业的知识及技术。了解和掌握企业创新理论与创新类型、创新方法、创新流程、创新激励、创新人才管理等；了解和掌握知识管理体系和管理框架；了解和掌握创业管理的基本原理和方法，如创业管理概念框架、创业流程管理等。

（3）企业所在行业需要的特殊知识及技术。

（4）自我学习的知识及技术。

①拓宽更新知识的认知和手段。

②灵活运用知识的认知和手段。

4. 职业经历

（1）从事企业工作经历（主要指企业经营管理工作的经历）。

（2）从事其他社会工作的经历（主要指与经营管理相关的工作经历）。

（3）接受工商管理教育和培训的经历。

5. 职业业绩

（1）个人从事企业经营管理工作的业绩。

（2）个人从事其他社会工作的业绩。

（3）个人担任企业或部门负责人的企业或部门纵向比较的业绩。

（4）个人担任企业负责人的企业与区域内同行业、同类型、同等规模企业横向比较的业绩。

6. 职位适配度

（1）与企业治理结构特点的适配。

（2）与企业工作特殊要求的适配。

（3）与企业文化生态的适配。

（4）与企业法定代表人行为风格的适配。

（二）国家标准《职业经理人通用考评要素》（GB/T 28933—2012）

该标准把职业经理人通用考评要素划分为职业道德、职业素养、职业知识和职业通用能力。

（1）职业道德包括恪守诚信、公正履职、社会责任、竞业避止。

（2）职业素养包括合规经营、协作共赢、直面挑战、国际视野。

（3）职业知识包括战略管理、市场营销、生产管理、财务金融、人力资源管理、技术管理。

（4）通用职业能力包括团队领导能力、经营决策能力、风险管控能力、变革创新能力、沟通协调能力、目标执行能力。

三、职业经理人职业资质评价

（一）职业经理人职业资质评价的定义

职业经理人职业资质评价是运用科学规范的评价方法、工具和手段，对准备从事或正在从事企业经理职业工作的人员，对照职业经理人资质标准要素、企业特殊资质条件要求，进行考试、考核、测评等工作的活动。

（二）职业经理人职业资质评价的目的和用途

（1）开发和提升职业经理人的素质和能力。

（2）了解掌握职业经理人的素质和能力状况；找出企业职业经理人素质和能力方面的优势及短板，为职业经理人提供培养培训的方向和重点；为企业培养职业经理人才队伍服务。

（3）为职业经理人才职位匹配服务。

（4）为职业经理人才提供资质状况考核鉴定。

（5）选拔职业经理人才。

（三）职业经理人资质评价的主要类型

按照评价的目的和用途，可以将职业经理人资质评价划分为开发性评价、鉴定性评价、配置性评价、选拔性评价、专项（单项）评价、综合评价。

1. 开发性评价

以开发职业经理人才为目的的评价。为从事企业经理的人，提供职业经理人职业资质评价，了解被评价人员的总体资质及状态，确定提高被评价人员管理能力的方向和途径。

2. 鉴定性评价

为职业经理人才求职进行的职业经理人资质评价。对求职者所具备的职业素质和能力水平进行评价。鉴定性评价具有全面性、可信性、充足性、权威性的特点。

3. 配置性评价

以配置的职位（工作）标准为对照，对职业经理人资质进行的适配性评价。配置性评价强调配置标准，通过评价寻求适合标准的职业经理人才。

4. 选拔性评价

以选拔优秀人才为目的的职业经理人职业资质测评。选拔性评价，即根据职位适配要求，选择一些特殊指标并确立测评标准，对参加评价的对象进行的差异化测评。

5. 专项评价

专项评价又称单项评价，是针对某一项职业经理人资质要素进行的评价，判断被评价人员具备某一项职业资质的程度等级和状况。

6. 综合评价

对职业经理人进行的全面评价，判断或确定被评价人员具备职业资质的综合状况和等级。

（四）职业经理人职业资质评价原则

1. 科学性原则

评价指标体系内各评价要素及项目概念明确、含义清晰，在评价过程中确保用以评价的基础数据和基础资料真实、准确、客观，数据统计分析的方法要科学。评价要坚持评价标准的科学性、评价信息的真实性、评价判断的严谨性及评价结果的可靠性。

2. 系统性原则

职业经理人才的评价既要考虑经济指标，又要考虑社会指标；既要考虑可量化的指标，又要考虑难以量化的指标；既要考虑申请人当前的能力，又要考虑其未来的发展潜力。同时，评价内容是多维度、多要素、多项目的有机统一体，各指标之间相互独立又彼此联系。评价工作需要系统地开展。

3. 可操作性原则

在选取具体指标时，应考虑它是否具有明确的含义、统计数据是否容易获取、计算方法是否简单易行。同时，评价指标的表达要通俗易懂，使申请人能够清楚地知道自己工作完成的质量水平，从而增强素质评估的透明性和公平性。

4. 定性与定量相结合的原则

为了保证结果的真实可靠，在职业经理人才职业资质评价工作的不同阶段，采用定性定量相结合的分析方法。对于定性指标要运用科学工具进行恰当的处理，使得定性的指标被量化，从而使结果更加精确；对于定量指标要增加适当的特征性描述和分析，从而使结果更加具体。

5. 发展性原则

职业经理人职业资质评价是一个持续的动态过程。评价要有利于实现申请者个人职业发展和职业素养的提升，促进职业经理人和企业共同成长。以评价作为驱动载体，不断为职业经理人和企业赋能，引导申请人发挥自身的学习主动性和积极性，更好地提升其综合素质。

职业经理人职业资质评价工作，需要不断选择和开发评价方法、技术和手段，在发展中探索，根据发展变化深化理论研究和实践，不断提高评价的水平和能力。

（五）职业经理人职业资质评价主体

职业经理人职业资质评价的主要工作内容包括对职业经理人所应具备的职业资历、职业素质和职位适配度进行测评。

根据评价工作实施的主体可以划分为个人评价、社会与市场评价、企业或企业出资人评价。

1. 个人评价

由参评人员进行的自我评价。其主要包括参评人的基本条件、工作经历、工作业绩等，并对照职业经理人资质标准进行自我评价。个人评价可以用于个人职业管理，也可以为社会评价和企业评价提供基础。

2. 社会与市场评价

社会与市场评价是指由社会评价机构和市场对参评人员进行的评价。这类评价主要是对参评人员职业素养、职业知识及技术、职业能力进行的评价。该类评价主要有两个方面的用途：一是通过评价，对参评人员所具备的职业素养、职业知识和职业能力进行一个综合评估，并对职业经理人进行指引，对其颁发相应级别的资质评价证书，表明职业经理人职业资质达到的水平。二是为企业选聘职业经理人提供资质证明及符合应聘条件的依据。

社会与市场评价，还包括对职业经理人人力资本进行的评价。此类评价主要是根据参评人员的工作经历、职业能力等，对照职业经理人市场供求、企业用人的情况，对职业经理人人力资本进行评估定价。

3. 企业或企业出资人评价

企业或企业出资人评价是指拟选拔聘用职业经理人的企业或企业出资人，对应聘人员进行的评价。这类评价主要是选拔性评价。应聘人员的个人评价和社会与市场评价为企业提供入围人选，在此基础上实施"优中选优"的评价，选出聘用人选。这类评价的主要内容是应聘人员的职业经验、职业能力和职位适配度。

此类评价除了应用在聘任职业经理人方面，还应用在职业经理人内部选拔方面。

（六）职业经理人资质评价内容

职业经理人资质评价内容包括：职业素养评价、职业能力与技能评价、职业知识与技术评价、职业经历评价、职业业绩评价、职位适配度评价。

1. 职业素养评价

职业素养评价是对在企业经理岗位上履行职责的人应具备的品质或素养的评价。其包括职业意识评价、职业道德评价、职业作风评价、职业心理评价等。

2. 职业能力与技能评价

职业能力与技能评价是对在参评人履行经理职责、完成工作任务应具备的能力和技能的评价。其包括一般职业能力评价、专业能力评价、综合能力评价、行业能力与技能评价。

3. 职业知识与技术评价

职业知识与技术评价是对任职于企业经理的参评人完成工作任务应该具备的理论知识、经验知识与技术的评价。其包括企业领导知识及技术评价、企业业务管理知识及技术评价、自我学习的知识及技术评价。

4. 职业经历评价

职业经历评价是对参评人从事企业经营管理工作或与其相关的经历的评价。其包括相关工作经历评价、相关教育培训经历评价。

5. 职业业绩评价

职业业绩评价是对参评人从事企业经营管理及其相关工作的业绩的评价。其包括经营管理工作业绩评价、与企业经营管理工作相关的其他社会工作的业绩。

6. 职位适配度评价

职业适配度评价是对参评人的职业素质、职业能力与该岗位特殊条件匹配程度的评价。其包括与企业治理制度及特点的适配评价、参评人与企业文化生态的适配评价等。

（七）职业经理人资质评价方法

1. 笔试

对被评价者掌握职业经理人职业知识及技术的程度、运用知识解决问题的能力进行测试的方法。

运用这种方法可以测量被评价者对基本知识、专业知识、管理知识的掌握情况，评估被评价者的综合分析能力和文字表达能力。常见的考试题型包括判断题、选择题、填空题、简答题、简述题、论述题、写作题等，有效考察受测者对各类知识、技术的掌握水平。

2. 面试

以交流和观察为主要手段，对被评价者的知识、能力和个性特征等进行测评的方法，包括结构化面试、半结构化面试和非结构化面试等。

（1）结构化面试。

按照统一标准进行规范化设计和执行的面试方法。

结构化面试，对试题构成、人才测评要素、评价标准、评价人员、评价程序和分数统计等各环节进行规范化和标准化。

（2）半结构化面试。

半结构化面试是在对人才测评要素、评价标准、评价人员、评价程序和部分试题统一要求的基础上，评价人员基于职位特征向被评价者追加提问的面试方法。

评价者可以结合被评价者的个人简历有针对性地提出追问，进一步评估受测者的工作能力，更多元地把握被评价者的个人素质与岗位的匹配性。

（3）非结构化面试。

没有既定模式、框架和程序，评价人员基于职位特征向被评价者提问的面试方法。

非结构化面试的灵活性最强，评价者可以根据情境变化灵活地了解受测者的情况，被评价者可以灵活放松地回答问题，展现个体特性和特长。

3. 心理测验

心理测验是根据心理学原理编制人才选拔测评工具，对受测者能力和心理特征进行测量和评价的方法。心理测验可以较快地测查个体的心理状态、个性特征、行为风格、价值观和动机等信息，从而推断个体在不同情境中的反应和行动。

4. 评价中心技术

评价中心技术是采用情景模拟方式，综合运用小组讨论测评、文件筐测验、角色扮演、管理游戏、演讲测评等方法，对被评价者的能力和职位胜任特征等进行人才测评的活动。

（1）无领导小组讨论。

无领导小组讨论是被评价者围绕给定问题展开讨论并做出结论的人才测评方法。通过题目设定情境，要求一组（通常是5~8人）受测者在规定时间内就某一主题进行充分的、自由的讨论，最终达成小组的一致性意见。

无领导小组讨论的测评方式能为被评价者提供一个充分展示才能与人格魅力的平台，被评价者在与他人的互动交流中展现自己，同时给评价者提供了在与其他被评价者进行对照比较的背景下对某个被评价者进行评价的机会。

（2）文件筐测验。

文件筐测验是通过模拟企业所发生的实际业务、管理环境，提供给考评对象人、财、物等多种文件，要求被评价对象以管理者身份，在限定条件和时间内进行现场处理，以考查其计划、授权、组织和决策等能力的测评方法。

文件筐测验不仅需要受测者对文件做出书面处理结果，而且要求被评价者对其问题处理方式进行解释，根据其思维过程予以评分。文件筐测验可以考察被评价对象在规定时间内能否敏锐捕捉信息、准确形成判断、妥善进行决策、有效指挥与协调，可以较好地评估其现场处理事件的能力水平。

（3）角色扮演。

角色扮演是通过模拟企业经营活动中的特定环境，要求考评对象扮演某一角色，处理与该角色有关的问题，以考查其与角色相关能力的测评方法。

在角色扮演的过程中,一人是被指定扮演角色的被评价对象,一人是经过培训的"参测者",通常由参测者来控制互动,并负责向被评价对象即受测者发出需要解决的问题。评价者通过观察、记录被评价对象的实际行为表现,对其胜任要素进行评估。

(4)管理游戏。

管理游戏是被评价者以游戏的形式,就给定的材料、工具,完成某项以实际任务为基础的模拟活动的人才测评方法。

管理游戏一般模拟商业团队的运营任务,可测评的能力维度较为广泛,更适合于对中高层管理者的评价,这种形式的测评在对被评价者战略意识、领导力、决策能力、计划统筹的考评上有很大的优势。

(5)演讲测评。

演讲测评是被评价者在规定时间内,就给定主题独立阐明自己见解和主张的人才测评方法。

演讲测评一般会先呈现一段说明性材料或背景性资料,让被评价者在规定的时间内分析思考,之后进行口头演讲,演讲时间的长短根据岗位要求和材料难度决定。演讲结束之后,评价者还可以根据受测者的陈述进行有针对性的口头提问。评价者根据演讲情况做出评价。

5. 资历评价

资历评价是通过分析被评价者的个人基本信息、工作经历与业绩等,评价其职位适应性的人才测评方法。

资历评价通过收集受测者的履历信息,预测其未来的工作表现。这种评价方法具有较强的客观性和实用性,可以通过充足的信息更准确地对被评价者进行综合评价。

6. 背景调查

由独立专业机构依托权威数据源,通过合法的途径和方式对被评价者的背景资料和证明材料等进行核查比对,并形成背景调查报告,以辅助委托调查人核实其准确性与真实度。

7. 其他商业信息评估

针对被评价者个人的各类市场商业信息进行收集汇总并展开验证性评估的方法。

(八)评价结果及其反馈

职业经理人职业资质评价结果分为评价成绩和评价报告两个部分。

1. 评价成绩

评价成绩分为笔试成绩和面试成绩,均以笔试卷面成绩和面试记录成绩的实际得分记录。

2. 评价报告

根据信息材料审核、考试答题及面试答题的情况形成评价报告。

3. 反馈

评价成绩和评价报告以书面形式向申请者或委托者反馈。

四、职业经理人职业资质社会化认定

职业经理人资质的认定，是职业经理人资质认定机构对已被评价的职业经理人资质评价项目内容结论所做的社会确认。

职业经理人资质的社会化认定，由履行社会行业管理职能的国家级职业经理人协会，依据其制定的人才资质评价与认定规范，对其认为具有评价资质的社会评价机构进行的资质评价项目内容结论的直接认可过程，并以计算机网络数据的形式加以记载与存储，以便向客户提供查询或验证服务。这种社会化认定，反映的是对评价结论一定程度的社会共识。

（一）职业经理人资质认定的内容

职业经理人资质评价反映的是职业经理人才资源禀赋的状况；职业经理人才资质认定反映的是社会对这种人才资源禀赋评价的公认程度。

人才资质认定的内容与人才资质评价的内容总体上是一致的、相互对应的。某一时点认定内容的范围可能比评价的范围小、认定的时间可能比评价的时间晚。这是因为有些评价内容无法及时核实或确认，不便立刻认定。例如，自我评价的部分内容无法及时核实或确认，不能立刻认定。因此，资质认定是一个不断持续完善的过程。

人才资质认定的是资质评价项目内容的单项结论，不是资质评价项目的综合结论。认定分别从评价过程的规范性、评价内容的可信性、择人求职信息的可用性三个方面进行确认。

人才资质评价体系包括三个系统，人才资质认定也是分别对应这三个系统做出的认定，并且三个系统的认定各有侧重。对自我评价系统信息的认定侧重点为自我评价信息的完整性、真实性，如自我评价信息登记表中的信息是否填写完整，能够核实的关键信息（身份证号、学历、职业经历等）是否真实，被评价人的相关信息前后表述是否一致等。对人才市场评价系统信息的认定侧重点为评价信息的全面性、客观性、准确性、时效性。对企业出资人评价系统信息的认定侧重点为如果被认定人担任过企业经理职务的，则需要有企业董事会或雇主的评价；用人方提出需要补充的评价内容，是否进行了补充，补充的程度如何。

（二）职业经理人资质认定的形式

人才资质认定的内容决定了人才资质认定形式。人才资质认定，一般采用计算机网络数据形式认定。人才资质认定实施计算机网络化管理，通过线上记录和公布的办法，对职业经理人资质评价各个项目内容的评价结论进行在线数字化展现；对职业经理人才资质评价项目的内容结论进行客观、公正、真实、适时的认定，将认定的信息及时记载、录入中国职业经理人协会认可的人才库，即完成了人才资质的认定过程。资质认定是资质评价的后续环节，资质认定的信息来源于资质评价系统，认定结论的信息同时还要反馈到评价系统。

人才资质计算机网络数据认定具有两大优点：一是计算机网络数据认定有利于社会组织、用人企业和求职个人及时方便地查询认定的信息，也有利于适时更新被评价人的认定信息，还可以有效防止社会上对信息认定的造假作伪行为。二是计算机网络数据认定可以有效实现人才资质动态、及时、可调整的持续管理，同时也便于社会实施监督。

（三）职业经理人资质认定的功能

1. 完善发现与识别作用

职业经理人资质的认定是人才资质评价活动的延伸。对评价项目内容进行确认便能构成明晰的评价结论，就会更好地发挥评价与认定活动发现人才、识别人才的作用。

2. 激励与约束作用

通过完善职业经理人资质评价认定系统，方便社会了解认定人员资质评价与认定的情况，激励认定人员的职业认同，约束认定人员的职业坚守。

3. 推动资质培养作用

人才资质认定的状况与结论提示了被评价者人才资质的短板与弱项，为提高他们的人才资质指明了方向，确定了阶段性的目标，有利于人才资质的培养。

4. 促进择业求职作用

职业经理人才资质认定情况将链接到企业择人与职业经理人才队伍成员求职信息对接服务体系，认定的结论将成为具有社会公信力和市场"口碑"的求职介绍信。

第三节 职业经理人制度

职业经理人制度建设是深化国有企业改革中一项重要的改革任务，并在改革进程中逐步清晰、明确。国有企业推行职业经理人以《2002—2005 年全国人才队伍建设规划纲要》为标志，初步提出探索与制定职业经理人资质评价体系；2015 年在《中共中央、国务院关于深化国有企业改革的指导意见》中明确提到"推行职业经理人制度，实行内部培养和外部引进相结合，畅通现有经营管理者与职业经理人身份转换通道，董事会按市场化方式选聘和管理职业经理人，合理增加市场化选聘比例，加快建立退出机制"; 2016 年国企改革"十项试点"任务中提出了推行职业经理人制度试点; 2018 年国务院国企改革领导小组办公室启动国企改革"双百行动",在完善市场化经营机制率先突破的要求中再次明确探索职业经理人制度。

建立完善的职业经理人制度也是完善公司治理结构的关键。公司治理中的核心问题其实是委托代理关系。在公司治理中,股东(大)会是权力机构,董事会是决策机构,经营层是执行机构,这三者之间包含了两层委托代理关系,第一层是股东(大)会对董事会的委托代理关系,第二层董事会对经营层的委托代理关系,而这两层委托代理关系闭环的关键就是职业经理人制度是否建立完善。

一、职业经理人制度的定义、内涵与功能

（一）职业经理人制度的定义

职业经理人制度是有关职业经理人职业资质、职务规范、履职行为的一系列法律法规、政策、标准、程序、规则等的总和。

（二）职业经理人制度的内涵

从制度内容上来看,可以将其制度内涵划分为三个方面,即职业经理人事业属性及其制度规范、职业经理人"职业化"及其制度规范、职业经理人职业行为及其制度规范。

1. 职业经理人职业属性及其制度规范

职业经理人职业属性,是指职业经理人职业的性质、工作类型、工作内容等。这一类的职业经理人制度包括国家职业分类大典、党和政府的相关政策、国家标准和部门规章及地方法规关于职业经理人职业类别归属确认及其职业属性的规定。例如,2015 年新修订的《中华人民共和国职业分类大典》把"企业经理"确定为一个职业,编号为 1-06-01-02。企业经理是在企业中,经董事会或出资人聘任,或经职工代表大会选举,或上级任命的企业负责人。企业经理的主要工作任务:①执行董事会和个人独资、合伙制企业出资人或职工代表大会做出的决定;②领导企业日常经营管理工作;③拟定或决定企业内部机构设置;④按公司规定的职权范围,行使人事聘任、解聘或任免权;⑤决定或议定企业的基本规章制度;⑥行使相关法律规定的其他职权。中国职业经理人协会《职业经理人才职业资质社会评价工作指引（2018 年）》、国家标准《职业经理人相关术语》等,都包含有职业经理人职业属性和规定的内容。

2. 职业经理人"职业化"及其制度规范

经理人的职业化,是指从事企业经营管理的人通过职业化成为职业经理人。这方面的制度包括国家和政府及其部门关于实行职业经理人制度的政策、方针、决定等,如《中共中央关于全面深化改革若干重大问题的决定》《国务院关于国有企业发展混合

所有制经济的意见》《关于分类推进人才评价机制改革的指导意见》《"双百企业"推行经理层成员任期制和契约化管理操作指引》《"双百企业"推行职业经理人制度操作指引》等；有关职业经理人职业资质认定的国家标准、社团标准等，如国家标准《职业经理人相关术语》《职业经理人考试测评》《职业经理人通用考评要素》《职业经理人培训规范》，中国职业经理人协会的《职业经理人才职业资质社会评价工作指引（2018 年）》《职业经理人才职业资质社会认定工作指引（2018 年）》《职业经理人才职业资质社会培养工作指引（2018 年）》。

3. 职业经理人职业行为及其制度规范

职业经理人职业行为，是指职业经理人在企业经理职务岗位上，履行权利、承担义务、开展工作的行为。其包括工作过程和工作成效两部分。职业经理人履职行为规范制度主要包括职业经理人聘任制度、职业经理人契约管理制度、职业经理人薪酬与激励制度、职业经理人任职管理制度、职业经理人职业诚信管理制度、职业经理人监督与约束管理制度等。

（三）职业经理人制度的功能

1. 宏观功能

（1）促进国家人力资源治理和管理制度的完善。

人力资源治理和管理，是国家治理体系的主要组成部分。我国有数以亿计的市场主体和企业，需要数以亿计的企业经营管理者。职业经理人是人力资源的重要组成部分，是具有独特价值的人力资源，也是企业建设的主体。人力资源治理和管理，核心是建立和完善育人、选人、用人、管人的制度体系，打造和形成有利于人的发展的文化环境。企业经营管理水平的提升，职业经理人的素质和能力极为重要和关键。职业经理人制度的建立和完善，可以促进国家人力资源管理制度的完备。

（2）促进经济体制深化改革和经济高质量发展。

我国经济体制改革就是建立社会主义市场经济体制，包括人才市场化的管理体制。职业经理人制度建设要突破职业经理人市场化这个难点和重点。我国经济已进入高质量发展阶段，企业处在经营和管理转型升级的关键时刻，职业经理人的能力和素质在很大程度上决定着企业的经营管理水平和企业转型升级的实现。通过建立和完善职业经理人制度，可以有力地促进经济体制改革的深化和经济高质量发展。

（3）为职业经理人队伍建设的法治化和科学化提供保障。

职业经理人制度的目标之一就是要建设一支素质高、经营管理专业能力强的职业经理人队伍，包括企业领导层面的职业经理人队伍、业务经营层面的职业经理人队伍、运行层面的职业经理人队伍。职业经理人制度对职业经理人的培养、评价、选拔、激励、激励、监督等均进行了规定，为职业经理人队伍建设提供了法治化和科学化保障。

2. 微观功能

（1）促进企业建立和完善治理结构。

企业职业经理人是企业法人治理结构的主要组成部分，职业经理人制度是现代企业制度和企业法人治理制度的重要组成部分。企业需要根据基本治理规律和企业的独特性建立企业职业经理人制度。完善的职业经理人制度可以促进企业完善法人治理结构。

（2）规范职业经理人管理和履职行为。

企业作为职业经理人的聘用主体，对职业经理人进行管理，包括选拔与聘任、激励与约束、监督与考核，职业经理人制度可以提供管理职业经理人的基本规范和流程。职业经理人作为履职主体，职业经理人制度为其提供了获取权利、承担义务的基本依据，是职业经理人履职行为的基本规范。同时，职业经理人制度也为政府部门、社会机构提供了有关职业经理人管理工作的规范和依据。

（3）促进企业提高国际化经营管理水平和核心竞争力。

现代企业特别是跨国公司，基本上均是职业经理人在经营管理企业。职业经理人制度可以为职业经理人提供国际化的资质标准，使其与国际市场接轨。当职业经理人进入跨国公司担任经理职务时，应按照职业经理人制度履行职务，打造企业的核心竞争力，提高企业的国际经营水平。

二、职业经理人制度建立和运行的基础环境

职业经理人制度的建立和运行需要一定的国家制度基础和宏观环境，具体表现在三个方面。

（一）经济体制

职业经理人是现代企业大规模生产和大规模市场销售的产物，也是适应社会职业分工的结果。职业经理人制度建立在经济体制基础之上，并必然体现经济体制的要求。

实行市场化的经济体制改革使企业发生了根本性的变化，主要表现在：一是国有企业建立起现代企业制度，实现了企业所有权和经营权的分离，职业经理人开始经营管理企业。二是以家族企业为主体的民营企业从无到有，从小到大，经营规模越来越大，企业经营组织形式变革成为企业发展的必然要求，建立现代企业制度、聘任职业经理人经营管理企业成为民营企业发展的必经之路。三是对外开放使大量的国际资本涌入中国，中外合资企业和独立外资企业诞生并迅速发展起来，这类企业凭借着国际资本的市场优势雇用专业的职业经理人经营企业，提高了企业的盈利水平。正是经济

体制改革催生了职业经理人和职业经理人制度。没有市场经济体制，就没有职业经理人，也不会有职业经理人制度。市场经济体制是职业经理人和职业经理人制度的催化剂。

（二）法治保障

职业经理人制度的建立必须有法治基础，必须在法治环境中运行。

《中华人民共和国公司法》确立了公司法人的法律地位，规定了公司高级管理人员的权利及义务，为建立职业经理人制度提供了法律依据。此外，国家关于人力资源管理和知识产权的相关规定为建立职业经理人制度提供了基本依据。

（三）市场环境

市场是职业经理人的"中介"，职业经理人产生于市场，企业任聘职业经理人、激励与约束职业经理人都离不开市场。一个完善的职业经理人市场、证券市场和商品市场是建立职业经理人制度有效运行的基本条件和保障。

三、职业经理人制度的层次和体系

中国共产党第十八届中央委员会第二次全体会议通过的《中共中央关于全面深化改革若干重大问题的决定》指出："建立职业经理人制度，更好发挥企业家作用。"该决定首次提出了职业经理人制度，为国有企业改革提出了一项重要任务，职业经理人制度建设也是国有企业改革的重要途径和措施。职业经理人制度是随着现代企业制度诞生和发展形成的一项企业制度，与企业法人制度、出资人制度一起构成了现代企业制度的三项基础性制度。随着社会经济的发展，职业经理人成为社会分工的产物并逐渐发展成了一种社会职业；作为一种特有的人力资源配置体系，职业经理人制度同时也是一项社会人力资源配置制度，是包括社会分工、职业特性与规范、配置机制、社会服务和行业管理的制度体系。

根据制度制定的主体可以将职业经理人制度划分为国家层面的职业经理人制度、社会层面的职业经理人制度和企业层面的职业经理人制度。职业经理人制度体系框架见表4-2。

表4-2　职业经理人制度体系框架表

国家层面的制度	国家立法
	国家制度
	国家政策
	国家标准

续表

	职业经理人资质评价制度
社会层面的制度	职业经理人资质认证制度
	职业经理人培训制度
	职业经理人职业诚信管理制度
	职业经理人求职服务制度
企业层面的制度	职业经理人选拔聘任制度
	职业经理人企业培训制度
	职业经理人绩效考核制度
	职业经理人激励约束制度

（一）国家层面的职业经理人制度

国家层面的职业经理人制度，是国家立法机构、政府及其部门制定的职业经理人制度。国家通过国家制度、国家立法、国家标准、国家政策等确立职业经理人的根本制度。

国家层面的职业经理人制度可以分为教育制度、人才流动相关制度、分配与激励制度、保障制度、企业制度等，共同为建立职业经理人选拔、培训、评价、流动等制度建设提供了方向与支持保障。

国家立法主要是围绕职业经理人的立法，为职业经理人制度建设提供法律支持与法律约束，使职业经理人制度建设法治化、规范化。

国家标准可以划分为职业分类标准和职业经理人诚信管理标准，确定职业经理人的职业定位和职业特性，并为职业经理人诚信管理提供评判标准。

国家政策包括人力资源政策、工资薪酬政策、人才培养政策、企业改革政策等，为职业经理人制度建设提供政策支持，使职业经理人职业被社会认可并为企业所接受。

1. 有关法律法规文件

其主要包括《中华人民共和国公司法》《中华人民共和国劳动合同法》等。

2. 党和国家关于建立职业经理人制度的政策文件

《2002—2005 年全国人才队伍建设规划纲要》指出："建设一支职业经理人队伍。逐步实行职业资格制度，加紧研究制定资质认证标准和市场准入规则。参照国际惯例，探索建立符合中国企业实际的首席执行官制度。"为职业经理人资质评价与认证，职业经理人才的教育培训、市场流动、选拔聘任、激励约束等指明了方向。

《中共中央　国务院关于进一步加强人才工作的决定》指出："企业经营管理人才

的评价重在市场和出资人认可。发展企业管理人才评价机构，探索社会化的职业经理人资质评价制度""建立以能力和业绩为导向、科学的社会化的人才评价机制""从规范职位分类与职业标准入手，建立以业绩为依据，以品德、知识、能力等要素构成的各类人才评价指标体系。"强调职业经理人资质评价的社会化，为职业经理人的社会培养、选拔任用、市场化流动、社会化保障提供了依据。

《关于贯彻落实"十一五"规划纲要，加强人才队伍建设的实施意见》指出："建立社会化的职业经理人资质评价制度，研究制定中国特色职业经理人评价标准体系，制定出台规范职业经理人资格认证制度的意见，积极开发适应不同类型企业经营管理人才的考核测评技术，培育和发展企业经营管理人才市场中介组织。"为职业经理人资质评价与认证的社会化、规范化、科学化发展提供了政策基础，为职业经理人的市场化流动提供了组织保障。

《国家中长期人才发展规划纲要（2010—2020）》明确指出："建立社会化的职业经理人资质评价制度，加强规范化管理"；"建立各类人才能力素质标准"，推进"企业经营管理人才素质提升工程"。为职业经理人的评价发现、培养开发、流动配置提供了方向，有力地推动了职业经理人制度规范化建设。

《企业经营管理人才队伍建设中长期规划（2010—2020年）》指出："积极实施企业领导人员继任计划""建立企业经营管理人才诚信体系，加强职业道德教育，制定职业道德规范和行为准则，加快全国集中统一的职业经理人诚信管理信息系统""建立健全企业经营管理人才职业能力开发体系，积极开展经营管理人才职业生涯规划""建立和完善社会化的职业经理人资质评价制度，加强规范化管理。"为培养开发、选拔、任用、考核评价及激励约束职业经理人提供了指导方针。

《中共中央关于全面深化改革若干重大问题的决定》指出："建立职业经理人制度，更好发挥企业家作用。"把建立职业经理人制度作为一项深化改革的重要任务，也为职业经理人制度建设提供了重要政策支持和理论基础。

《中共中央 国务院关于深化国有企业改革的指导意见》指出："推行职业经理人制度，实行内部培养和外部引进相结合，畅通现有经营管理者与职业经理人身份转换通道，董事会按市场化方式选聘职业经理人。"对新时期推行职业经理人制度做出了部署，提出要求。

《国务院关于国有企业发展混合所有制经济的意见》指出："推行混合所有制企业职业经理人制度。按照现代企业制度要求，建立市场导向的选人用人和激励约束机制，通过市场化方式选聘职业经理人依法负责企业经营管理，畅通现有经营管理者与职业经理人的身份转换通道。职业经理人实行任期制和契约化管理，按照市场化原则决定薪酬，可以采取多种方式探索中长期激励机制。严格职业经理人任期管理和绩效考核，加快建立退出机制。"为推行职业经理人制度提出要求和措施。

《关于深化人才发展体制机制改革的意见》指出："合理提高国有企业经营管理人才市场化选聘比例，畅通各类企业人才流动渠道。研究制定在国有企业建立职业经理人制度的指导意见。完善国有企业经营管理人才中长期激励措施。"

《国务院办公厅关于进一步完善国有企业法人治理结构的指导意见》指出："充分发挥企业家作用，造就一大批政治坚定、善于经营、充满活力的董事长和职业经理人，培育一支德才兼备、业务精通、勇于担当的董事、监事队伍。""根据企业产权结构、市场化程度等不同情况，有序推进职业经理人制度建设，逐步扩大职业经理人队伍，有序实行市场化薪酬，探索完善中长期激励机制，研究出台相关指导意见。国有独资公司要积极探索推行职业经理人制度，实行内部培养和外部引进相结合，畅通企业经理层成员与职业经理人的身份转换通道。"

《关于分类推进人才评价机制改革的指导意见》指出："健全以市场和出资人认可为重要标准的企业经营管理人才评价体系，突出对经营业绩和综合素质的考核。建立社会化的职业经理人评价制度。"

《中共中央　国务院关于构建更加完善的要素市场化配置体制机制的意见》指出，"引导劳动力要素合理畅通有序流动""破除阻碍要素自由流动的体制机制障碍，扩大要素市场化配置范围，健全要素市场体系，推进要素市场制度建设"。

3. 有关职业经理人制度的国家标准

国家市场监督管理总局、国家标准化管理委员会发布了系列职业经理人有关标准，其中包括《职业经理人相关术语》（GB/T 26999—2021）、《职业经理人考试测评》（GB/T 26998—2020）、《职业经理人通用考评要素》（GB/T 28933—2012）、《职业经理人培训规范》（GB/T 28934—2021）等。

这些标准为职业经理人定义、职业属性、评价、培训、市场化选聘提供了主要依据和规则。

（二）社会层面的职业经理人制度

社会层面的职业经理人制度，是指由具有职业经理人管理职能的社会团体制定的职业经理人制度。

社会层面的职业经理人制度一般包括有关职业经理人的资质评价、资质认证、培训、求职服务等管理制度。

社会化职业经理人资质评价制度包括资质评价规范化管理、信用评价、职业资质评价标准等制度。

社会化职业经理人资质认证制度包括资质认证标准、认证程序、认证管理等制度。

职业经理人培训制度包括职业经理人培养计划、资质认证培训及培训管理等制度。

职业经理人求职服务制度包括中介机构建设、人才市场建设、求职人才引进与流动政策、薪酬分配等内容。

1. 职业经理人资质评价认定制度

建立职业经理人制度的基础是建立社会化的职业经理人资质评价与认定制度。社会化职业经理人资质评价，是由社会组织开展，社会服务机构参与，体现社会共识，并得到社会认可的评价。

职业经理人资质评价认定制度体系包括社会化的职业经理人资质评价制度、职业经理人信用评价制度、社会化的职业经理人资质认定制度、职业经理人职业资质管理制度等，见表4-3。

表4-3 职业经理人资质评价认证制度体系

职业经理人资质评价认证制度体系	职业经理人资质评价制度
	职业经理人资质认定制度
	职业经理人资质管理制度

阅读专栏4-5 中国职业经理人协会
《职业经理人才职业资质社会评价工作指引（2018年）》（节选）

四、评价系统的构成

职业经理人才职业资质社会评价系统由3个子系统和6个维度组成。

（一）三个评价子系统

1. 职业经理人才自我评价子系统

申请参加职业经理人才职业资质社会评价者提供本人入评的基本条件，评价子系统审核其参评自述的基本条件；符合入评条件的人员，按入评人员资质评价的内容进行自我评价，评价子系统复核其自述的内容，符合中职协确定的要求，其评价信息即进入自我评价子系统。自我评价子系统的信息是人才市场评价子系统的基础信息。

2. 职业经理人才市场评价子系统

职业经理人才市场评价子系统是具有资质的社会评价机构，在自我评价子系统信息的基础上对被评价者的职业经历、职业业绩、职业素养、职业能力及技能、职业知识及技术等项目进行核实或评价的子系统，但被评价者可以自愿选择评价项目及顺序。人才市场评价子系统为企业出资人评价子系统的评价提供重要的参考依据。

3. 企业出资人评价子系统

企业出资人评价子系统是拟聘用职业经理人的企业出资人或出资人的代表，从任职角度对聘用人选任职资格进行的最终评价的子系统。

（二）社会评价要素、项目

1. 评价要素

社会评价要素是职业资质评价维度的细化，职业资质社会评价 6 个维度下包含 24 个评价要素。

（1）职业经历维度下包含 3 个评价要素，分别为：

从事企业工作经历（主要指从事企业经营管理工作的经历）；

从事其他社会工作的经历（主要指与经营管理相关的工作经历）；

接受工商管理教育和培训的经历。

（2）职业业绩维度下包含 4 个评价要素，分别为：

个人从事企业经营管理工作的业绩；

个人从事其他社会工作的业绩；

个人担任企业或部门负责人的企业或部门纵向比较的业绩；

个人担任企业负责人的企业与区域内同行业、同类型、同等规模企业横向比较的业绩。

企业业绩的比较要区分自主创新决策获得的业绩和贯彻执行工作获得的业绩。

（3）职业素养维度下包含 5 个评价要素，分别为：

职业关系认知；

职业工作意识；

职业操守；

职业作风；

职业心理。

（4）职业能力及技能维度下包含 4 个评价要素，分别为：

企业领导能力及技能；

企业业务管理能力及技能；

企业所在行业需要的特殊能力及技能；

自我提升的能力及技能。

（5）职业知识及技术维度下包含 4 个评价要素，分别为：

企业领导知识及技术；

企业业务知识及技术；

企业所在行业需要的特殊知识及技术；

自我学习的知识及技术。

（6）择人求职的职位适配度维度下包含4个评价要素，分别为：

企业治理结构特点的适配；

企业工作特殊要求的适配；

企业文化生态的适配；

与企业法定代表人行为风格的适配。

2. 评价项目

资质评价项目是职业资质评价要素的细化。

本指引明确设置的11个评价要素下包含72个评价项目，分布如下：

（1）职业关系认知评价要素包含6个评价项目：尊重雇主的地位和权利、懂得决策与执行区别的理念、明白经理是执行机构首脑的理念、明确执行机构实行的是首长负责制的理念、明晰班子与团队相互协作关系的理念、认识依法履职与依法维权关系的理念。

（2）职业工作意识评价要素包含16个评价项目：人本意识、创新意识、生态意识、国际意识、合作意识、科技意识、人才意识、法制意识、社会意识、政策意识、市场意识、效益意识、品牌意识、企业文化意识、"因企制宜"意识、与时俱进意识。

（3）职业操守评价要素包含6个评价项目：坚守职业、敬业履职、诚实守信、遵纪守法、社会担当、竞业避止。

（4）职业作风评价要素包含6个评价项目：求真务实、艰苦奋斗、多谋善断、包容宽厚、公道正派、廉洁自律。

（5）职业心理评价要素包含4个评价项目：心理状态、心理潜质、心理偏好、心理缺陷。

（6）企业领导能力及技能评价要素包含7个评价项目：统领驾驭能力及技能、战略谋划能力及技能、管理决策能力及技能、组织协调能力及技能、实施执行能力及技能、团队建设能力及技能、变革创新能力及技能。

（7）企业业务管理能力及技能评价要素包含6个评价项目：综合分析能力及技能、市场开拓能力及技能、成本控制能力及技能、识人用人能力及技能、管理创新能力及技能、风险与应急管理能力及技能。

（8）自我提升的能力及技能评价要素包含2个评价项目：拓宽更新已有能力和增加新能力的方法和技巧、灵活运用已有能力的方法和技巧。

（9）企业领导知识及技术评价要素包含7个评价项目：企业领导理论知识及技术、经济学和管理学知识及技术、法律基础知识及技术、科技创新知识及技术、国际商务知识及技术、社会公共管理知识及技术、经济社会发展的方针政策知识及技术。

（10）企业业务知识及技术评价要素包含10个评价项目：战略管理知识及技术、市场营销知识及技术、人力资源管理知识及技术、财务金融管理知识及技术、信息网络知识及技术、生产运营知识及技术、安全生产管理知识及技术、质量管理知识及技术、生态环保知识及技术、有关创新与创业的知识及技术。

（11）自我学习的知识及技术的评价要素包含2个评价项目：拓宽更新知识的认知和手段、灵活运用知识的认知和手段。

2. 职业经理人资质教育与培训制度

社会化职业经理人教育与培训制度体系包括针对职业经理人求职人群的职业教育制度和针对职业经理人在职人群的职业教育与培训制度。其中，职业教育制度包括职业教育教材建设制度、职业教育师资队伍建设制度、职业实习制度、市场和出资人认可的职业经理人选拔聘任制度；职业培训制度包括职业培训教材建设制度、职业培训师资建设制度、职业培训效果评估制度等，见表4-4。

表4-4　职业经理人教育与培训制度体系

职业教育制度	职业教育教材建设制度
	职业教育教师队伍建设制度
	职业实习制度
	市场和出资人认可的职业经理人选拔聘任制度
职业培训制度	职业培训教材建设制度
	职业培训师资建设制度
	职业培训效果评估制度

3. 职业经理人求职服务制度

职业经理人求职服务制度体系包括职业经理人求职服务平台建设制度、职业经理人求职市场监管约束制度。其中，求职服务平台建设制度包括线上平台建设制度和线下平台建设制度，见表4-5。

表4-5　职业经理人求职服务制度体系

求职服务平台建设制度	线上平台建设制度
	线下平台建设制度
求职市场监管约束制度	—

（三）企业层面的职业经理人制度

企业是聘用职业经理人的主体，企业层面的职业经理人制度是职业经理人制度的基础。企业层面的职业经理人制度主要包括职业经理人选聘制度、职业经理人契约化管理制度、职业经理人激励制度。其中，职业经理人激励制度又可分为薪酬激励制度和股权激励制度。

1. 职业经理人选拔聘任制度

选拔职业经理人，必须建立科学规范的、体现企业特点和符合选人用人标准的制度。

（1）选拔企业职业经理人的标准。

企业选拔职业经理人的标准一般包括三个方面：一是可靠的政治素质与职业操守，包括对国家、企业的忠诚，对企业出资人负责；二是具有较高的职业素质、管理能力和拥有相关的从业经历；三是在行业或相关行业中具有一定的影响力。

（2）选人渠道和方式。

遵循市场化选人原则，按照不同类别、层级岗位的用人需求，建立选人渠道和方法：一是有步骤、有重点地从市场中选聘；二是通过建立职业经理人培养体系，从职业经理人培养对象中选拔职业经理人；三是在关联企业中选拔职业经理人。

（3）建立职业经理人胜任素质模型。

职业经理人作为企业的特殊人力资源，是企业核心的高级管理人才和领军人物，在企业经营管理和发展中发挥着不可替代的作用，应当具备相应的知识结构和能力。因此，应建立职业经理人胜任素质模型，选拔聘任具有职业经理人资质的人担任经理职务。

（4）科学的评估与考察程序。

选拔聘任职业经理人，科学的评估与考察程序非常重要。要通过运用职业经理人职业资质模型对应聘者进行职业资质评价，保证选人方法的可行性和规范性，最大限度地提高选拔聘用的准确度和可靠性。

（5）试用期。

建立职业经理人聘任试用期制度。一般试用期为6个月，试用期满后由董事会对应聘者的表现进行评估，达到标准和要求者则正式聘任为企业经理。

2. 职业经理人契约化管理制度

职业经理人制度和传统的企业领导人管理制度的最大不同，在于董事会通过市场化选人机制同职业经理人签订聘用合同并实行契约化管理。职业经理人实行聘任制，通过签订劳动合同与企业建立劳动关系，明确职位身份、聘用期限、职位任务，实现权责利的统一。

契约化管理，强化以经营管理绩效为关键要素的考核，按照市场对标业绩和约定绩效责任对职业经理人进行科学客观的评价，并以合同规定作为职业经理人任期留用和退出的依据。

3. 职业经理人激励制度

职业经理人激励制度包括薪酬制度和期权制度，是企业职业经理人制度的核心制度。

（1）以长期激励为主的薪酬激励制度。

长期激励制度主要是激励职业经理人产生长期努力的动机，其中薪酬制度是一种最为基础的激励制度，同时也是职业经理人获得报酬的保障。

第一，要适当加大长效激励的比重，即加大除了基本工资以外的风险收入的比例，使职业经理人报酬与其努力程度挂钩，从而使职业经理人更加注重企业的长远价值。需要注意的是，不能将职业经理人的全部收入与企业的经营业绩挂钩，应保证其基本收入是稳定且无风险的。

第二，强化董事会薪酬委员会对职业经理人的薪酬管理。对职业经理人薪酬管理的规范化、科学化是职业经理人制度的基本要求，要建立完善职业经理人薪酬管理机制，更好地平衡职业经理人与公司所有者的利益关系。

（2）职业经理人股权激励制度。

职业经理人股权激励制度是现代企业制度的必然产物，是对传统年薪制的创新与完善，是我国建立职业经理人制度的主要内容。首先，根据《中华人民共和国公司法》和职业经理人契约化管理制度建立职业经理人股权激励制度。其次，完善企业绩效评价体系。努力寻求和设计一套合理有效的绩效评价体系，强化职业经理人报酬激励效应。此外，必须优化企业内部环境和外部环境，如企业内部产权要清晰、公司治理结构要完善合理，外部职业经理人要实现充分竞争等。

阅读专栏 4-6 分粥的故事

在一个荒岛上，每天有 7 个人共分一小锅粥，他们没有任何测量仪器。起初，每个人都指定一个人全权负责分粥，但很快发现，负责分粥的人往往给自己的粥最多。换了人之后，结果还是一样的，负责分粥的人其碗里的粥总是最多的。

于是，大家决定轮流负责分粥，每个人负责一天。结果一周下来，每个人只有一天可以吃饱，也就是他们负责分粥的那一天。

大家尝试采用第三种方法，就是选出一位值得信赖和品德高尚的人来主持分粥。起初，挑选出来的人能够公平地分粥，但很快每个人都开始挖空心思来取悦他。渐渐地，他会给那些溜须拍马的人分得更多，结果分粥又变得不公平了。

随后，大家探讨了分粥的第四种方法，即设立分粥委员会和监督委员会，以分散权力，相互制约。这样基本上做到了公平，但由于监事会经常提出各种问题，分粥委员会又据理力争，到了分粥结束时，粥早就凉了，浪费了很多时间，有时还会产生一些矛盾。

最后，大家终于想出一个分粥的好办法，那就是每个人轮流负责分粥，但每次把粥分成七碗后，要等其他人挑完后再端自己剩下的那碗粥，为了不让自己得到最少的那一碗，每次负责分粥的人尽可能分得平均。从此，每个人都开开心心、和和气气，生活也越来越好。

第四节　建立中国特色职业经理人制度

一、建立和推行职业经理人制度是一项重要改革任务

（一）建立和推行职业经理人制度是深化国有企业改革的重要内容

2013年，中国共产党第十八届中央委员会第三次全体会议通过的《中共中央关于全面深化改革若干重大问题的决定》提出，"推动国有企业完善现代企业制度""建立职业经理人制度"，明确了建立职业经理人制度是一项重要的改革任务。

《中共中央、国务院关于深化国有企业改革的指导意见》指出，"建立国有企业领导人员分类分层管理制度。坚持党管干部原则与董事会依法产生、董事会依法选择经营管理者、经营管理者依法行使用人权相结合，不断创新有效实现形式。上级党组织和国有资产监管机构按照管理权限加强对国有企业领导人员的管理，广开推荐渠道，依规考察提名，严格履行选用程序。根据不同企业类别和层级，实行选任制、委任制、聘任制等不同选人用人方式。推行职业经理人制度，实行内部培养和外部引进相结合，畅通现有经营管理者与职业经理人身份转换通道，董事会按市场化方式选聘和管理职业经理人，合理增加市场化选聘比例，加快建立退出机制。推行企业经理层成员任期制和契约化管理，明确责任、权利、义务，严格任期管理和目标考核"。进一步明确了建立职业经理人制度是国有企业领导制度改革，实行国有企业领导人员分类分层管理的重要内容，也确定了建立职业经理人制度的主要内容和基本途径。发展混合所有制经济，是深化国有企业改革的重要制度创新，《国务院关于国有企业发展混合所有制经济的意见》提出，"推行混合所有制企业职业经理人制度"。

综上所述，建立和推行职业经理人制度是深化国有企业改革的重要内容，是一项必须完成的任务。

（二）建立和推行职业经理人制度是民营企业创新发展的重要内容

改革开放以来，我国基本经济制度坚持"两个毫不动摇"，使民营经济得到了历史性的巨大发展，一大批民营企业发展成为大规模生产经营企业。这些企业要实现创新发展，建立现代企业制度、建立职业经理人制度、培养和引进职业经理人是必由之路。

我国的民营企业大都经历过第一代企业家创立企业并亲自经营管理企业，使企业发展壮大的过程，但从企业的治理上，这些民营企业大都没有建立起规范的职业经理人制度。现在，我国的民营企业进入了第一代企业家逐步退出企业经营管理岗位，向第二代企业家交接的高峰期。如何交班，如何接班，企业经营管理者的选择是关键。民营企业建立现代企业制度和职业经理人制度变得极为迫切。

（三）建立和推行职业经理人制度是国家治理体系和治理能力现代化的重要内容

《中共中央关于全面深化改革若干重大问题的决定》提出，"全面深化改革的总目标是完善和发展中国特色社会主义制度，推进国家治理体系和治理能力现代化。必须更加注重改革的系统性、整体性、协同性，加快发展社会主义市场经济、民主政治、先进文化、和谐社会、生态文明，让一切劳动、知识、技术、管理、资本的活力竞相迸发，让一切创造社会财富的源泉充分涌流，让发展成果更多更公平惠及全体人民"。所谓国家治理体系是一整套治理国家的制度体系，其中也应该包括人才制度。人才制度是培养造就、选拔使用、管理激励人才的制度。《中共中央关于全面深化改革若干重大问题的决定》中也明确，"加快形成具有国际竞争力的人才制度优势"。职业经理人才是重要的人力资源，要想建设具有国际竞争力的人才制度优势，建设职业经理制度是重要方面。

人力资源治理体系和人才制度是国家治理体系的重要组成部分，职业经理人制度是企业经营管理人员人力资源治理制度的重要组成部分。我国正处在建设社会主义现代化新时期，将以更加开放、国内国际双循环的新格局为基础，全方位推进经济高质量发展。企业高质量经营管理与持续发展，是经济高质量发展的基础，职业经理人队伍的素质和能力是影响企业高质量经营管理和持续发展的关键。建立职业经理人制度，形成完善的职业经理人才选拔聘用、激励约束、考核监督、市场流动等制度体系和实施机制，是形成职业经理人才制度优势，广纳天下人才，实施人才强国战略，推动国家治理体系和治理能力现代化的重要内容。

（四）发展混合所有制经济，要求建立职业经理人制度

混合所有制经济，以社会中存在的多种所有制经济成分为前提，按照一定制度和规则实行或生产或经营的经济形式。在现阶段，发展混合所有制经济，主要是指引进非国有资本参与国有企业改革。根据企业产权比例，可以划分为国有控股公司、国有资本参股公司和非国有资本控股公司等多种类型的混合所有制企业。

混合所有制企业应按照公司法建立法人治理结构，实行所有权和经营权分离的治理体系，组织企业董事会，聘用职业经理人经营管理企业。因此，发展混合所有制经济，必然要求混合所有制企业建立职业经理人制度，聘请有经营管理能力的职业经理人并赋予其经营权，明晰企业经营管理的权利和义务。

（五）建立和推行职业经理人制度是深化企业内部改革的必然要求

国有企业要想不断深化内部改革，建立适应现代企业制度的经营管理机制，对企业经营管理人员制度的改革是重要方面。要通过制定企业层面的职业经理人制度，推动"三项制度"改革，建立起适应市场和现代企业制度的人力资源分配机制。

在民营企业，要通过制定职业经理人制度，建立起适应现代企业制度的企业权利配置体系，要明确企业出资者（家族）和职业经理人的权利与事项边界，最大化消除企业家族化的消极影响，适应企业现代经营管理的趋势。

二、建立中国特色职业经理人制度的特点

（一）建立职业经理人制度的背景和特点

西方发达国家的职业经理人制度，是在市场经济的基础上，伴随着工业革命和现代企业制度的产生同步发展起来的。我国的职业经理人制度，是在建立社会主义市场经济体制，深化国有企业改革和发展民营经济的进程中，根据国有企业和民营企业发展的需要，提出并逐步试点推进的。

（二）建立新制度与改革旧制度同时进行

我国国有企业在计划经济时期形成了一套制度体系，民营企业从家族企业、乡镇企业起步并发展壮大，也形成了一套制度体系。要想建立现代企业制度，就必须对原有的企业管理制度实施改革，建立起新的制度体系。建立职业经理人制度，就是在对原有制度扬弃的基础上逐步推进的。新制度不可避免地同原有制度产生矛盾，如薪酬定价原则之间的矛盾、企业管理体制的矛盾、民营企业原有企业权利体系同职业经理人制度权利体系的矛盾、家族企业决策机制同职业经理人制度决策机制的矛盾等。建立新制度同改革旧制度之间的矛盾博弈及其化解，是我国建立职业经理人制度的重要特点。

（三）建立职业经理人制度要坚持党的领导

中国职业经理人制度必然是反映和体现中国特色社会主义根本制度的职业经理人制度。中国共产党的领导是中国特色社会主义制度最本质的特征，也是中国特色社会主义制度最本质的体现。建立职业经理人制度，必须体现党的领导。

第一，在建立企业职业经理人制度的过程中，加强党的领导。具体就是，国有企业的党组织参与职业经理人制度的制定，对选拔聘用职业经理人制度的条件和标准实

施前置性审查并提出意见；推荐职业经理人选，参与考察评价并提出意见，提交董事会决定聘任人选。

第二，落实党管人才制度。在职业经理人的培养、聘用、考核及业绩评价、监督等方面，将职业经理人纳入人才管理制度之中，并实施管理。

第三，在企业法人治理结构中，根据党组织的法定职责，领导和推动职业经理人制度的贯彻落实。

第五节　建立职业经理人制度的重点

《中共中央关于全面深化改革若干重大问题的决定》提出的"建立职业经理人制度"任务，为我国建立职业经理人制度指明了方向。中共中央、国务院及其有关部委为建立职业经理人制度制定的一系列政策文件，形成了建立职业经理人制度的依据。建立职业经理人制度的重点应该在企业和社会层面，积极探索、稳步推进，逐步建立起中国特色职业经理人制度体系。

一、职业经理人选拔制度

（一）选拔的主体

企业是职业经理人的雇用主体，企业的董事会或出资人是选拔职业经理人的责任主体，要全面履行选拔职业经理人的责任，明确岗位职责、选聘要求，根据企业发展战略，制定选拔程序，组建选拔领导和工作小组，实施选拔工作。

（二）选拔范围及方式

职业经理人选拔范围包括企业内部选拔和外部选拔。

1. 内部选拔

内部选拔就是在企业内部培养选拔，选人的范围限于企业内部。选拔方式包括内部公开选拔、内部组织定向培养考察选拔和内部推荐选拔。内部公开选拔，就是面向全企业公开聘用岗位、资质条件和选拔程序，对报名人选进行资格审查、考试考核，选出最终人选。内部组织定向培养考察选拔，就是企业董事会或聘用委员会，根据掌握的职业经理人后备人选，结合岗位和职位需求，对后备人选进行考察考核和评估，确定最终人选。内部推荐选拔，就是对企业内部组织推荐和个人推荐的人选，进行考察考核和评估，确定职业经理人最终人选。

在企业内部选拔职业经理人，企业具有明显的信息优势，对候选人选或报名参加竞聘的人的基本情况比较了解或比较容易获取有关信息，可以简化一些考核评价内容和过程，降低遴选成本。同时，在企业内部产生的职业经理人也比较熟悉企业的情况，对企业的文化和人际关系适应周期较短，企业对其可以缩短试用期甚至不设试用期，直接正式任职。另外，内部选拔可以激励内部员工，提升企业员工的向心力和凝聚力。但是，内部选拔容易造成企业自我封闭，甚至积累消极因素，不利于企业创新变革。

2. 外部选拔

外部选拔就是在企业外部，通过人才市场、猎头公司或外部定向引进等方式选拔职业经理人。企业外部选拔通常采用市场公开竞聘的方式实施选拔。通常的做法是，委托专门的人力资源社会服务机构或猎头公司承担选拔的组织工作，包括制定选拔公告、组织报名、资格审查、资质考试、确定考察人选并提交企业选拔组织等工作；企业选拔组织对考察人选进行考察，形成考察报告并上报企业董事会或企业出资人；企业董事会或出资人开会讨论候选人考察报告，并进行表决投票，选出最终人选，由董事会履行聘任手续。

企业外部选拔具有其优势，可以拓展企业选人的视野和范围，在更大的范围甚至在国际上猎取职业经理人；可以引入企业外部不同的价值理念、经营与管理思想和方法，甚至可以开拓新的事业，促使企业创新改革。有的企业就是通过从外部引进职业经理人来拓展经营领域和新事业的。从外部引进职业经理人，可以摆脱原有企业存在的矛盾，包括化解复杂人际关系等。但是，从企业外部选拔职业经理人，也存在一些缺陷和问题。首先，信息不对称，选拔成本较高。企业需要付出很多精力和成本从外部搜寻有关职业经理人选的信息资料，并进行选择性评价，有时候还会出现选择失误，导致"选错"了人，选人的风险加大。其次，从外部选拔的职业经理人进入企业，需要较长的适应期，甚至出现职业经理人"水土不服"，不能适应企业的文化和工作环境，有可能遭到员工的抵制和冷漠，难以打开工作局面，造成企业和职业经理人"尴尬"。最后，有的企业从外部选拔职业经理人，在同一个企业领导班子内，同类型人员实行不同的薪酬管理体制，容易造成制度矛盾，使职业经理人在工作中分散精力，难以聚精会神的工作，致使很多职业经理人不得不提前结束任期、辞职或被免职离开企业。

（三）选拔考察要素

选拔考察要素要反映或体现职业经理人的思想意识、专业知识、工作经验和工作业绩。对不同层级或不同专业领域的职业经理人，需要设置不同的选拔考察要素。

（四）选拔方法

选拔方法是指选拔职业经理人所采用的方法。一般包括定量分析方法、定性分析方法、挂职、锻炼。根据职业经理人担任职务和职位级别的不同，可选取不同的方法或方法组合。

1. 定量分析方法

定量分析方法就是设定考察要素，对考察要素进行命题，并赋予考察要素一定比重和分数的方法。根据考察对象的考察得分对选拔对象进行排序，分数较高的人员被列为重点考察对象。定量分析考察一般采用书面考试、考核的方式进行。

2. 定性分析方法

定性分析通常采用面试考核的方法，对经过定量分析且得分较高的考察对象进行面试。面试考核的范围比较广泛，可以根据选拔职位和岗位的需要，设定一些职业能力和职业素养试题对考察对象进行统一面谈，通过交流发现被考察对象的独特思维和专业能力，同时也让被考察者充分展示自己的能力和才华。通过定量和定性分析相结合的方法，基本上可以遴选出适合该岗位的人选。

3. 挂职

挂职是内部培养和定向选拔人才的方法，即使拟选用的人选到同等层次和级别的岗位进行一定时期的实际工作，考察该人选是否具有相应职位的资质水平，最终决定该人选是留在原岗位还是任职于新岗位。

4. 锻炼

锻炼就是选择一些拟选拔的人员到不同的工作领域或工作岗位进行工作，在工作中获取经验，达到拟选拔职位和岗位的素质和能力要求。锻炼适用于企业内部培养和选拔职业经理人。

对不同层级的职业经理人选拔应当采用不同的方法。

第一，高级职业经理人的选拔。高级职业经理人一般处于企业高级管理层次，主要负责企业全局决策，制定和贯彻企业战略方针。选拔这类人员，应重点考察选拔对象所具备的思想观念、职业经历、职业能力同其将要担任的职务的匹配程度。企业一般通过面试面谈对相关人员进行考核、考察，走访相关人员了解其工作经历、思想品质和职业经验，综合分析后确定人选。

第二，中级职业经理人的选拔。采用与拟任职位资质对标的方法对被选拔人员进行职业知识的书面考试，并通过面试面谈、走访调查等方式来选拔人选。

第三，可以采取职业知识的书面考试、面谈交流、基层工作业绩调查等方法考核初级职业经理人被选拔人员，综合分析后确定选拔人选。

（五）选拔程序

1. 确定对职业经理人的需求

企业应根据企业发展战略、企业组织结构调整、企业职业经理人才现状、企业经营管理对职业经理人才数量和结构的需求，进行综合考量，研究制定对职业经理人的需求计划。

2. 制定职业经理人选拔实施方案

企业要在职业经理人需求计划的基础上，制定职业经理人选拔实施方案。主要内容包括指导思想，选拔领导组织和工作组织，选拔职位或岗位职责与工作内容，资质或资格条件、报名条件，人选数量与确定方法，薪酬与福利待遇等；以及考试、考核、考察方法，试用期说明，报名地点、联系人与联系方式，时间时限等内容。

（六）任职决策

企业高级职业经理人的任职决策一般由企业的董事会、出资人确定，并发布聘用文件。

中级职业经理人，一般由高级职业经理人或由其授权的主管部门确定人选，并发布聘用文件。

初级职业经理人，一般由其所在工作单位报上级部门批准确定人选，由企业人力资源部门或业务部门发布聘用文件。

企业职业经理人选拔制度，由企业的董事会或其聘用委员会主持制定并发布实施。

二、职业经理人契约化管理制度

职业经理人契约化管理制度，是确定企业与职业经理人双方权利与义务，确认职业经理人地位，对职业经理人实施聘用任职、监督管理、考核评定、激励约束，确定任期期限与退出机制等有关事项的规范性文件，也是职业经理人行使权力，经营管理企业，获取报酬及福利待遇的基本机制和依据。

职业经理人契约化管理制度，是实行职业经理人聘任制、任期制和经营目标责任制的基础。聘任制改变了企业经营管理人员，特别是经理层高管人员的身份，是根据企业经营管理需要，通过市场选聘或内部竞聘方式聘任高级"雇员"，具有一定的聘用期限和聘用任务，聘期结束后双方权利与义务根据聘用协议自行解除。

职业经理人契约化管理制度，体现企业和职业经理人平等协商、双向承诺、诚实守信的精神，要求企业和职业经理人经过平等协商确定双方的权利和义务。企业赋予职业经理人管理企业的权力，职业经理人以自己的职业精神和专业能力，承诺经营管理企业承担的义务和完成任务的目标责任，并以契约的形式，由企业董事长和职业经理人签字确认。

职业经理人契约化管理制度包括三个重要文件：一是《企业职业经理人契约化管理实施方案》；二是《职业经理人聘用协议》；三是《职业经理人经营管理目标责任书》。

阅读专栏4-7 ××有限公司职业经理人选聘与管理暂行办法

第一章 总 则

第一条 为不断深化××有限公司（以下简称"公司"）人事制度改革，探索建立市场化选人用人机制，建立规范、科学的职业经理人管理模式，根据《中共中央 国务院关于深化国有企业改革的指导意见》（中发〔2015〕22号）、《中共湖北省委办公厅印发〈关于在深化国有企业改革中坚持党的领导加强和改进党的建设的实施意见〉的通知》（鄂办发〔2021〕46号）精神，结合公司实际，制定本办法。

第二条 本办法所称职业经理人指按照管理权限通过市场化选聘、契约化管理的中高层管理人员，包括经省委组织部、省国资委授权，由公司通过市场化招聘的公司经营班子成员，公司总监、部门负责人、所属企业经营班子成员等经营管理人员。

第三条 职业经理人选聘和管理遵循以下原则：

（一）党管干部原则；

（二）德才兼备、五湖四海、竞争择优原则；

（三）市场化选聘和契约化管理原则。

第四条 本办法适用公司及所属企业。所属企业按照管理权限，结合企业实际，可将企业发展需要的关键人才纳入选聘范围。

第二章 管理体制和职责分工

第五条 公司总监、部门负责人、所属企业经营班子成员或同职级的职业经理人的选聘方案按照管理权限由公司党总支部负责研究、制定，招聘结果报集团党委审定通过。其他层级的职业经理人的选聘方案由所属企业党组织负责研究、制定，并将选聘方案提交公司党总支部审核后实施，招聘结果报集团党委备案。

第六条 公司党政综合管理部负责职业经理人聘任、考核和管理的日常协调和组织实施工作。

第七条 公司党总支部和纪检监察部门要充分发挥其在选人用人工作中的领导和把关作用，严格把好职业经理人的政治关、品行关、廉洁关；负责监督职业经理人的履职行为，确保企业决策部署及其执行过程符合党和国家方针政策、法律法规。

第八条 审计风控部门负责做好职业经理人的合同审核和经济责任审计工作，纪检监察部门做好职业经理人遵纪守法鉴定和职业经理人选聘过程中的监督工作。

第三章　选聘条件

第九条　职业经理人应具备下列基本条件：

（一）具有较好的政治素质。加强中国特色社会主义道路，认同公司发展理念，具有强烈的事业心和责任感。

（二）具有履行岗位职责所必须的专业知识。熟悉国家有关政策法规与国内外相关市场、行业情况，有较为丰富的管理经验和较强的决策判断水平、经营管理水平、沟通协调水平和处理复杂问题与突发事件的水平。

（三）具有较突出的经营业绩。忠实履行岗位职责，全面出色地完成各项工作任务和生产、经营、管理目标，具有开拓创新精神和市场竞争意识，在同类岗位上取得过优良的工作业绩。

（四）具有较好的职业素养。遵纪守法，勤勉尽责，团结合作，廉洁从业，作风形象和职业信誉好。

（五）具有良好的心理素质和能够正常履行职责的身体条件。

第十条　职业经理人应当具备下列基本任职资格：

（一）具有八年及以上同类企业相关专业工作经历；

（二）具有同层级岗位任职经历，或在下一级别岗位上任职达到三年以上；

（三）具有相关行业从业资格证书；

（四）一般应具有高级职称或者硕士研究生及以上文化程度；

（五）一般年龄不超过男50周岁、女45周岁。

第十一条　特别优秀的或工作特殊需要的，可以不受上述第十条规定的任职资格限制。

第十二条　不同岗位职业经理人的具体任职资格条件、岗位要求、个性化条件等，由公司党总支部和所属企业党组织根据工作需要研究决定。

第十三条　凡具有违反《中华人民共和国公司法》、《中华人民共和国企业国有资产法》、《企业国有资产监督管理暂行条例》和集团相关管理规定不得担任高级管理人员情形的，或有违反有关党纪、政纪的，不得聘任为职业经理人。

第四章　选聘方式和程序

第十四条　公司或所属企业因工作需要，可根据新增职业经理人岗位或岗位空缺情况，适时开展职业经理人选聘工作。选聘职业经理人，可采取社会公开招聘、内部竞聘和委托人才中介机构推荐的方式进行。

第十五条　选聘工作一般包括以下程序：

（一）确定选聘工作岗位。根据管理权限，由公司党总支部确定市场化选聘的职位，明确岗位职责、任职资格条件等。

（二）审定选聘方案。由公司党政综合管理部制定选聘方案，经党总支部主要负责人审核后，报党总支部研究后上报集团党委审定。

（三）发布公告。对外发布招聘职位、岗位职责、任职条件及有关要求。

（四）资格预审。收集应聘人员信息，进行人员资格预审筛查（必要时增加笔试），确定面试（面谈）名单。

（五）面试（面谈）。通知应聘人员进行面试（面谈），面试（面谈）时要将岗位职责、绩效考核、薪酬水平与拟聘人进行沟通，根据面试（面谈）结果确定拟聘人选名单（面试前可视情况进行综合水平测试）。

（六）背景调查及专家评鉴。对拟聘人选做背景调查，查阅档案，核对应聘人信息。必要时，也可委托中介机构协助调查，然后将信息送相关专家学者进行评鉴。

（七）确定拟任人选。党政综合管理部将应聘人选相关情况和聘用建议报公司党总支部研究决定。

（八）履行聘任程序。上级党组织无异议后，由企业内部履行聘任程序，与聘任人选签订《聘用合同》。市场化选聘的高级管理人员，聘任前严格按照有关规定，履行个人事项报告重点抽查（体制外人员可免予核查，需签订诚信承诺书）、任前谈话等组织程序。

第十六条　对于需要引进的高层次人才、短缺专业人才等，可与人才中介机构签订委托协议，采取由其代为推荐的方式进行选聘。具体程序一般参照第十五条，其中的步骤（二）由中介机构完成。工作急需，人选成熟时，党政综合管理部报主要领导同意后，可适当减少相关程序。

第十七条　职业经理人实行契约化管理，具体由聘用合同、绩效考核办法、薪酬管理办法界定。职业经理人应自任职之日起与用人单位签订《聘用合同》和《经营业绩目标责任书》，分别明确聘任岗位、聘任期限、目标任务、劳动报酬、激励约束、退出办法等各项权利责任与义务。

第十八条　职业经理人不得在其他企业或社会团体兼职。因工作原因或特殊情况需要的，需经公司党总支部研究同意。

第十九条　集团系统内在职人员可平等参与职业经理人的公开招聘，并在同等条件下优先聘任。集团系统内在职人员被聘任为职业经理人的，须与原单位解除人事行政关系和劳动合同关系。

第五章　任　期

第二十条　职业经理人实行聘任制和任期制，每届聘任期限不超过三年。中途补充聘任的，任期至本届经营班子届满。任期届满，根据考核结果，由公司党总支部或所属企业党组织研究决定是否续聘，并按有关规定办理聘任或解聘手续。

第二十一条　初次聘任为职业经理人的，设立半年的试用期。试用期考核不合格的，解除聘用合同。

第六章　考核评价

第二十二条　职业经理人的考核分为试用期考核、年度考核和任期考核，主要考核职业经理人的经营业绩、工作目标完成情况、群众认可度、廉洁自律情况等。考核评价采取定量为主、定量与定性相结合的方式进行，综合运用陈述总结述职、业绩评定、调查核实、民主测评和360度综合评估等方法，做到实事求是、客观公正。

第二十三条　职业经理人的考核由公司党总支部或所属企业党组织领导，由党政综合管理部组织实施，试用期考核在试用期满当月或次月进行；年度考核一般在每年年底至次年年初进行，任期考核一般与第三年度考核合并进行。具体考核办法另行制定。

第七章　薪　酬

第二十四条　职业经理人实行年薪制。实行激励与约束相统一，薪酬与风险、责任相一致，与经营业绩挂钩的薪酬管理制度。

第二十五条　职业经理人年薪总额参照行业同等水平，结合所任职单位职位要求、企业规模、经营目标等实际情况，经协商一致确定。职业经理人年薪由基本年薪、绩效年薪和奖金构成。职业经理人具体薪酬、各项社会保险和相关福利的发放与管理办法另行制定。

第八章　职业发展

第二十六条　建立健全职业经理人学习培训制度，加强理论和业务培训，不断提升其履行岗位职责的水平。

第二十七条　鼓励和支持职业经理人参加有利于职业发展的在职学习。在不影响工作的前提下，积极为职业经理人参加相关学习和培训提供便利条件。

第二十八条　加强职业经理人后备人才库建设，建立后备职业经理人培训和认证制度。对于参加职业经理人相关学习培训并取得合格资质的内部在职人员，可在同等条件下优先聘为职业经理人。

第九章　退出机制

第二十九条　职业经理人实行退出机制。

第三十条　职业经理人有下列情形之一的，应当解除聘用关系：

（一）达到退休年龄界限的；

（二）任期届满未被续聘的；

（三）绩效考核结果未达到集团要求的；

（四）履职过程中对所任职企业有不诚信行为的；

（五）违法违纪或因工作需要，应当解聘的；

（六）其他原因应当解聘的。

第三十一条　职业经理人因个人或其他原因辞职的，可依据《中华人民共和国劳动合同法》和签订的《聘用合同》有关条款，提前30天向单位提出书面辞职申请，经集团党委同意后办理离职相关手续。未经批准的，不得办理离职手续。

第三十二条　职业经理人有下列情形之一的，不得提出辞职：

（一）重要项目或者重要任务尚未完成且必须由本人继续完成的；

（二）任期内发生相关责任问题尚未处理完毕的；

（三）其他原因不能立即辞职的。

第三十三条　职业经理人达到规定退休年龄且社保关系在集团的，应当按照有关规定及时办理退休手续。个别特殊岗位因工作急需，经公司党总支部研究同意后，可予以返聘。

第三十四条　职业经理人解除（终止）聘用关系的，一般应当与公司或所属企业签订《解除（终止）聘用合同》，解除劳动关系。特殊情况，经公司党总支部研究后确定。

第十章　纪律与监督

第三十五条　公司党委和纪检监察部门要加强对职业经理人贯彻执行党的路线、方针、政策、遵守党纪政纪和廉洁从业等情况的监督。

第三十六条　公司党政综合管理部要加强对职业经理人的日常监督和管理。加强以事前监督为主，通过考核评价、诫勉谈话、函询等方式实施管理和监督。

第三十七条　职业经理人在任期内，应依据规定进行常规审计，离任时应进行离任审计。

第三十八条　职业经理人应按照公司和所属企业有关回避制度规定，实行任职回避和公务回避。

第三十九条　职业经理人应严格执行请假制度。经营班子主要负责人休假需报上级部门审批，其他职业经理人休假需经营班子主要负责人同意，并报集团人力资源部备案。

第四十条 职业经理人应当严格遵守、履行《聘用合同》约定的权利义务，不得违法违规损害企业利益。

第四十一条 职业经理人离职或退休后，继续对原任职企业的商业秘密、核心技术、专利等负有保密义务，保密期限按照国家和原任职企业的规定执行。

第四十二条 建立职业经理人责任追究制度。职业经理人在履职期间应当维护企业国有资产安全、防止国有资产流失，不得侵吞、贪污、输送、挥霍国有资产和逃废金融债务。如有上述情形，将按照《国务院办公厅关于加强和改进企业国有资产监督防止国有资产流失的意见》（国办发〔2015〕79号）追究其责任；情节严重的，移交司法机关处理。

第十一章 附 则

第四十三条 公司所属企业市场化选聘职业经理人参照本办法执行。

第四十四条 本办法由公司党政综合管理部负责解释。

第四十五条 本办法自印发之日起执行。

阅读专栏 4-8 ××有限公司经理层成员任期制和契约化管理操作办法

为贯彻落实×××关于建立健全市场化经营机制、激发企业活力的决策部署，完善国有企业领导人员分类分层管理制度，更好解决三项制度改革中的突出矛盾和问题，有效激发微观主体活力，依据《"双百企业"推行经理层成员任期制和契约化管理操作指引》及相关法规，特制定此办法。

一、基本概念、范围和职责

（一）基本概念。经理层成员任期制和契约化管理，是指对企业经理层成员实行的、以固定任期和契约关系为基础，根据合同或协议约定开展年度和任期考核，并根据考核结果兑现薪酬和实施聘任（或解聘）的管理方式。

（二）范围。集团公司所属的成员企业。

成员包括：法人企业的总经理（厂长等）、副总经理（副厂长等）、财务负责人和公司章程规定的其他高级管理人员。

（三）职责。实施任期制契约化企业的出资人及其党组织、国有控股公司的控股股东及其党组织对推行经理层成员任期制和契约化管理工作发挥领导和把关作用。

建立董事会的实施任期制契约化企业的出资人及其党组织、国有控股公司股东及其党组织负责对相关工作方案进行审核把关；未建立董事会的，控股股东（出资人）及其党组织负责组织制定相关工作方案并进行审核把关，指导具体实施。

实施任期制契约化企业的党组织负责研究讨论相关工作方案和考核结果应用等重大事项。

实施任期制契约化企业的董事会负责组织制定相关工作方案、履行决策审批程序、与经理层成员签订契约、开展考核、兑现薪酬、聘任（或解聘）等。

（四）契约签订的主体。对于已建立董事会的实施任期制契约化企业，一般由董事会授权董事长与总经理签订《年度经营业绩责任书》和《任期经营业绩责任书》，总经理与其他经理层成员签订《年度经营业绩责任书》和《任期经营业绩责任书》。

对于未建立董事会或董事会不健全，可由出资人、控股股东代表与总经理签订《年度经营业绩责任书》和《任期经营业绩责任书》。总经理与其他经理层成员签订《年度经营业绩责任书》和《任期经营业绩责任书》。

（五）非经理层成员的董事会成员、党组织领导班子成员。由实施任期制契约化企业的出资人、控股股东及其党组织根据相关人员管理权限和企业领导人员管理有关规定，结合实际情况，综合研判后自行决定是否实施任期制契约化管理。

二、基本操作流程

（一）制定方案。实施任期制契约化企业应结合实际制定工作方案，方案一般包括以下内容：企业基本情况、背景和目的、任期制管理的主要举措、契约化管理的主要举措、监督管理的主要举措、组织保障和进度安排等。

（二）履行决策审批程序。方案制定后，实施任期制契约化企业应按照"三重一大"决策机制，根据公司章程或控股股东（出资人）及其党组织有关要求，履行相关决策审批程序。

（三）签订契约。根据实施任期制契约化企业董事会建设情况实际，由实施任期制契约化企业董事会（出资人或控股股东）与经理层成员签订岗位聘任协议和经营业绩责任书（年度和任期），依法依规建立契约关系，明确任期期限、岗位职责、权利义务、业绩目标、薪酬待遇、退出规定、责任追究等内容。

（四）开展考核。严格按照契约约定开展年度和任期经营业绩考核，强化刚性考核。

（五）结果应用。依据年度和任期经营业绩考核结果，结合综合评价结果等确定薪酬、决定聘任（或解聘），强化刚性兑现。

三、任期制管理相关环节操作要点

（一）任期管理。经理层成员的任期期限由实施任期制契约化企业的董事会（出资人或控股股东）确定，一般为两到三年，可以根据实际情况适当延长。

经理层成员任期期满后，应重新履行聘任程序并签订岗位聘任协议。未能续聘的，自然免职（解聘），如有党组织职务，原则上应一并免去。

（二）明确权责。实施任期制契约化企业应明确经理层成员的岗位职责及工作分工，合理划分权责界面。可以采用岗位说明书等方式，明确经理层成员的岗位职责和任职资格。也可以采用制定权责清单等方式，规范实施任期制契约化企业的董事会（或控股股东）与经理层、总经理与其他经理层成员之间的权责关系。

四、操作要点

（一）契约签订。

1. 经营业绩责任书。根据岗位聘任协议，签订年度和任期经营业绩责任书。经营业绩责任书一般包括以下内容：

（1）双方基本信息；

（2）考核内容及指标；

（3）考核指标的目标值、确定方法及计分规则；

（4）考核实施与奖惩；

（5）其他需要约定的事项。

2. 考核内容及指标。根据岗位职责和工作分工，按照定量与定性相结合、以定量为主的导向，确定每位经理层成员的考核内容及指标。年度和任期经营业绩考核内容及指标应适当区分、有效衔接。

3. 考核指标的目标值。目标值应科学合理、具有一定挑战性，一般根据企业发展战略、经营预算、历史数据、行业对标情况等设置。

4. 签约程序。一般由实施任期制契约化企业的董事会授权董事长与总经理签订年度和任期经营业绩责任书。董事会可以授权总经理与其他经理层成员签订年度和任期经营业绩责任书。未建立董事会的实施任期制契约化企业，由其出资人、控股股东确定相关签约程序并组织实施。

（二）考核实施。

年度经营业绩考核以年度为周期进行考核，一般在当年年末或次年年初进行。任期经营业绩考核一般结合任期届满当年年度考核一并进行。

考核期末，实施任期制契约化企业的董事会（出资人或控股股东）依据经审计的财务决算数据等，对经理层成员考核内容及指标的完成情况进行考核，形成考核与奖惩意见，并反馈给经理层成员。经理层成员对考核与奖惩意见有异议的，可及时向董事会（出资人或控股股东）反映。最终确认的考核结果可以在一定范围内公开。

（三）薪酬管理。

推行任期制和契约化管理不得变相涨薪、借机涨薪，可以结合企业经营业绩情况、市场水平及内部分配政策等因素，坚持业绩导向，按照增量业绩贡献决定薪酬分配原则，逐步实现市场化薪酬水平，重点形成强激励、硬约束机制，进一步强化"业绩升、薪酬升，业绩降、薪酬降"的薪酬管理模式。经理层成员按约定的薪酬方案取酬，可以执行公司已有的津补贴、年金、补充公积金等政策。

1. 薪酬结构。经理层成员薪酬结构一般包括基本年薪、绩效年薪、任期激励等。

（1）基本年薪是年度基本收入，按月固定发放。

（2）绩效年薪是与年度经营业绩考核结果挂钩的浮动收入，原则上占年度薪酬（基本年薪与绩效年薪之和）的比例不低于60%。

（3）任期激励是与任期经营业绩考核结果挂钩的收入。

鼓励实施任期制契约化企业综合运用国有控股上市公司股权激励、国有科技型企业股权和分红激励、国有控股混合所有制企业员工持股等中长期激励政策，探索超额利润分享、虚拟股权、跟投等中长期激励方式，不断丰富完善经理层成员的薪酬结构。

2. 薪酬兑现。实施任期制契约化企业应根据经营业绩考核结果，合理拉开经理层成员薪酬差距。年度考核不合格的，扣减全部绩效年薪。实施任期制契约化企业应根据有关规定建立薪酬追索扣回制度，在岗位聘任协议中予以明确并严格执行。

（四）退出管理。

1. 退出条件。实施任期制契约化企业应加强对经理层成员任期内的考核和管理，经考核认定不适宜继续任职的，应当中止任期、免去现职。一般包括以下情形：

（1）年度经营业绩考核结果未达到完成底线（如百分制低于70分），或年度经营业绩考核主要指标未达到完成底线（如完成率低于70%）的。

（2）连续两年年度经营业绩考核结果为不合格或任期经营业绩考核结果为不合格的。

（3）任期综合考核评价不称职，或者在年度综合考核评价中总经理得分连续两年靠后、其他经理层成员连续两年排名末位，经分析研判确属不胜任或者不适宜担任现职的。

（4）对违规经营投资造成国有资产损失负有责任的。

（5）因其他原因，董事会（出资人或控股股东及其党组织）认为不适合在该岗位继续工作的。

2. 退出方式。对不胜任或不适宜担任现职的经理层成员，不得以任期未满为由继续留任，应当及时解聘。

五、有关要求

（一）加强领导。为强化顶层设计，科学有序推进工作，成立推行经理层成员任期制和契约化管理领导小组。

领导小组办公室具体负责方案（办法）、责任书、说明书、权责清单、考核细则、审核办法等制订和审核，负责对没有建立董事会的公司进行考核，负责对建立董事会的子公司考核、结果运用进行审核和监督。

（二）明确主体。一是契约化任期制的企业对应的国有控股股东（出资人）及其党组织是权利主体，要发挥领导和把关的作用，特别是确定契约化的标准、规范程序、推荐人选等方面进行把关和最终决策任命；二是契约化任期制企业的党组织是领导主体，要会同董事会制定相关的方案和制度，并组织推荐、测试、考察等工作；三是契约化任期制企业的董事会是决策主体，负责组织制定相关工作方案和管理制度，组织开展选聘考察、决定聘任解聘，开展考核并且兑现薪酬。

（三）完善指标体系。一是红线目标，绝对不能触碰的红线占15%（安全指标、廉洁指标、责任指标）。二是战略目标，3~5年战略目标和考核标准占20%（战略重点工作目标达成、战略有效分解执行、系统建设与风险管控）。三是经营目标，经营相关指标占60%（决策指挥、计划预算与成本控制、人员组织与团队建设、管理制度流程标准、国资保值增值、营业收入、利润提升、资本回报率）。四是其他目标，如能力与素质目标，学习与能力提升、管理创新，占5%。

（四）细化制定安排。参照《"双百企业"推行经理层成员任期制和契约化管理操作指引》以及相关法律法规，实施任期制契约化企业按照公私分明、尽职合规免责原则，建立健全并细化相关工作机制的主体、标准、适用情形和工作流程，形成可落实可操作的制度安排。

（五）务实推进。通过明确任职期限、到期重聘、签订并严格履行聘任协议，打破领导干部"铁交椅"，增强经理层成员的任期意识，提升经理层成员的权责意识。任期期限、最多连任届数和期限等一经确定，不得随意延长。注重契约目标体系化，构建涵盖经济效益类、经营管理类、风控合规类、科技创新类、重点任务类等指标的考核体系。任期经营业绩考核重点关注价值创造、中长期发展战略、风险控制等内容。

（六）履职监督。始终坚持党组织对契约化任期制管理的全面领导和有效监督管理。实施任期制契约化企业应建立健全对推行任期制和契约化管理的经理层成员的监督体系，党组织、董事会、监事会等治理主体，以及纪检监察、巡视、审计等部门根据职能分工，做好履职监督工作。坚持以预防和事前监督为主，建立健全提醒、诫勉、函询等制度办法，及早发现和纠正其不良行为倾向。

三、职业经理人薪酬制度

职业经理人薪酬制度是企业经理人制度体系中重要的制度之一。薪酬是职业经理人把自身的人力资源同企业进行交换的价值体现，合理的职业经理人薪酬制度应当体现职业经理人的交换价值，激励职业经理人在企业充分发挥自身人力资源的价值，为企业实现增值做出贡献。

（一）职业经理人薪酬制度的设计原则

1. 体现职业经理人市场价值原则

职业经理人作为人力资源，具有独特的价值要素构成和使用价值。市场是衡量其价值的标尺，企业是发挥其使用价值的舞台。职业经理人才市场通过职业经理人资质评价，根据职业经理人才的供求变动，发现和确定职业经理人才的价值并形成价格。因此，企业制定职业经理人薪酬制度，应当充分运用职业经理人市场定价机制，以充分反映和体现职业经理人的市场价值。

2. 与职业经理人责任、业绩匹配原则

职业经理人同企业签署聘用协议和企业经营管理目标责任书，明确经营管理责任和要达到的企业业绩目标。薪酬是企业对职业经理人责任与业绩的购买价格。因此，企业制定职业经理人薪酬制度，应当遵循与责任、业绩匹配的原则，设计和确定薪酬结构与水平。

3. 鼓励贡献原则

企业制定职业经理人薪酬制度，应当充分发挥薪酬的激励功能，激发职业经理人的主动性、积极性和创造性，为企业乃至社会做出贡献。

（二）职业经理人薪酬结构体系

一般地，职业经理人的薪酬包括基本薪酬、绩效薪酬、中长期激励和福利。

1. 基本薪酬

基本薪酬是职业经理人年度基本收入，主要根据职业经理人担负的职责任务、企业经营规模、经营管理的复杂程度等因素综合确定薪酬水平。

2. 绩效薪酬

绩效薪酬是与职业经理人年度业绩考核评价结果相联系的收入，是职业经理人薪酬中浮动的部分。

3. 中长期激励

中长期激励主要是指对企业中长期发展做出贡献和在企业未来发展中具有关键作用的职业经理人实施的激励。中长期激励方式包括股票期权、股票增值权、限制性股票、虚拟股票、业绩股票激励等。

4. 福利

福利是薪酬的组成部分之一，是指工资、奖金之外的所有货币或非货币奖金报酬。其包括为职业经理人缴纳的基本养老保险、基本医疗保险等基本社会保险及缴存的住房公积金。另外，根据实际情况，企业可为职业经理人缴纳企业年金、购买补充医疗保险、制定培训计划等，有的企业还为职业经理人提供度假疗养福利。

（三）职业经理人薪酬管理

1. 贯彻党和国家政策方针

企业制定职业经理人薪酬制度，必须贯彻落实党和国家有关方面的政策方针。

2. 行业市场化薪酬调查分析

企业制定职业经理人薪酬制度，确定职业经理人薪酬水平，必须对职业经理人市场化薪酬状况进行调查分析，即对企业所处行业、同类规模、同职位岗位的职业经理人薪酬水平进行比较分析，考虑市场职业经理人薪酬平均水平，比较不同地域，不同职位的企业高级管理人员薪酬水平，并结合本企业发展战略和实际需要确定职业经理人薪酬水平。

3. 企业内部适应性分析

企业制定职业经理人薪酬制度，必须进行内部适应性分析，就是要对企业性质、企业规模与生命周期、企业文化、企业战略、企业治理结构等因素进行分析，同职业经理人进行匹配性对接，充分发挥薪酬制度对职业经理人的激励与导向作用。

阅读专栏4-9　××公司职业经理人薪酬管理办法

第一条　为积极稳妥推动××公司（以下简称公司）职业经理人改革，完善职业经理人薪酬分配体系，科学、客观、公正评价职业经理人的经营成果和业绩贡献，实现考核结果与薪酬分配协同联动，调动其积极性和创造性，促进公司高质量可持续发展，特制定本办法。

第二条　适用范围本办法适用于公司及子公司参与职业经理人改革的高级管理人员，具体包括总经理、常务副总经理、副总经理、总经理助理、董事会秘书等。

第三条　管理原则。

（一）业绩导向。以"保障基本，鼓励先进，增量分享"为原则，以业绩与薪酬双对标为导向，进一步强化"业绩升、薪酬升，业绩降、薪酬降"的薪酬管理模式，逐步实现市场化薪酬水平。

（二）内部公平性。以岗位对公司所承载的职能，以及管理的幅度为依据，充分考虑经营性岗位和管理性岗位的全面性和局部性差异，确保薪酬标准的内部公平性。

第四条　薪酬结构。

（一）职业经理人薪酬由基本年薪、绩效年薪、任期激励等部分构成。

年度标准薪酬总额由公司根据市场薪酬水平、岗位市场竞争程度、管理幅度及岗位所需的能力素质水平等因素综合确定，具体由基本年薪和绩效年薪构成，原则上绩效年薪基数为基本年薪的1.5倍。

基本年薪按月发放。职业经理人副职成员的基本年薪标准在相应正职人员基本年薪的80%以内确定。

绩效年薪与职业经理人年度绩效考核结果挂钩，包括年度考核绩效年薪、利润总额超目标奖励、专项奖励。

任期激励与任期绩效考核结果相挂钩，在任期考核后分期兑现。

（二）职业经理人副职成员的绩效年薪标准值分配系数应结合个人岗位职责、任务分工，在相应职业经理人正职人员的50%~90%倍之间综合确定，并根据岗位职责分别签订年度经营业绩目标责任书，根据考核结果实施兑现。

其中，各岗位绩效年薪分配系数区间见表4-6。

表4-6　各岗位绩效年薪分配系数情况

序号	岗位	职级	考核绩效年薪系数
1	总经理	正职	1
2	常务副总经理	副职	0.8~0.9
3	副总经理	副职	0.6~0.8
4	总经理助理	副职	0.5~0.7
5	董事会秘书	副职	0.5~0.6

第五条　薪酬管理。

（一）职业经理人薪酬实行"月度预支、年度结算、任期兑现"，即基本月薪按月度发放、年度绩效考核年薪在年度考核结束后结算兑现、利润总额超目标奖励和专项奖励根据奖励类别对应发放时序进行兑现、任期激励在任期满后依据任期考核结果兑现发放。为保障参加改革后基本工资月发放额不下降，经公司董事会研究，可给予职业经理人绩效年薪标准30%以内的月度预支额度。

（二）个人所得税、社会保险、住房公积金等个人缴纳部分由薪酬发放单位代扣。

（三）市场化引进的职业经理人薪酬可以在工资总额中单列。

（四）职业经理人实施年薪制管理，不得再从公司（包括兼职公司）领取任何货币性收入，包括各种奖金、津贴和补贴、加班工资、特殊情况下支付的工资及其他福利性货币收入等，政策允许的改革性津补贴除外。

（五）不得为职业经理人购买商业性补充养老保险。

（六）本人原因任期未满离职的，不进行当年绩效年薪兑现与任期激励兑现，重大身体健康原因除外；非本人原因任期未满离职的，根据任期考核评价结果并结合本人在岗实际任职时间发放当年度绩效年薪与相应任期激励。

第六条　薪酬计算及支付。

（一）绩效年薪计算及兑现。

1. 年度考核绩效年薪＝绩效年薪基数×发展浮动系数×年度考核绩效得分/100

（1）绩效年薪基数与发展浮动系数挂钩。次年绩效年薪基数以上年度实际执行的（绩效年薪基数×发展浮动系数）确定。

（2）发展浮动系数根据年度利润总额目标值与基准值增幅比计算确定。发展浮动系数共设四档：

目标值低于基准值的系数为 0.9；

目标值等于基准值的系数为 1；

目标值与基准值相比增幅为 5%~10%（不含）的系数为 1.05；

目标值与基准值相比增幅为 10% 及以上的系数为 1.1。

利润目标值为负数或考核要求为减亏的企业，系数最高不超过 1.05。

年度利润总额未完成考核目标的，以实际完成值计算发展浮动系数。

2. 利润总额超目标奖励。

（1）完成年度利润目标且经营业绩其他项指标考核得分不低于基础分的 90%，对超额完成的利润部分可按一定比例计提超目标奖励，奖励金额分类分段计提，比例见表 4-7。

表 4-7　利润总额超目标奖励计提比例

利润总额目标值	利润总额超额比例区间	计提比例
5000 万元及以上	目标值<完成值≤目标值的 105%	5%
	完成值>目标值的 105%	9%
5000 万元以下	目标值<完成值≤目标值的 105%	3%
	完成值>目标值的 105%	6%

（2）利润总额完成值、目标值原则上须与年度财务预算口径一致。利润总额超目标奖励计算基数和完成数须同口径扣除固定资产处置、股票公允价值变动、重大股权出售、政府政策性补贴等非经常性收益。

（3）利润总额超目标奖励优先用于奖励参与职业经理人改革的成员。其中参与职业经理人改革的总经理分配比例按照市国资委相关改革指引执行，其他职业经理人成员由公司根据其岗位职责、年度目标任务及考核结果确定具体分配方案，分配比例不高于总经理分配比例。

（4）职业经理人的个人奖励金额最高不超过年度个人考核绩效年薪。未参与改革的其他高级管理人员个人奖励金额最高不超过年度基本年薪标准，且不高于职业经理人副职成员的平均分配值的80%。

（5）利润总额超目标奖励分两期发放，年度考核后兑现70%，剩余30%在任期考核后兑现，其中任期内第三年利润总额超目标奖励的30%与任期激励第二期兑现同步发放。

如公司在发放超目标奖励后的一年内，利润指标出现大幅下降，公司可根据主客观因素分析，经公司董事会研究后酌情扣减未兑现的利润总额超目标奖励。

（6）不适用于利润总额超目标奖励的情形：

当年利润总额亏损或公司累计可分配利润为负的。

过往利润指标波动巨大不便于准确设定年度和任期利润指标的。

3. 专项奖励。

职业经理人在考核期内完成重大攻坚克难工作，或完成对公司发展具有重大影响的工作任务的，可由公司董事会审定后给予专项奖励。

4. 其他说明。

年度综合考评为"不称职"的，不得领取绩效年薪；综合考评为"基本称职"的，扣减不低于30%的绩效年薪。

（二）任期绩效计算及兑付。

1. 任期激励计算。

任期激励＝任期起始年度年薪标准×任期绩效考核得分/100×任期激励系数×3。任期激励系数为15%。

2. 任期激励兑现。

（1）任期激励在任期结束后分两年（各50%）兑现发放，具体发放时间以公司通知为准。

（2）任期绩效考核得分低于70分的，不予兑现任期激励。

（3）任期实施过程中申报调减任期考核目标任务且获得批准的，任期激励兑现额扣减20%。

（4）任期国有资本保值增值率目标值低于100%，任期完成情况比期初有改善但仍在100%以下的，任期激励系数为14.25%。任期完成情况比期初没有改善的，任期激励系数不高于12%。

（5）任期综合考评为"不称职"的，不得领取任期激励收入。任期综合考评为"基本称职"的，扣减不低于30%的任期激励兑现额。

（6）任期内各年度考核中涉及否决事项处理的，根据公司职业经理人绩效考核办法及公司相关管理规定，经公司董事会研究，运用于任期激励兑现。

第七条 监督管理。

（一）建立重大事项报告制度。职业经理人分管范围发生重大生产安全和质量事故、重大环境污染事件、重大资产损失、重大法律纠纷案件、重大投融资和资产重组等，对综合业绩产生影响的，应及时向公司报告。

（二）加强对职业经理人薪酬情况的监督检查，健全内部监督和信息公开制度。

（三）有下列情形之一的，根据具体情节，在予以扣分处理的基础上缓发或扣发或追索扣回职业经理人的绩效年薪或任期激励；情节严重的，给予纪律处分或对职业经理人进行调整；涉嫌犯罪的，依法移送司法机关处理。

1. 存在违规自定薪酬、兼职取酬、享受福利性待遇或超标准发放薪酬、福利、津贴等行为的。

2. 违反《中华人民共和国会计法》《企业会计准则》等有关法律法规规章，虚报、瞒报财务状况的。

3. 违反相关国家法律法规、党风廉政建设规定、国资监管规定和公司章程，以及未履行或未正确履行职责，导致重大决策失误、重大生产安全和质量责任事故、重大环境污染责任事故、重大违纪和法律纠纷案件，给公司造成重大不良影响或造成国有资产损失的。

（四）职业经理人因违纪违规、违反相关政策规定受到党纪、政纪、法律处理的，根据实际状况，经公司董事会研究，减发或全部扣发当年度绩效年薪，情节严重的扣发任期激励。

第八条 其他。

本办法经董事会批准后试行，《××公司高级管理人员薪酬考核办法》同步废止。

四、职业经理人绩效评价管理制度

职业经理人接受企业聘任并被赋予企业经营权，开展企业经营管理工作，对企业经营成果负有直接重要责任。企业必须建立绩效评价制度，对职业经理人的关键责任、组织目标完成情况进行定期动态性评价，将其评价结果作为兑现薪酬、晋升和续聘、退出的重要依据，同时也为企业建立和完善职业经理人制度提供支持。

职业经理人绩效评价管理制度包括五方面内容。

（一）评价主体

在现代公司治理结构体系中，董事会授权职业经理人实施经营管理权，开展企业经营管理活动，并对其实施监督和控制。董事会必然是考核和评价职业经理人的责任主体，领导和主持对职业经理人的评价组织实施工作。在多层级和事业部制企业中，对相应层次和部门职业经理人的评价工作，则应该由聘任主体领导和主持相应层级和部门职业经理人的绩效评价工作。在实践中，针对企业法人层面职业经理人的评价，由企业董事会主持，具体评价的实施执行则由董事会、薪酬与考核委员会承担。

（二）评价指标体系

科学设计职业经理人绩效评价指标，应当紧密联系职业经理人的职责、企业经营与发展战略导向、职业经理人个人能力贡献等方面，综合设置。主要指标包括：考核期内企业经营业绩指标、企业持续发展业绩指标、职业经理人个人素养和能力指标、个人贡献指标。

（三）评价方法

总体上，采取定量定性分析与结构分析相结合的方法，建立考核评价模型，运用综合分析方法，对职业经理人考核期内的业绩得出总体结论；运用重点分析法，找出职业经理人的优势优点和短板弱项。通过评价，使职业经理人能够总结经验，克服弱项和缺点，找出努力和发展的方向。

（四）评价流程

职业经理人业绩评价，是职业经理人聘任评价主体同职业经理人之间的一种工作沟通制度，两者之间应当对评价达成高度的认同，由双方协商评价方案，确定评价流程。评价流程主要包括：

（1）研究制定评价实施方案；

（2）成立评价领导组织和执行机构；

（3）部署评价工作；

（4）评价实施，综合分析评价资料和数据，形成评价报告和结论；

（5）董事会或企业领导机构研究讨论评价报告和结论，批准评价报告和结论。

（五）评价结果的运用

董事会或企业领导机构，根据评价报告和结论，对职业经理人实施评价兑现，包括薪酬福利兑现、职位和岗位调整、聘任调整、工作改进等。

五、职业经理人监督管理制度

职业经理人受委托经营管理企业，这存在着代理风险，也存在着经营管理过程中的经营管理风险，企业应当建立职业经理人监督管理制度，防范职业经理人的代理风险，帮助职业经理人减少和避免经营管理风险。

（一）监督主体及其责任

对职业经理人的监督，包括企业内部监督和外部监督。

1. 企业内部监督主体及其责任

企业内部监督包括董事会监督、监事会监督、企业职能部门监督。

（1）董事会监督。

董事会对职业经理人的监督主要包括两个方面。

①业绩监控。董事会对职业经理人的业绩实施监控，主要是除了通过职业经理人业绩报告来评估职业经理人业绩外，还要通过实际调查、对比行业优秀企业、形势分析、企业未来发展潜力预测评估等形式对职业经理人实施必要的业绩监督，并对职业经理人提供建议报告，确保职业经理人行为同企业和股东利益保持一致。

②对职业经理人实行工作计划和决策行为实施监督。董事会应定期或根据需要听取职业经理人管理层工作汇报，检查企业经营管理工作，就公司重大事项提出质询，督促检查职业经理人落实股东（大）会、董事会经营工作计划及目标的实施情况；应该对职业经理人的经营风险等进行识别，并进行监督和监控。董事会下设的审计委员会应负责企业内部控制的监督、审查、审计工作，对企业经营管理和业务运作的合法合规性进行监督检查。

（2）监事会监督。

监事会依法对高级管理人员执行企业职务的行为进行监督。其主要包括定期检查企业财务；对职业经理人执行企业职务行为进行监督；对违反纪律、行政法规、公司章程或者股东会议的职业经理人提出罢免的建议；对损害企业利益的职业经理人，要求其予以纠正；如果职业经理人违反纪律、法律法规或者企业章程的规定，损害股东利益的，监事会可以对其提起诉讼等。

（3）企业职能部门监督。

企业职业经理人监督管理制度，应当根据工作职能需要和企业经营管理程序，明确企业内部审计、纪律监察、法务、财务等部门的监督职责。加强内部流程控制，建立审计部门向董事会负责的工作机制，防止职业经理人权力滥用和误用。要求职业经理人按照有关规定和要求，向有关部门如实申报个人有关事项；对职业经理人依据有关规定进行常规审计、任期审计、离任审计；要求职业经理人按照有关规定实行任职回避和公务回避等。

2. 企业外部监督

企业外部监督包括行业监管机构监督、巡视监督、信息披露监督、社会舆论监督等。

（1）行业监管机构监督。

行业监督管理机构的监督主要体现在对职业经理人的任职资格、准入和退出方面，对职业经理人违法违规经营成果进行处罚。企业应在此基础上完善内部监督管理。

（2）巡视监督。

企业应当利用外部纪检监察监督和巡视机制，加强和规范对职业经理人廉洁从业、行使权力的监督，并把这些监督规范纳入企业职业经理人监督管理制度中。

（3）信息披露监督。

企业职业经理人监督管理制度应当将企业信息披露制度纳入其中，利用信息披露制度加强对职业经理人的监督管理。

（4）社会舆论监督。

企业职业经理人监督管理制度应当利用和发挥社会舆论监督的作用，实施对职业经理人的监督管理。

（二）监督管理的内容

对职业经理人实施监督包括履职行为监督、过程控制监督、违法监督，以及责任追究。

1. 履职行为监督

对职业经理人履职行为的监督，包括对职业经理人能否胜任职位和岗位工作，能否执行落实董事会决议等方面的监督。

2. 过程控制监督

对职业经理人实施过程监督，就是对职业经理人经营管理过程和决策过程实施必要的监督，提高监督的及时性和有效性。

3. 违法监督

对职业经理人的违法监督，是指对职业经理人贯彻法律法规、党和国家政策方针等方面的监督，检查其是否存在违法的行为。

4. 责任追究

责任追究是对职业经理人监督的主要内容，也是监督管理的主要手段和方法。责任追究是指对职业经理人实施履职行为监督、过程监控和违法监督，对发现的不作为、违纪违法情况，进行责任的划分和确定，根据责任性质和造成的不良后果的程度，对职业经理人实施问责、追责，并做出相应的处理决定或提出处理建议，提交有关机构和部门实施相应处理、处分措施。

（三）监督机制

1. 强化和落实主体责任

职业经理人监督管理制度要突出明确监督主体的责任，即要把监督事项落实到企业董事会、企业监事会、企业职能部门，承担其监督职业经理人的职责。要将外部监督引入企业内部，做到内部监督和外部监督的有效结合，真正把监督责任落到实处。

2. 提高职业经理人接受监督的自觉性和主动性

职业经理人监督管理制度要明确要求职业经理人应自觉接受监督，主动接受监督，这是职业经理人的职业要求，也是职业经理人履职的内在机制。职业经理人应按照规定向董事会、监事会、职能部门等有关监督机构报告工作，并自觉接受有关质询，确保自己的履职行为处在有效的监督和监控之中，尽可能避免出现监督漏洞。

3. 规范监督程序

职业经理人监督管理制度要规定职业经理人监督管理的实施程序，实现监督管理的科学化和规范化。要规定监督主体实施监督的组织领导方式，落实监督人员的职责，制定监督的事项清单，明确监督的方法与步骤、监督报告撰写、监督意见反馈、监督整改与监督结果运用等方面的内容及监督时限要求，做到监督有据、有序、有效。

4. 监督结果运用

职业经理人监督管理制度要明确监督结果的运用范围、运用形式及方法。其具体内容包括运用监督结果，要求职业经理人纠正不当甚至错误的履职行为和方式，采取有效措施改进职业经理人经营管理内容，提高经营管理活动绩效，完成履职和企业目标；对职业经理人进行任职告诫，调整职业经理人任期、续聘、免职、中止或终止聘任等；对职业经理人进行任期综合评价和聘期结束退出综合评价；兑现职业经理人薪酬福利等。

5. 加强企业党组织对职业经理人的监督

国有企业应注重建立和完善党组织对职业经理人的监督工作体系，对职业经理人履职行权实施重点监督管理，强化对职业经理人廉洁从业、行使权力的监督与约束。做到党内监督与企业董事会或出资人监督、审计等专业职能监督、职工民主监督有机结合，增强企业综合监督合力。

六、职业经理人职业信用管理制度

企业所有者聘请职业经理人，都希望聘请职业诚信优良、具有良好职业素养和职业能力的职业经理人接受委托。这些高素质职业经理人忠诚于职业，维护企业及相关者的利益，抵制违法和利用自身地位和信息优势获取私利的不道德行为，尽自己所能经营管理企业，实现企业的目标。在选拔职业经理人的过程中如何了解和掌握职业经理人的职业诚信状况，找到合适的人选；以及在聘任后，如何了解和掌握职业经理人履职过程中的诚信状况，这就要求建立并实行职业经理人职业诚信管理制度，实现对职业经理人职业诚信的管理。

（一）职业经理人职业信用内涵

职业经理人职业信用是指职业经理人受聘于企业，根据聘用契约担任企业经理职务，在履行职业行为过程中所表现出来的关于职业道德、职业技能和各个方面素质的综合记录和评估，突出强调履行聘用契约、对工作所负责任的承诺实现程度和效果。

其主要包含两个方面的内容：一是个人信用，即职业经理人作为自然人，在社会信用方面的表现。个人信用是职业经理人获取聘任资格和担任企业经理职务的基础。二是作为职业经理人在履行职务行为过程中的信用记录，这是评估职业经理人是否诚实守信，是否忠于企业出资人和企业，保障出资人利益和企业利益的核心内容之一，也是决定职业经理人是否能够续聘的重要因素，还是职业经理人市场评估职业经理人资质的重要方面。

（二）职业经理人职业信用管理

职业经理人职业信用管理是利用职业信用管理技术和方法对职业经理人的职业信用信息进行收集、分析、评估、应用，以降低职业经理人聘任和职业经理人履职过程中的风险，帮助职业经理人提高自身职业信用的管理活动和过程。

对职业经理人实施信用管理，具有四个方面的重要作用：

（1）提高职业经理人群体的职业化水平和职业经理人个人信用及职业素养；

（2）为企业和出资人选聘职业经理人提供重要依据；

（3）激励和约束职业经理人信守承诺，规范和优化其履职行为；

（4）促进企业加强信用体系建设，提高企业信用水平。

（三）职业经理人信用管理的体系结构

1. 制度建立和实施主体

职业经理人职业信用制度是人力资源管理制度的一部分，需要国家层面提供法律保障、政策指导和支持。企业是职业经理人的需求方，职业经理人是供给方，需要社会第三方对职业经理人职业资质做出公平公正的评价。因此，具有公信力的第三方，是职业经理人职业信用管理制度建立并实施的主体之一。企业作为职业经理人的聘任主体，需要提供有关职业经理人职业信用的具体事实资料和评估，也应当参与职业经理人职业信用管理制度的建设。

2. 职业经理人职业信用标准

职业经理人职业信用标准，是指由具有公信力和权威性的组织机构制定并颁布，在标准适用范围的组织或个人共同使用和遵守的关于职业经理人职业信用要素和信用管理的规范性文件。

职业经理人职业信用标准包括职业经理人职业信用要素、征信途径、评价标准和方法流程、信用信息管理和应用等方面的内容。职业经理人的职业信用要素，通常包括个人基本情况、职业素养、职业能力、行为规范执行表现等内容。

3. 职业经理人职业信用信息征集系统

职业经理人职业信用征集系统，由第三方中介机构开展征信业务，以国家机关及事业单位、企业雇主、社会组织、职业经理人作为征信系统的主要信息来源，依法采集、整理、保存、加工整理职业经理人职业信用信息。

职业经理人职业信用信息包括三个基本方面：

第一，社会信用记录，是职业经理人在参与社会活动中的有关信用情况的记录。

第二，企业职业信用记录，是职业经理人接受企业聘用期间，在履行职业经理人职务过程中，有关遵守契约、违反契约的记录。

第三，职业经理人申报的职业信用信息，是职业经理人申请参加职业信用评价所提供的职业信用记录及其证明文件、资料等。

（1）职业经理人职业信用信息记录系统。

职业经理人职业信用信息记录系统是指职业经理人职业信用档案；是对连续的、可查询的职业经理人职业信用情况的记录和保存文件体系，包括纸质档案文件和电子信息网络存储记录的文件。

（2）职业经理人职业信用评价系统。

职业经理人职业信用评价是指职业经理人职业信用评价机构对职业经理人职业信用信息记录，根据职业经理人职业信用评价标准，运用一定的评价方法和手段，对职业经理人职业信用做出定性或定量评价结果的活动和程序。

职业经理人职业信用评价系统，基本上由人工评价系统和信息网络技术评价系统组成。包括评价领导组织、专业及专家系统、评价调查系统、评价实施系统、评价汇总系统、评价反馈系统、评价查询系统等。

（3）职业经理人职业信用信息服务系统。

职业经理人职业信用信息服务系统，主要由职业经理人职业信用查询系统、信息发布系统和信息反馈系统组成，包括信息查询、发布权限设置与授予、服务质量保障等机制。应当建立风险防范、信息安全、权益保护等制度，充分发挥职业经理人职业信用制度和机制在职业经理人选拔、培养、任用等方面的作用，促进职业经理人职业信用资质的不断提升。

（四）职业经理人职业信用管理制度的功能和作用机制

1. 守信激励机制

守信激励机制主要包括三个主要方面：一是将职业信用作为选拔聘用职业经理人的重要资质条件。企业在聘用、培养职业经理人时优先考虑职业信用口碑好、等级高的人选。二是企业可在任期内对职业信用表现好的职业经理人给予表彰奖励。三是给予职业信用良好的职业经理人社会荣誉，使职业经理人获得更好的市场口碑。

2. 失信惩戒机制

失信惩戒主要包括建立职业经理人失信黑名单，使严重失信者退出职业经理人市场；公布职业经理人失信举报途径，形成对职业经理人失信行为的威慑力，提高职业经理人的失信成本；建立职业经理人职业信用联合奖惩机制，通过职业经理人职业信用管理平台共享职业信用信息，公开对失信者的惩罚，对整个职业经理人体敲响警钟。

3. 信用修复机制

信用修复就是对于职业信用记录出现瑕疵的职业经理人，允许其在信用管理机构的帮助下，通过采取主动纠正失信行为的措施，恢复个人信用，通过规定的审核和评价后，获准移除失信黑名单等。

4. 信用教育培养机制

信用教育培养就是对职业经理人进行职业信用意识、职业能力和职业素养的教育培训，引导职业经理人提高职业信用素养，引导全社会关注职业经理人的职业信用，营造支持职业经理人遵守职业信用的良好社会环境。

（五）职业经理人职业信用管理制度的实施

1. 规划建设全社会统一的职业经理人职业信用管理平台

中国职业经理人协会承担全国职业经理人自律管理职能和任务，应由其牵头规划建立全国职业经理人职业信用管理平台，利用专业手段和先进互联网技术，有效记录职业经理人有关资质、职业信用和职业生涯信息，为企业和职业经理人提供服务。

2. 加强职业经理人职业信用评价体系建设

贯彻执行职业经理人职业信用制度，职业经理人评价是"牛鼻子"，要紧紧抓住信用评价这个关键，制定职业信用评价机制、评价标准和评价方法；要培养职业经理人职业信用评价专家队伍，充分利用现代互联网信息技术，不断提高评价质量。

3. 提高职业经理人职业信用管理的科学性和规范性

科学性，就是要贯彻"实事求是"的思想，收集的职业经理人职业信用信息和资料要有客观事实依据，评价标准要充分反映企业选人用人的需求，要提高信用管理的适用效果。规范性，就是要做到依法管理、合规运行、程序合理，不断提高管理的专业化水平。

第六节　职业经理人市场

职业经理人市场是指按照市场规律进行职业经理人这种特殊的人力资源使用权的交易关系总和，是职业经理人制度建立和运行的重要基础。

一、职业经理人市场参与主体

（一）市场供应方

职业经理人才市场供应方包括四个主体。

1. 职业经理人才

职业经理人才是职业经理人市场的供应方。职业经理人才是指具备职业经理人职业资质的专业人才，他们向市场提供职业资质并进行交易谈判，形成职业经理人人力资源交易价格。

2. 职业经理人才代理人

职业经理人才代理人是受职业经理人才委托，代表职业经理人进行市场交易谈判，寻求职业经理人聘用岗位或职位的人。他们推荐职业经理人才，是重要的职业经理人市场中介供应方。

3. 职业经理人培养培训机构

这类机构按照职业经理人职业资质培养培训职业经理人才，向职业经理人市场推荐人选，是职业经理人市场重要的供应方。例如，高等学校通过 MBA 教育、举办职业经理人资质培训班职业经理人市场推荐人选。

4. 企业

企业是职业经理人才"干中学"的主要培养锻炼基地，是职业经理人市场主要供应的来源地。

（二）市场需求方

企业是职业经理人市场的需求方。企业生产经营与管理需要大量不同层级不同专业类型的职业经理人才，它们根据企业实际需要，提出与之匹配的资质资格条件并到市场上选拔和聘用职业经理人。

（三）中介服务组织

中介组织是为职业经理人市场交易活动提供服务的机构，包括猎头公司，人才服务中心，以及人事代理、人才评价、人事保险、薪酬管理等方面的服务机构。这些机构为职业经理人和企业建立起交易与服务的桥梁，为他们提供咨询、推荐、交流、谈判签约及任职、辞职、退出企业等方面的服务，是职业经理人市场的重要参与者。

（四）监管者

职业经理人市场监管者主要是政府或政府授权的社会组织机构。国家和政府通过制定法律、行政法规对职业经理人市场进行指导、监管。授权的社会职业经理人管理机构应当充分发挥专业化监管职能，确保职业经理人市场依法依规健康发展，有序运行。

二、职业经理人市场机制

（一）职业经理人薪酬定价机制

职业经理人薪酬定价机制，主要体现在职业经理人价格即职业经理人薪酬的形成机制。职业经理人才如果供应充足，则会造成职业经理人之间的职位竞争，从而降低薪酬；如果企业对职业经理人的需求增加，则会提高薪酬。职业经理人供给和企业需求会通过市场竞争形成一条职业经理人薪酬参考水平，职业经理人薪酬将会围绕这个水平上下波动。

（二）优胜劣汰机制

职业经理人市场优胜劣汰机制表现在两个方面：一是对职业经理人的优胜劣汰，即在职业经理人市场上，企业可以通过对职业经理人才资质的评价鉴定，挑选与自己企业匹配的人才，选取能力强、诚信良好的职业经理人；那些资质水平一般、职业诚信评价存在重大缺陷的职业经理人，不会得到企业的聘用，从而被市场淘汰。二是对企业的优胜劣汰，即在充分竞争的职业经理人市场上，那些发展前景好、提供的薪酬水平高、信誉好的企业，是职业经理人求职竞争的对象，这些企业能聘用到资质水平高、职业信誉好的职业经理人，从而提高企业的经营管理水平和持续发展能力；那些不能在职业经理人市场上聘用到高水平的职业经理人的企业，其经营管理水平和市场竞争力难以提高，甚至被市场淘汰。

（三）激励导向机制

职业经理人市场激励导向机制，是指职业经理人市场可以对职业经理人起到激励和导向的作用。通过市场定价和优胜劣汰的选择配置机制，可以激励职业经理人不断地通过学习培训和"干中学"提高自身的职业资质水平和市场竞争力，以获取较高的薪酬。利益分配可以对职业经理人起到导向作用，引导职业经理人提高职业信用水平，诚实尽责履职，兑现承诺。

（四）约束规范机制

职业经理人市场的约束规范机制，是指职业经理人市场能够对职业经理人起到约束规范的作用。职业经理人市场通过公布职业经理人职业资质水平、职业信用和职业业绩等情况，形成对职业经理人强大的社会舆论和市场监督，约束职业经理人行为，使其注重职业信用，规范履职行为。

三、职业经理人市场功能

（一）职业经理人才配置功能

职业经理人市场运用市场机制连接职业经理人才供需双方，为职业经理人才"求职"服务，为企业选择职业经理人才提供"择人"服务，实现职业经理人和企业的合理匹配。其配置形式主要包括招聘、公开选拔、猎头服务等。

（二）职业经理人才开发功能

企业将职业经理人聘用条件和要求在市场上发布，同时职业经理人才按照市场需求信息，自我学习锻炼、参加各种形式的培训，不断地提高适应市场和企业需求的能力。

（三）提供"择人求职"服务功能

职业经理人市场最主要也是最重要的功能就是围绕"择人求职"提供不同形式的服务，为企业"找人、选人、用人"，为职业经理人"寻职、求职、就职"提供全方位、全链条的服务，创造良好的市场环境。

（四）职业经理人队伍治理功能

职业经理人市场是国家对职业经理人队伍实施治理的重要载体。国家通过建立规范有序的职业经理人市场管理制度，实现对职业经理人才资源的管理。职业经理人市场可以实现职业经理人同企业对等谈判，达到自身利益最大化；还可以通过建立职业经理人和企业的市场"口碑"和市场"品牌"，实现对职业经理人才队伍的治理。

四、职业经理人市场建设

（一）合理规划建设职业经理人市场组织结构体系

职业经理人市场建设的原则是实现职业经理人才市场化。总体上，要建立全国统一的职业经理人市场，形成专业市场、区域市场、重点市场，以及线上市场、线下市场相互有机融合的组织体系和运作机制。

（二）运用现代网络信息技术建设市场运作平台和用户终端

职业经理人市场是有关职业经理人信息数据和企业信息数据的收集、整合、发布、运用、反馈的结合，要充分运用现代网络信息技术，建设职业经理人信息库、企业信息库等平台体系以及平台技术支持体系、用户应用终端，建立平台运作运行标准体系、用户终端支持和运用机制等。

（三）建立职业经理人市场管理制度体系

1. 建立职业经理人市场相关政策法规

要适应职业经理人才市场化管理的需要，加强有关职业经理人市场的法规建设，制定有关职业经理人市场流动、人事档案管理、人才争议仲裁等政策法规。

2. 建立职业经理人市场运行和管理的制度体系

要按照科学化、规范化、程序化的要求，建立职业经理人市场运行和管理制度体系，包括市场运行制度、市场治理和管理制度、市场准入制度、市场主体行为管理制度、市场业务管理制度、市场财务管理制度、市场人力资源管理制度等。

阅读专栏 4-10　中国职业经理人协会职业经理人才队伍市场择人求职信息对接服务的内容

职业经理人才队伍择人求职服务，是职业经理人市场的核心功能和业务，主要包括下列主要内容。

一、信息的采集审核

（一）职业介绍供给方信息的采集。

入评人员、求职人员和从职人员的人才资质评价信息来自于职业经理人才资质社会认定系统。

（二）职业介绍需求方信息的采集。

1. 职业经理人的需求信息来自企业、职业中介机构、行使政府出资人职能的特设机构及政府设立的公共就业服务机构等。

2. 中职协设立的职业经理人才资质评价体系提供的企业出资人评价系统的相关信息。

3. 其他相关人才数据库导入的共享信息。

（三）信息的审核。

信息审核实行分级负责的原则。求职者对提供给职业经理人才资质评价体系数据库的个人信息的真实性、客观性、合法性和时效性负有责任；企业对招聘职位信息的真实性、客观性、合法性和时效性负有责任；社会评价机构对求职者的资质评价信息的真实性、客观性、合法性和时效性负有责任；中职协对其设立的职业经理人才资质社会认定体系所提供信息的真实性、客观性、合法性和时效性负有责任。

在信息采集审核过程中，有发现信息失真、失准、失效的情况，欢迎及时向中职协反映，中职协有责任审核所反映的情况，如确定信息有误，应及时采取措施加以更正。

二、信息的管理使用

（一）中职协设立的职业经理人才资质社会评价体系，对择人求职信息要及时进行甄别与更新，职业经理人才资质社会认定体系应及时加以确认。

（二）中职协设立的择人求职信息对接服务体系，对择人求职信息要进行合理的分类。除按照入评人员、求职人员、从职人员进行分类外，还可以将信息分为：可以公开查询的信息、经向择人求职信息对接服务体系申请可以查询的信息和经信息主体同意后才可以查询的信息。要分别做好涉事人及机构和择人求职信息对接服务体系的信息保密工作。

（三）自愿选择职业经理人才资质评价的人员，视为自愿选择求职服务的人员，本人声明不选择求职服务的人员除外。

（四）经职业经理人才资质社会认定体系认定的信息，视为可以提供给择人者依程序查阅的信息，本人声明不提供的信息除外。不同意向外界提供本体系认定的任何信息，视同为不接受本体系提供的服务。

（五）择人求职信息的内容应由粗到细，由局部到全面，逐步完善。

三、完善信息的后续服务

（一）接受了择人求职对接服务的企业与职业经理人才队伍成员，其相关信息归档输入数据库，并反馈给职业经理人才资质社会评价、社会认定、职业培养和持续提高服务体系。

（二）服务体系及时显示求职者的录用状态，协助企业出资人和求职者洽谈入职等有关事宜。

（三）服务体系随时与职业经理人保持联系，为其衔接社会评价、社会认定、职业培养和资质持续提高等服务。

（四）服务体系随时与企业保持联系，了解企业对录用职业经理人的评价，并将评价信息及时反馈给职业经理人才资质社会评价体系。

（五）将择人求职信息对接服务体系、职业资质社会评价体系、社会认定体系、职业培养体系和持续提高服务体系等有关诚信信息进行整合，加快建设全国集中统一的职业经理人诚信管理信息体系。

阅读专栏 4-11　职业经理人制度的相关法律法规

继 1993 年《中华人民共和国公司法》颁布之后，国家又出台了一系列相关法律法规，如《中华人民共和国证券法》《中华人民共和国企业国有资产法》等，其中与职业经理人相关的内容为我国职业经理人制度的建设奠定了良好的法律基础。

《中华人民共和国公司法》（2018 年修正）（节选）

第四十九条　有限责任公司可以设经理，由董事会决定聘任或者解聘。经理对董事会负责，行使下列职权：

（一）主持公司的生产经营管理工作，组织实施董事会决议；

（二）组织实施公司年度经营计划和投资方案；

（三）拟订公司内部管理机构设置方案；

（四）拟订公司的基本管理制度；

（五）制定公司的具体规章；

（六）提请聘任或者解聘公司副经理、财务负责人；

（七）决定聘任或者解聘除应由董事会决定聘任或者解聘以外的负责管理人员；

（八）董事会授予的其他职权。

公司章程对经理职权另有规定的，从其规定。

经理列席董事会会议。

第一百一十三条　股份有限公司设经理，由董事会决定聘任或者解聘。

本法第四十九条关于有限责任公司经理职权的规定，适用于股份有限公司经理。

第一百四十六条　有下列情形之一的，不得担任公司的董事、监事、高级管理人员：

（一）无民事行为能力或者限制民事行为能力；

（二）因贪污、贿赂、侵占财产、挪用财产或者破坏社会主义市场经济秩序，被判处刑罚，执行期满未逾五年，或者因犯罪被剥夺政治权利，执行期满未逾五年；

（三）担任破产清算的公司、企业的董事或者厂长、经理，对该公司、企业的破产负有个人责任的，自该公司、企业破产清算完结之日起未逾三年；

（四）担任因违法被吊销营业执照、责令关闭的公司、企业的法定代表人，并负有个人责任的，自该公司、企业被吊销营业执照之日起未逾三年；

（五）个人所负数额较大的债务到期未清偿。

公司违反前款规定选举、委派董事、监事或者聘任高级管理人员的，该选举、委派或者聘任无效。

董事、监事、高级管理人员在任职期间出现本条第一款所列情形的，公司应当解除其职务。

第一百四十七条　董事、监事、高级管理人员应当遵守法律、行政法规和公司章程，对公司负有忠实义务和勤勉义务。

董事、监事、高级管理人员不得利用职权收受贿赂或者其他非法收入，不得侵占公司的财产。

《中华人民共和国证券法》（2023 修订）（节选）

第三十六条　依法发行的证券，《中华人民共和国公司法》和其他法律对其转让期限有限制性规定的，在限定的期限内不得转让。

上市公司持有百分之五以上股份的股东、实际控制人、董事、监事、高级管理人员，以及其他持有发行人首次公开发行前发行的股份或者上市公司向特定对象发行的股份的股东，转让其持有的本公司股份的，不得违反法律、行政法规和国务院证券监督管理机构关于持有期限、卖出时间、卖出数量、卖出方式、信息披露等规定，并应当遵守证券交易所的业务规则。

第四十四条　上市公司、股票在国务院批准的其他全国性证券交易场所交易的公司持有百分之五以上股份的股东、董事、监事、高级管理人员，将其持有的该公司的股票或者其他具有股权性质的证券在买入后六个月内卖出，或者在卖出后六个月内又买入，由此所得收益归该公司所有，公司董事会应当收回其所得收益。但是，证券公司因购入包销售后剩余股票而持有百分之五以上股份，以及有国务院证券监督管理机构规定的其他情形的除外。

前款所称董事、监事、高级管理人员、自然人股东持有的股票或者其他具有股权性质的证券，包括其配偶、父母、子女持有的及利用他人账户持有的股票或者其他具有股权性质的证券。

公司董事会不按照第一款规定执行的，股东有权要求董事会在三十日内执行。公司董事会未在上述期限内执行的，股东有权为了公司的利益以自己的名义直接向人民法院提起诉讼。

公司董事会不按照第一款的规定执行的，负有责任的董事依法承担连带责任。

第五十条　禁止证券交易内幕信息的知情人和非法获取内幕信息的人利用内幕信息从事证券交易活动。

第五十一条　证券交易内幕信息的知情人包括：

（一）发行人及其董事、监事、高级管理人员；

（二）持有公司百分之五以上股份的股东及其董事、监事、高级管理人员，公司的实际控制人及其董事、监事、高级管理人员；

（三）发行人控股或者实际控制的公司及其董事、监事、高级管理人员；

（四）由于所任公司职务或者因与公司业务往来可以获取公司有关内幕信息的人员；

（五）上市公司收购人或者重大资产交易方及其控股股东、实际控制人、董事、监事和高级管理人员；

（六）因职务、工作可以获取内幕信息的证券交易场所、证券公司、证券登记结算机构、证券服务机构的有关人员；

（七）因职责、工作可以获取内幕信息的证券监督管理机构工作人员；

（八）因法定职责对证券的发行、交易或者对上市公司及其收购、重大资产交易进行管理可以获取内幕信息的有关主管部门、监管机构的工作人员；

（九）国务院证券监督管理机构规定的可以获取内幕信息的其他人员。

第七十九条　上市公司、公司债券上市交易的公司、股票在国务院批准的其他全国性证券交易场所交易的公司，应当按照国务院证券监督管理机构和证券交易场所规定的内容和格式编制定期报告，并按照以下规定报送和公告：

（一）在每一会计年度结束之日起四个月内，报送并公告年度报告，其中的年度财务会计报告应当经符合本法规定的会计师事务所审计；

（二）在每一会计年度的上半年结束之日起两个月内，报送并公告中期报告。

第八十条　发生可能对上市公司、股票在国务院批准的其他全国性证券交易场所交易的公司的股票交易价格产生较大影响的重大事件，投资者尚未得知时，公司应当立即将有关该重大事件的情况向国务院证券监督管理机构和证券交易场所报送临时报告，并予公告，说明事件的起因、目前的状态和可能产生的法律后果。

前款所称重大事件包括：

（一）公司的经营方针和经营范围的重大变化；

（二）公司的重大投资行为，公司在一年内购买、出售重大资产超过公司资产总额百分之三十，或者公司营业用主要资产的抵押、质押、出售或者报废一次超过该资产的百分之三十；

（三）公司订立重要合同、提供重大担保或者从事关联交易，可能对公司的资产、负债、权益和经营成果产生重要影响；

（四）公司发生重大债务和未能清偿到期重大债务的违约情况；

（五）公司发生重大亏损或者重大损失；

（六）公司生产经营的外部条件发生的重大变化；

（七）公司的董事、三分之一以上监事或者经理发生变动，董事长或者经理无法履行职责；

（八）持有公司百分之五以上股份的股东或者实际控制人持有股份或者控制公司的情况发生较大变化，公司的实际控制人及其控制的其他企业从事与公司相同或者相似业务的情况发生较大变化；

（九）公司分配股利、增资的计划，公司股权结构的重要变化，公司减资、合并、分立、解散及申请破产的决定，或者依法进入破产程序、被责令关闭；

（十）涉及公司的重大诉讼、仲裁，股东大会、董事会决议被依法撤销或者宣告无效；

（十一）公司涉嫌犯罪被依法立案调查，公司的控股股东、实际控制人、董事、监事、高级管理人员涉嫌犯罪被依法采取强制措施；

（十二）国务院证券监督管理机构规定的其他事项。

公司的控股股东或者实际控制人对重大事件的发生、进展产生较大影响的，应当及时将其知悉的有关情况书面告知公司，并配合公司履行信息披露义务。

第八十一条　发生可能对上市交易公司债券的交易价格产生较大影响的重大事件，投资者尚未得知时，公司应当立即将有关该重大事件的情况向国务院证券监督管理机构和证券交易场所报送临时报告，并予公告，说明事件的起因、目前的状态和可能产生的法律后果。

前款所称重大事件包括：

（一）公司股权结构或者生产经营状况发生重大变化；

（二）公司债券信用评级发生变化；

（三）公司重大资产抵押、质押、出售、转让、报废；

（四）公司发生未能清偿到期债务的情况；

（五）公司新增借款或者对外提供担保超过上年末净资产的百分之二十；

（六）公司放弃债权或者财产超过上年末净资产的百分之十；

（七）公司发生超过上年末净资产百分之十的重大损失；

（八）公司分配股利，作出减资、合并、分立、解散及申请破产的决定，或者依法进入破产程序、被责令关闭；

（九）涉及公司的重大诉讼、仲裁；

（十）公司涉嫌犯罪被依法立案调查，公司的控股股东、实际控制人、董事、监事、高级管理人员涉嫌犯罪被依法采取强制措施；

（十一）国务院证券监督管理机构规定的其他事项。

第八十二条　发行人的董事、高级管理人员应当对证券发行文件和定期报告签署书面确认意见。

发行人的监事会应当对董事会编制的证券发行文件和定期报告进行审核并提出书面审核意见。监事应当签署书面确认意见。

发行人的董事、监事和高级管理人员应当保证发行人及时、公平地披露信息，所披露的信息真实、准确、完整。

董事、监事和高级管理人员无法保证证券发行文件和定期报告内容的真实性、准确性、完整性或者有异议的，应当在书面确认意见中发表意见并陈述理由，发行人应当披露。发行人不予披露的，董事、监事和高级管理人员可以直接申请披露。

第八十三条　信息披露义务人披露的信息应当同时向所有投资者披露，不得提前向任何单位和个人泄露。但是，法律、行政法规另有规定的除外。

任何单位和个人不得非法要求信息披露义务人提供依法需要披露但尚未披露的信息。任何单位和个人提前获知的前述信息，在依法披露前应当保密。

第八十四条　除依法需要披露的信息之外，信息披露义务人可以自愿披露与投资者作出价值判断和投资决策有关的信息，但不得与依法披露的信息相冲突，不得误导投资者。

发行人及其控股股东、实际控制人、董事、监事、高级管理人员等作出公开承诺的，应当披露。不履行承诺给投资者造成损失的，应当依法承担赔偿责任。

第一百零三条　有《中华人民共和国公司法》第一百四十六条规定的情形或者下列情形之一的，不得担任证券交易所的负责人：

（一）因违法行为或者违纪行为被解除职务的证券交易场所、证券登记结算机构的负责人或者证券公司的董事、监事、高级管理人员，自被解除职务之日起未逾五年；

（二）因违法行为或者违纪行为被吊销执业证书或者被取消资格的律师、注册会计师或者其他证券服务机构的专业人员，自被吊销执业证书或者被取消资格之日起未逾五年。

第一百二十四条　证券公司的董事、监事、高级管理人员，应当正直诚实、品行良好，熟悉证券法律、行政法规，具有履行职责所需的经营管理能力。证券公司任免董事、监事、高级管理人员，应当报国务院证券监督管理机构备案。

有《中华人民共和国公司法》第一百四十六条规定的情形或者下列情形之一的，不得担任证券公司的董事、监事、高级管理人员：

（一）因违法行为或者违纪行为被解除职务的证券交易场所、证券登记结算机构的负责人或者证券公司的董事、监事、高级管理人员，自被解除职务之日起未逾五年；

（二）因违法行为或者违纪行为被吊销执业证书或者被取消资格的律师、注册会计师或者其他证券服务机构的专业人员，自被吊销执业证书或者被取消资格之日起未逾五年。

《中华人民共和国企业国有资产法》（2009 年施行）（节选）

第十九条　国有独资公司、国有资本控股公司和国有资本参股公司依照《中华人民共和国公司法》的规定设立监事会。国有独资企业由履行出资人职责的机构按照国务院的规定委派监事组成监事会。

国家出资企业的监事会依照法律、行政法规以及企业章程的规定，对董事、高级管理人员执行职务的行为进行监督，对企业财务进行监督检查。

第二十二条　履行出资人职责的机构依照法律、行政法规以及企业章程的规定，任免或者建议任免国家出资企业的下列人员：

（一）任免国有独资企业的经理、副经理、财务负责人和其他高级管理人员；

（二）任免国有独资公司的董事长、副董事长、董事、监事会主席和监事；

（三）向国有资本控股公司、国有资本参股公司的股东会、股东大会提出董事、监事人选。

国家出资企业中应当由职工代表出任的董事、监事，依照有关法律、行政法规的规定由职工民主选举产生。

第二十三条 履行出资人职责的机构任命或者建议任命的董事、监事、高级管理人员，应当具备下列条件：

（一）有良好的品行；

（二）有符合职位要求的专业知识和工作能力；

（三）有能够正常履行职责的身体条件；

（四）法律、行政法规规定的其他条件。

董事、监事、高级管理人员在任职期间出现不符合前款规定情形或者出现《中华人民共和国公司法》规定的不得担任公司董事、监事、高级管理人员情形的，履行出资人职责的机构应当依法予以免职或者提出免职建议。

第二十四条 履行出资人职责的机构对拟任命或者建议任命的董事、监事、高级管理人员的人选，应当按照规定的条件和程序进行考察。考察合格的，按照规定的权限和程序任命或者建议任命。

第二十五条 未经履行出资人职责的机构同意，国有独资企业、国有独资公司的董事、高级管理人员不得在其他企业兼职。未经股东会、股东大会同意，国有资本控股公司、国有资本参股公司的董事、高级管理人员不得在经营同类业务的其他企业兼职。

未经履行出资人职责的机构同意，国有独资公司的董事长不得兼任经理。未经股东会、股东大会同意，国有资本控股公司的董事长不得兼任经理。

董事、高级管理人员不得兼任监事。

第二十六条 国家出资企业的董事、监事、高级管理人员，应当遵守法律、行政法规以及企业章程，对企业负有忠实义务和勤勉义务，不得利用职权收受贿赂或者取得其他非法收入和不当利益，不得侵占、挪用企业资产，不得超越职权或者违反程序决定企业重大事项，不得有其他侵害国有资产出资人权益的行为。

第四十三条 国家出资企业的关联方不得利用与国家出资企业之间的交易，谋取不当利益，损害国家出资企业利益。

本法所称关联方，是指本企业的董事、监事、高级管理人员及其近亲属，以及这些人员所有或者实际控制的企业。

第四十五条　未经履行出资人职责的机构同意，国有独资企业、国有独资公司不得有下列行为：

（一）与关联方订立财产转让、借款的协议；

（二）为关联方提供担保；

（三）与关联方共同出资设立企业，或者向董事、监事、高级管理人员或者其近亲属所有或者实际控制的企业投资。

第四十九条　国有独资企业、国有独资公司、国有资本控股公司及其董事、监事、高级管理人员应当向资产评估机构如实提供有关情况和资料，不得与资产评估机构串通评估作价。

第五十六条　法律、行政法规或者国务院国有资产监督管理机构规定可以向本企业的董事、监事、高级管理人员或者其近亲属，或者这些人员所有或者实际控制的企业转让的国有资产，在转让时，上述人员或者企业参与受让的，应当与其他受让参与者平等竞买；转让方应当按照国家有关规定，如实披露有关信息；相关的董事、监事和高级管理人员不得参与转让方案的制定和组织实施的各项工作。

第七十一条　国家出资企业的董事、监事、高级管理人员有下列行为之一，造成国有资产损失的，依法承担赔偿责任；属于国家工作人员的，并依法给予处分：

（一）利用职权收受贿赂或者取得其他非法收入和不当利益的；

（二）侵占、挪用企业资产的；

（三）在企业改制、财产转让等过程中，违反法律、行政法规和公平交易规则，将企业财产低价转让、低价折股的；

（四）违反本法规定与本企业进行交易的；

（五）不如实向资产评估机构、会计师事务所提供有关情况和资料，或者与资产评估机构、会计师事务所串通出具虚假资产评估报告、审计报告的；

（六）违反法律、行政法规和企业章程规定的决策程序，决定企业重大事项的；

（七）有其他违反法律、行政法规和企业章程执行职务行为的。

国家出资企业的董事、监事、高级管理人员因前款所列行为取得的收入，依法予以追缴或者归国家出资企业所有。

履行出资人职责的机构任命或者建议任命的董事、监事、高级管理人员有本条第一款所列行为之一，造成国有资产重大损失的，由履行出资人职责的机构依法予以免职或者提出免职建议。

第七十三条　国有独资企业、国有独资公司、国有资本控股公司的董事、监事、高级管理人员违反本法规定，造成国有资产重大损失，被免职的，自免职之日起五年内不得担任国有独资企业、国有独资公司、国有资本控股公司的董事、监事、高级管理人员；造成国有资产特别重大损失，或者因贪污、贿赂、侵占财产、挪用财产或者破坏社会主义市场经济秩序被判处刑罚的，终身不得担任国有独资企业、国有独资公司、国有资本控股公司的董事、监事、高级管理人员。

《中华人民共和国劳动合同法》（2012 年修正）（节选）

第二十三条　用人单位与劳动者可以在劳动合同中约定保守用人单位的商业秘密和与知识产权相关的保密事项。

对负有保密义务的劳动者，用人单位可以在劳动合同或者保密协议中与劳动者约定竞业限制条款，并约定在解除或者终止劳动合同后，在竞业限制期限内按月给予劳动者经济补偿。劳动者违反竞业限制约定的，应当按照约定向用人单位支付违约金。

第二十四条　竞业限制的人员限于用人单位的高级管理人员、高级技术人员和其他负有保密义务的人员。竞业限制的范围、地域、期限由用人单位与劳动者约定，竞业限制的约定不得违反法律、法规的规定。

在解除或者终止劳动合同后，前款规定的人员到与本单位生产或者经营同类产品、从事同类业务的有竞争关系的其他用人单位，或者自己开业生产或者经营同类产品、从事同类业务的竞业限制期限，不得超过二年。

案例 4-1　××公司推行职业经理人制度的实践

2016 年 8 月 17 日，××控股股份有限公司（以下简称××公司或公司）完成了包括总经理、财务副总、经营副总等 6 人在内的经营层市场化选聘工作，其中 4 人从内部转换身份而来、2 人从外部市场竞聘而来。这不仅进一步明确了企业市场主体地位、打破了公司长期以来遵循的央企人事制度，同时也进一步促进了其内部市场化用人机制的建立和改革，推动了一次全公司范围内的全员竞争上岗运动，激发了干部人才队伍的活力、增强了激励约束机制的效用。

一、××公司推行职业经理人制度的背景

××公司的总公司对××公司持股 49.18%。公司经营范围主要包括投资建设、经营管理以电力生产为主的能源项目；开发及经营新能源项目、高新技术、环保产业；开发和经营电力配套产品及信息、咨询服务。××公司作为其总公司在实业领域规模最大

的公司，资产规模达到 2033 亿元，超过集团总资产的 1/3，2016 年利润占集团总利润的 55% 以上。

（一）集团分类授权改革奠定推行职业经理人制度的基调

2014 年，"以管资本为主"的新一轮国资改革启动，总公司被国资委选为"国有资本投资公司"试点。总公司改变发展战略，通过"小总部、大产业"来解决长期以来集团总部人员冗余、效率低下的问题，做实旗下实业公司。2015 年底，总公司选取了外部条件、公司治理、人才队伍建设和企业竞争力四个维度的 14 个指标对所有子公司进行了全方位的测评，将子公司划分为充分授权、部分授权、优化管理三类，并按照"资本权利上移、经营责任下沉"的思路，选择××公司作为试点改革单位，将选人用人权、自主经营权、薪酬分配权等原由总部决策的 70 多项决策类事项授予××公司董事会自主决策，并在公司推行职业经理人制度试点改革。2016 年起，集团推行股权董事制度，做实××公司董事会，并通过整合监督力量构建大监督体系，逐渐建立由"一个指导方案、两个合同、两个合约、两个办法"组成的职业经理人 1+6 制度框架，将经理层选聘和管理权力交给公司董事会。

（二）××公司具有良好的运营基础

在资产结构方面，××公司以水电资产为主，多年积累下以清洁能源为主、水火均衡、全国布局的电源结构，抗风险能力强，符合国家和电力行业发展规划，在电力行业中总资产排名全国第六，净利润能够达到全国第三。

在管理经验方面，××公司始终坚持"效益第一"的投资管理原则，在投资、建设、经营管理等方面拥有一批经验丰富、结构合理的管理人才和技术人才；同时，公司制度体系鼓励管理创新和技术进步，为公司电力经营管理和业务拓展提供了强大保证。

在资本运作方面，××公司自 2002 年上市以来，利用配股、公开增发、可转债等融资方式，为公司大批优质在建和储备工程提供了资金支持，实现了公司市值、资产、装机、股本的多倍增长，积累了丰富的资本运作经验。作为总公司电力业务国内唯一资本运作平台，××公司在发展过程中，得到了总公司的大力支持，通过资产注入，公司取得了核心资产，实现公司快速做强做大。

在公司治理体系方面，公司上市二十余年来严格按照《中华人民共和国公司法》《中华人民共和国证券法》《上市公司治理准则》和中国证监会、上海证券交易所相关规定要求，不断完善公司法人治理结构，规范公司运作。公司首批进入上证公司治理板块，不断完善内部控制体系建设，明确规定股东大会、董事会、监事会、经营层的权利义务，构建了权力机构、决策机构、监督机构之间权责明确、运作规范、相互协调、相互制衡的管理机制并有效运行。

（三）××公司受行业影响发展遭遇挑战

近几年，受宏观经济形势影响，电力产业进入了一个相对缓慢的调整期。国内经济发展步入新常态，已由高速增长阶段转向高质量发展阶段。能源行业经过多年高速发展，也进入新常态，呈现出"低增速、低增量、低碳化"的发展趋势。为了解决基础产业产能严重过剩问题，国家提出供给侧结构性改革。随着未来几年电力行业市场化改革的推进及节能减排压力的进一步加大，电价和电量要按照市场机制逐步放开，宏观调控将导致用电量增速趋缓，电价上调也将使电量竞争更加激烈，发电企业将面临更加严峻的形势。××公司在错综复杂的发展环境中进入了"爬坡过坎"的关键时期，传统的经营方式和公司的盈利能力都面临着发展瓶颈。在电力行业整体下行的关键时期，公司需要一剂强心针来激发企业整体的活力，需要一个"二次创业"的氛围鼓舞公司上下突破发展困境。

（四）××公司推行职业经理人制度的发展脉络

在试点改革的过程中，公司主要从授权、推行职业经理人制度和薪酬分配机制入手，不断摸索改革经验，探索改革举措。公司从 2016 年 3 月开始着手研究推行职业经理人制度，7 月完成职业经理人制度相关设计，制定了《××公司职业经理人试点选聘工作方案》，并通过《职业经理人劳动合同书》《职业经理人聘用合同书》《任期绩效合约》《年度绩效合约》《高级管理人员薪酬管理办法》《高级管理人员业绩考核管理办法》等配套文件，于 2016 年 8 月 17 日完成 6 名经理层的职业经理人选聘和聘任工作。这 6 人包括总经理、财务副总、经营副总、生产副总、基建副总及董事会秘书，其中总经理和生产副总通过竞聘从外部产生。2016 年 9 月，在优化组织结构的基础上，建立市场化用人机制将压力层层传递，在全公司范围内开展全员竞争上岗，中层正职人员采用公开竞聘方式选聘上岗，中层副职及以下岗位采用"双选方式"选聘上岗，参与者达 74 人。2017 年 1 月，××公司与控股投资企业的 65 位职业经理人完成了业绩合同的签订程序。2017 年 7 月，公司第一次迎来并顺利完成了公司经理层职业经理人的中期绩效考核工作。××公司推行职业经理人制度具体发展脉络如下：

（1）2014 年总公司成为国资委确定的国企改革试点单位。

（2）2015 年底总公司选择××公司作为内部试点单位。

（3）2016 年 3 月××公司着手推行职业经理人制度。

（4）2016 年 8 月××公司完成第一轮 6 名职业经理人的签约。

（5）2016 年 9 月××公司中层干部以上实行竞争上岗，共 74 人参与。

（6）2017 年 1 月××公司与控股投资企业 65 位职业经理人签订业绩合同。

（7）2017 年 7 月××公司完成第一轮中期绩效考核。

二、××公司推行职业经理人制度的过程

（一）构建推行职业经理人制度的前置制度

1. 优化完善公司法人治理结构

公司党委共由5人组成，党委书记与董事长由一人兼任，党委专职副书记1人、党委副书记（兼任董事）1人、党委委员1人（兼任董事、总经理）、纪委书记1人。董事会共有9人，包括董事长1人、副董事长1人、董事4人和独立董事3人。3名独立董事也称股权董事，发挥董事独立表决、个人负责的决策作用。新设立股权董事的改革举措，有助于帮助股权董事充分了解公司基层的各项重要决策，减少了重要事项的签报流程和手续，有效提高了决策的针对性和效率，增强了风险控制水平。经理层包括总经理1人、副总经理4人和董事会秘书1人，具体情况见图4-1。

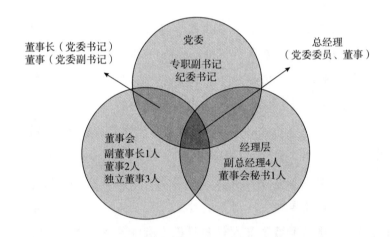

图4-1　××公司党委、董事会、经理层交叉任职情况

××公司党委与董事会和经营层在人员配备和职能分工上界限明确，党委不参与实际的经营管理，给予职业经理人充分发挥市场化作用，使经过党委研究过的董事会重大决策得到高效执行。

2. 明确党委、董事会、经理层职权

××公司规范了董事会的运行机制，做实董事会在行使对外投资、收购出售资产、关联交易、经营层聘任管理和薪酬分配等方面的职权。在董事会之前设置了董事长办公会，负责事前介入和审议。××公司明确党委、董事会、经理层职责权利清单，明确清晰各层级职责范围、边界和程序，加强对职业经理人的日常监督，会同公司董事会建立健全职业经理人市场化选聘和契约化管理相关制度，参与选拔和人选考察工作，对拟任人选集体研究提出意见和建议，加强后备队伍建设和人才储备。

（二）设计市场化选聘的程序制度

××公司在统一内部思想的前提下，以"坚持党管干部与董事会依法选择相结合""坚持市场导向、强化竞争择优""坚持责权对等、突出契约管理""坚持有效激励与严格约束相统一"为原则，将市场化选聘集中在经理层，即企业经营班子成员。公司根据发展需要和岗位特点，因岗制宜采取组织选拔、竞争上岗、公开招聘、市场猎取等选聘方式。目前，××公司职业经理人主要来源于总公司内部选聘和××公司现有管理人员转身。

在选聘流程方面，市场化选聘工作由试点公司董事会组织完成，具体程序如下：①动议。由试点公司制定选聘方案，并报公司党组审批。②人选推荐。若选聘方式为组织选拔，由集团党组织推荐，提出初步人选；另外三种选聘方式，由试点公司董事会、党委根据报名（或推荐）和资格审查情况，提出初步人选。③测试、考察。④子公司党委研究。⑤董事会决定聘任。

在选聘标准上，公司重点考察候选人的政治素质、综合能力、专业素养、职业素养和工作业绩，坚持市场导向、竞争择优的总原则，见图4-2。

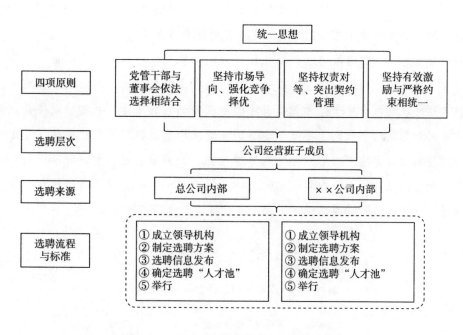

图4-2 ××公司选聘职业经理人的程序制度

（三）围绕"契约化管理"设计管理制度

1. 签订合同

首批6名选聘出来的职业经理人需要与××公司签订《劳动合同》《聘任合同》《年度绩效合约》和《任期绩效合约》，以明确市场化身份和契约化管理模式，具体内容见

表4-8。实行任期制，三年为一个任期，聘期届满可以续聘，也可以自然解除聘任关系。

表4-8 ××公司职业经理人所需签订合同合约

《劳动合同》	期限上与聘期一致，聘期届满续聘的，再续签劳动合同。其中，集团内部员工转任的，先要解除原劳动合同，再与××公司重新签订 职业经理人的人事档案由其本人委托人才中介服务机构管理
《聘任合同》	由××公司与职业经理人签订，明确聘期、行为规范及双方责任、权利、义务，约定奖惩依据、离职或解聘条件、离职补偿、责任追究等事项
《年度绩效合约》	对应经理层及每位经理人。由董事会授权代表与总经理签订经理层年度绩效合约、总经理个人绩效合约，总经理与经理层其他成员分别签订年度绩效合约
《任期绩效合约》	对应经理层。由董事会授权代表与总经理签订

2. 薪酬激励与考核

在职业经理人的薪酬方面，××公司职业经理人薪酬实行协议薪酬制度，薪酬水平结合企业功能定位、经营规模、市场竞争程度和市场对标等因素，参照所在行业水平、企业行业地位和业绩水平相匹配协商约定，并根据业绩表现动态调整。

在对职业经理人的激励方面，职业经理人激励机制以考核评价为基础，与岗位职责、工作业绩挂钩，短期激励与中长期激励相结合、精神激励与物质激励相结合，激励工具包括年度薪酬与中长期激励。其中，年度薪酬包括基本年薪和绩效年薪，绩效年薪占年度薪酬的比例原则上不低于50%。在建立严格的聘期考核制度和相关配套约束机制的基础上，企业可对职业经理人实施包括任期激励、超额利润分享计划在内的中长期激励，见图4-3。但是调研发现，××公司改革始于行业整体处于峰值时期，后受政策等因素影响，行业整体缓步下滑，造成超额业绩奖暂时难以实现。

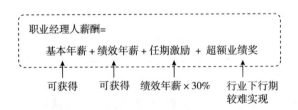

图4-3 ××公司职业经理人薪酬构成

在对职业经理人的考核方面，首先，××公司董事会根据集团的考核要求，分别与职业经理人签订年度及任期绩效合约，确定其经营业绩考核指标；其次，职业经理人结合自身分管部门及业务，分解公司考核目标，在绩效合约中明确个人重点工作及评价标准，使得考核目标更加明确，业绩考核导向性更强。同时，××公司选择28家上市公司利润总额和净资产收益率进行市场对标，选取全国电力企业联合会公布的数据（供电煤耗和平均发电设备利用小时）进行对标，从而确定职业经理人经营业绩考核档次水平，如当年净资产收益率需达到市场对标90分位值才能够达到考核第一档，达到80分位值为考核第二档。

3. 监督约束

总公司发挥和加强公司纪检监察、巡视、审计、职能部门及××公司党委、监事会对职业经理人的监督作用，建立"五位一体"的监督约束体系：法人治理约束、公司章程约束、契约合同约束、股东监督约束（党内监督约束）和社会监督约束。职业经理人在离任、聘期届满时，应依据有关规定进行经济责任审计。必要时，依照有关规定进行任中经济责任审计。虽然新选聘的职业经理人的档案已交由外部机构管理，但结合党管干部原则，执行从严监督管理干部的相关要求，包括因私出国（境）管理、"裸官"任职管理、兼职（任职）管理、履职待遇和业务支出等。严格执行责任追究制度，从严查处违反党的纪律、特别是政治纪律、组织纪律的行为，按照公司责任追究相关管理规定，依法依规追究责任。

4. 动态退出机制

职业经理人的退出主要按聘用合同约定，根据业绩考核结果决定去留。当年业绩考核低于80分位时（经营业绩低于市场65分位及以下）或连续两年低于90分位时解聘，其聘任关系自然解除或终止，一并解除其劳动合同。退出机制的建立，迫使职业经理人不断保持市场化意识，持续提高经济效益和创收能力，改善自身短板，努力把企业做强做优做大。

三、××公司推行职业经理人制度的特点

（一）经理层推行职业经理人制度，推动公司内部实行市场化用人机制

公司新选出的6名职业经理人很快就意识到，虽然公司本部仅有90余人，可旗下要掌控数十家控股企业和参股企业、近万名员工。公司的业绩如果只由这6名职业经理人负责，而其他所有的员工没有形成危机感和责任感，那么整个电力板块的经营依然难以突破瓶颈。为进一步激发内在活力，拓宽选人用人渠道，形成管理人员能上能下、员工能进能出的合理流动机制，公司建立了市场化的岗位聘任、竞争上岗等用人机制。2016年9月，公司在内部开展中层正职人员公开竞聘上岗，中层副职及以下岗位采用"双选方式"选聘上岗，其中参加竞争上岗74人，有14人落选。通过"双选"，公司将合适的人才选聘到合适的岗位，增强员工的竞争意识、危机感，从而提高员工的工作积极性、创造性，使员工更加认可自身的岗位价值。

（二）建立部门及员工考核体系，激发全体员工"二次创业"精神

××公司借职业经理人选聘和内部市场化的东风，打破了以往薪酬和考核与集团保持一致的限制，减少任职资质的参考权重，为有能力的年轻人击碎职业天花板，给更多青年人才带来职业憧憬和希望。此次改革后，公司将薪酬与考核挂钩，以市场对标为依据定岗、定绩、定薪，部门一把手薪酬主要取决于部门整体业绩，部门员工逐级承担业绩指标并据此考核，变传统的"360度考核"方式为"任务目标绩效考核"和"周边绩效考核"，打破长期以来考核时出现的一团和气"假繁荣"现象，让每个人的薪酬拉开差距且与业绩挂钩，通过"能力"和"业绩"将考核工作落地并有效执行，见图4-4。

签订绩效合约——
　　按照专业领域范畴分解公司业绩考核目标，逐级签订绩效合约，将公司重点任务及绩效目标分解落实到部门及员工

部门及员工考核

逐级评价机制——
　　以职业经理人对部门主要负责人进行考核评价，部门主要负责人对部门员工以考核评价的方式进行，使考核更加具体化

周边绩效考核——
　　设立部门间周边绩效考核，考察各部门间配合、协作能力和态度，具体由部门负责人之间互评

图4-4　××公司部门及员工考核体系

（三）构建"五位一体"监督约束体系，强化对职业经理人的监督约束

××公司的职业经理人在集团董事会授权范围内，形成了"五位一体"的监督体系，使职业经理人可以全面负责企业经营管理，对法人财产拥有绝对经营权和管理权，承担法人财产保值增值的责任。

（1）法人治理约束。由股东大会、董事会、监事会通过制定相关议事规则，对经理层决策权限进行约束。

（2）公司章程约束。对职业经理人的责权利及其行为做出明确的规定，作为职业经理人，必须遵守章程的规定，受到章程的约束，按照章程行事。

（3）契约约束。通过《聘任合同》《劳动合同》《绩效合约》等对职业经理人的薪酬激励、退出机制等责权利做了明确规定，从而对职业经理人形成有效约束。

（4）股东监督约束（党内监督约束）。股东通过党内纪检监察部门、监事会对职业经理人进行监督约束，包括审计、巡视、纪检监察及派出监事会的监督约束等。

（5）社会监督约束。其包括法律约束、市场约束、道德约束、媒体约束等。

讨论：

1. 结合××公司，请思考我国在国有企业大力推行职业经理人制度的背景和原因。

2. 请分析案例中××公司采用了哪些选聘职业经理人的途径。

3. 结合××公司对 6 名职业经理人的选聘工作，请分析和理解职业经理人的专业性、职业性、市场性、契约性、国际性的特点。

4. 总结××公司职业经理人制度的特点，根据本章所学的"坚持党的领导、加强党的建设"要求，请思考改进方向。

推荐阅读

1. 焦斌龙. 中国的经理革命——企业家的政治经济学分析 ［M］. 北京：经济科学出版社，2003.

2. 李锡元，李云. 中国职业经理人的成长——现状、理论与机制 ［M］. 北京：科学出版社，2011.

3. 洪虎. 关于职业经理人认知的概述 ［M］. 北京：中国宇航出版社，2020.

思考题

1. 职业经理人的定义是什么？性质有哪些？

2. 职业经理人有哪些特征？其职业资质包括哪些内容？

3. 职业经理人制度的功能有哪些？

4. 企业层面的职业经理人制度体系包括哪些？

5. 建立职业经理人制度的重点包括哪些方面？

附　录

附录 1

中国职业经理人协会
职业经理人才职业资质社会评价工作指引
（2018 年）

前　言

中国职业经理人协会（以下简称"中职协"），为了贯彻中共中央、国务院有关建立职业经理人制度、建设职业经理人队伍、建造职业经理人才市场的方针政策，落实《国家中长期人才发展规划纲要（2010—2020 年）》和《企业经营管理人才队伍建设中长期规划（2010—2020 年）》提出的任务要求，在总结社会各界探索中国职业经理人事业的经验与教训、综合提炼"职业经理人发展项目"的有关研究成果的基础上，对《职业经理人职业资质评价与认证指引（2016 年）》进行全面修订，提出《职业经理人才职业资质社会评价工作指引（2018 年）》，以下简称《社会评价工作指引（2018 年）》。

社会评价工作指引

一、范围与目标

《职业经理人才职业资质社会评价工作指引（2018 年）》，明确了职业经理人才职业资质社会评价的含义、系统、维度、要素、项目、内容、特点、方法、结论等方面的要求，旨在指导职业经理人才职业资质社会评价工作，建立全国统一的职业资质社会评价制度，为职业资质社会认定工作提供依据，为职业资质社会培养工作提供方向性建议，为企业择人和职业经理人才队伍成员求职信息对接工作提供服务。最终目标是建设职业经理人才职业资质社会评价体系，建立社会化的职业经理人才职业资质评价制度，促进中国职业经理人事业发展。

本指引适用于中职协组织开展的全国统一管理的职业经理人才职业资质社会评价工作。

二、制定指引的政策依据

1. 《中共中央　国务院关于进一步加强人才工作的决定》（中发〔2003〕16号）

"要坚持德才兼备原则，把品德、知识、能力和业绩作为衡量人才的主要标准，不唯学历、不唯职称、不唯资历、不唯身份，不拘一格选人才"。

"根据德才兼备的要求，从规范职位分类与职业标准入手，建立以业绩为依据，由品德、知识、能力等要素构成的各类人才评价指标体系"。

"企业经营管理人才的评价重在市场和出资人认可。发展企业经营管理人才评价机构，探索社会化的职业经理人资质评价制度"。

"努力形成政府部门宏观调控、市场主体公平竞争、行业协会严格自律、中介组织提供服务的运行格局"。

2. 《国家中长期人才发展规划纲要（2010—2020年）》（中发〔2010〕6号）

"完善以市场和出资人认可为核心的企业经营管理人才评价体系，积极发展企业经营管理人才评价机构，建立社会化的职业经理人资质评价制度，加强规范化管理"。

"建立以岗位职责要求为基础，以品德、能力和业绩为导向，科学化、社会化的人才评价发现机制"。

3. 《企业经营管理人才队伍建设中长期规划（2010—2020年）》（中组发〔2011〕15号）

"建立企业经营管理人才诚信体系，加强职业道德教育，制定职业道德规范和行为准则，加快建设全国集中统一的职业经理人诚信管理信息系统，引导经营管理人才牢固树立专注责任、诚实守信的职业精神"。

"积极发展企业经营管理人才评价机构，建立和完善社会化的职业经理人资质评价制度，加强规范化管理"。

4. 《中共中央关于深化人才发展体制机制改革的意见》（中发〔2016〕9号）

"积极培育各类专业社会组织和人才中介服务机构，有序承接政府转移的人才培养、评价、流动、激励等职能"。

5. 习近平：决胜全面建成小康社会夺取新时代中国特色社会主义伟大胜利——在中国共产党第十九次全国代表大会上的报告（2017 年 10 月 18 日）

"人才是实现民族振兴、赢得国际竞争主动的战略资源"。

6. 中共中央办公厅　国务院办公厅印发《关于分类推进人才评价机制改革的指导意见》（2018 年 2 月 26 日）

"健全以市场和出资人认可为重要标准的企业经营管理人才评价体系，突出对经营业绩和综合素质的考核。建立社会化的职业经理人评价制度"。

三、基本术语与定义

（一）通用术语与定义

1. 社会职业身份

人们长期从事某种固定职业，逐步形成社会认同的该职业从业人员应该具备的特定职业资质，从而享有的一种广为受人尊重的社会地位。

2. "企业经理"社会职业

"企业经理"是指从业人员以担任企业经理职位的收入为主要生活来源的一种社会工作类别，是《中华人民共和国职业分类大典（2015 年版）》职业小类"企业负责人"之一、职业细类"企业经理"，其职业编号为 1-06-01-02。

3. 职业经理

具有社会职业身份的企业经理人获得的一种反映其职业化程度的"人才市场品牌"的称谓。

4. 职业经理人

长期从事"企业经理"社会职业，具有职业经理人的职业特征，具备社会公认的职业经理人才职业资质，享有全国职业经理人才市场统一认定的"市场品牌"社会身份的企业经理人。

5. 职业经理人的职业特征

（1）企业的顶层雇员。由公司董事会、独资企业的业主及合伙制企业的普通合伙人直接选聘、辞退和管理。

（2）主持或者协助主持企业生产经营管理工作的企业法人层面的核心高级管理人员。

（3）以担任企业经理职位的薪酬、奖金和补贴等收入作为其主要生活来源的企业经理人。

（4）在不同的区域或行业内，具有一定知名度和社会公信力的企业负责人。

（5）可以由人才市场独立配置，具有较好的市场口碑、较高的市场价值的企业高端人力资源。

6. 职业经理人才

职业化的企业经理人身上体现出的一种特殊的人力资源，它包括职业化的企业经理人群共同含有的资源即职业素质和个体特有的资源即职业资历，以及企业经理人任职时这种资源发挥的程度即职位适配度。

这种资源具有特有的人才职业属性，不仅在职业化的企业经理人身上存在，而且在担任"企业经理"职位或从事企业经营管理工作的从业人员，以及接受过相关的素养、能力、知识培养的人员身上也存在。

7. 职业经理人才的职业属性

（1）有较长从事企业经营管理工作的职业经历；

（2）从事过企业不同岗位的工作，有一定的职业业绩；

（3）以担任企业经理职位为长期的职业选择，有与其担任的职位相应的职业素养、职业能力及技能、职业知识及技术；

（4）不断推进身份职业化，自愿参加社会化的职业经理人才职业资质评价与认定，并在全国性职业经理人行业管理社会组织登记注册，接受其职业经理人才资质持续管理与不断提高的服务，成为中国职业经理人才队伍的成员。

8. 职业经理人才队伍

具有职业经理人才人力资源，以担任企业经理职位为长期职业选择的从业人群，分为三类人员：职业经理人入评人员、职业经理人求职人员、职业经理人从职人员。

（1）职业经理人入评人员。

承诺把担任"企业经理"作为长期职业选择，自愿向具有职业经理人社会行业管理职能的中职协，申请进行全国统一的职业经理人才职业资质社会评价与认定，如实提供职业资质自我评价信息，经中职协核实符合入评人员的基本条件，并愿意接受中职协对其职业资质实施持续管理服务的人员。

（2）职业经理人求职人员。

职业经理人入评人员中，已经进入中职协组织的全国统一的职业经理人才职业资质社会评价工作流程，某些资质评价项目已获得中职协的认定，并继续寻求更多评价项目获得认定，坚持以担任企业经理职位为职业选择，但仍未获得企业经理职位的人员。

（3）职业经理人从职人员。

职业经理人求职人员中，已经获得了企业经理职位的人员；或者是已经担任企业经理职位的人，坚持以担任企业经理职位为职业选择，自愿向中职协申请进行全国统一的职业经理人才职业资质社会评价与认定，进入中职协的职业经理人才职业资质社会评价工作流程，经中职协核实，自我评价信息符合职业经理人入评人员基本条件，某些资质评价项目已获得认定，并继续寻求更多评价项目获得认定的人员。他们又是谋求担任更高层次企业经理职位的求职人员。

9. 职业经理人才职业资质

职业经理人才队伍成员所具备的职业资历、职业素质等禀赋，以及择人求职的职位适配度的总和。职业资质包括职业资历、职业素质和职位适配度。职业资历包括：职业经历和职业业绩；职业素质包括：职业素养、职业能力及技能、职业知识及技术。

10. 职位适配度

寻求新的企业经理职位的求职者，与已确定择人倾向企业的治理结构特点、工作特殊要求、企业文化生态、企业法定代表人行为风格等方面的适应程度。

11. 职业经理人才职业资质社会评价

具有全国性职业经理人社会行业管理职能的中职协，组织有关社会服务机构按照《社会评价工作指引（2018 年）》的规范和要求，开展的对职业经理人才职业资历、职业素质以及职位适配度的评价。

12. 职业经理人才职业资质社会认定

具有全国性职业经理人社会行业管理职能的中职协，对职业经理人才职业资质社会评价机构评价的项目内容结果予以确认，并在中职协认定信息管理系统记录和公布，体现的是社会对评价项目内容具体结果的共识。

13. 职业经理人才职业资质社会培养

适应企业择人求才、职业经理人才队伍成员择业求职需求的差异性和社会对职业经理人职业资质与时俱进的要求，中职协组织开展的，体现"市场及出资人认可"原则，由具有资质的社会机构长期实施的社会教育和社会锻炼活动，以不断提高职业经理人才的职业资质。

14. 全国职业经理人才市场

在政府的宏观调控下，发挥市场机制配置人力资源的基础性作用，通过职业经理人才队伍成员的流动，在全国范围内实现职业经理人才配置的人力资源服务体系。

15. 职业经理人才社会服务体系

由为职业经理人才队伍提供的职业资质社会评价、职业资质社会认定、职业资质社会培养、职业资质管理服务、择人求职信息对接社会服务、全国集中统一的诚信管理信息服务等人力资源服务系统构成的、相互联系的有机整体。

16. 企业择人和职业经理人才队伍成员求职信息对接社会服务

发挥职业经理人才市场在全国范围配置人才的作用，主要依靠互联网技术搭建的平台，通过与择人方、求职方沟通，采取匹配、撮合等方式，实现企业选择经理人信息与职业经理人才队伍成员求职信息互相衔接的一种人力资源社会服务。

（二）专业术语与定义

1. 资质评价系统

按照《社会评价工作指引（2018 年）》的规范，由职业资质社会评价互相关联的若干工作组成的整体。

2. 资质评价子系统

按照《社会评价工作指引（2018 年）》的规范，在职业资质社会评价过程中，根据评价主体的不同而划分的互相关联的若干工作组成的整体。职业经理人才职业资质社会评价系统由 3 个子系统组成，分别为：职业经理人才自我评价子系统、职业经理人才市场评价子系统、企业出资人评价子系统。

3. 资质评价维度

职业资质社会评价的维数。

4. 资质评价要素

职业资质社会评价维度包括的元素。

5. 资质评价项目

职业资质社会评价要素包括的条目。

6. 资质评价细目

职业资质社会评价项目包括的亚层次条目。

7. 职业关系认知

职业经理人对职业工作所涉及人员关系的基本认知。

8. 职业工作意识

职业经理人对职业工作内容的基本认知。

9. 职业操守

职业经理人在从事职业活动中必须遵从的行为规范。

10. 职业作风

职业经理人在职业活动中体现出来的态度、行为、风格等。

11. 资质评价社会团体标准

由中职协按照团体标准制定、主持并发布的，由社会自愿采用的有关职业经理人才资质评价标准。评价标准分为定性标准与定量标准两类。

12. 企业出资人

公司制企业的股东及公司实际控制人，个人独资企业的业主，合伙企业的合伙人以及根据投资协议设立的合作经营企业的投资人。

13. 出资人代表

公司制企业的董事会成员或董事会授权的人，个人独资企业业主或其授权人，合伙企业的执行合伙人或其授权人，合作经营企业投资方根据投资协议规定授权的人。

四、评价系统的构成

职业经理人才职业资质社会评价系统由 3 个子系统和 6 个维度组成。

（一）三个评价子系统

1. 职业经理人才自我评价子系统

申请参加职业经理人才职业资质社会评价者提供本人入评的基本条件，评价子系统审核其参评自述的基本条件；符合入评条件的人员，按入评人员资质评价的内容进行自我评价，评价子系统复核其自述的内容，符合中职协确定的要求，其评价信息即进入自我评价子系统。自我评价子系统的信息是人才市场评价子系统的基础信息。

2. 职业经理人才市场评价子系统

职业经理人才市场评价子系统是具有资质的社会评价机构，在自我评价子系统信息的基础上对被评价者的职业经历、职业业绩、职业素养、职业能力及技能、职业知识及技术等项目进行核实或评价的子系统，但被评价者可以自愿选择评价项目及顺序。人才市场评价子系统为企业出资人评价子系统的评价提供重要的参考依据。

3. 企业出资人评价子系统

企业出资人评价子系统是拟聘用职业经理人的企业出资人或出资人的代表，从任职角度对聘用人选任职资格进行最终评价的子系统。

（二）社会评价要素、项目

1. 评价要素

社会评价要素是职业资质评价维度的细化，职业资质社会评价 6 个维度下包含 24 个评价要素。

（1）职业经历维度下包含 3 个评价要素，分别为：

从事企业工作经历（主要指从事企业经营管理工作的经历）；

从事其他社会工作的经历（主要指与经营管理相关的工作经历）；

接受工商管理教育和培训的经历。

（2）职业业绩维度下包含 4 个评价要素，分别为：

个人从事企业经营管理工作的业绩；

个人从事其他社会工作的业绩；

个人担任企业或部门负责人的企业或部门纵向比较的业绩；

个人担任企业负责人的企业与区域内同行业、同类型、同等规模企业横向比较的业绩。

企业业绩的比较要区分自主创新决策获得的业绩和贯彻执行工作获得的业绩。

（3）职业素养维度下包含 5 个评价要素，分别为：

职业关系认知；

职业工作意识；

职业操守；

职业作风；

职业心理。

（4）职业能力及技能维度下包含 4 个评价要素，分别为：

企业领导能力及技能；

企业业务管理能力及技能；

企业所在行业需要的特殊能力及技能；

自我提升的能力及技能。

（5）职业知识及技术维度下包含 4 个评价要素，分别为：

企业领导知识及技术；

企业业务知识及技术；

企业所在行业需要的特殊知识及技术，

自我学习的知识及技术。

（6）择人求职的职位适配度维度下包含 4 个评价要素，分别为：

企业治理结构特点的适配；

企业工作特殊要求的适配；

企业文化生态的适配；

与企业法定代表人行为风格的适配。

2. 评价项目

资质评价项目是职业资质评价要素的细化。

本指引明确设置的 11 个评价要素下包含 72 个评价项目，分布如下：

（1）职业关系认知评价要素包含 6 个评价项目：尊重雇主的地位和权利的理念、懂得决策与执行区别、明白经理是执行机构的理念、明确执行机构实行的是首长负责制的理念、明晰班子与团队相互协作关系的理念、认识依法履职与依法维权关系的理念。

（2）职业工作意识评价要素包含 16 个评价项目：人本意识、创新意识、生态意识、国际意识、合作意识、科技意识、人才意识、法制意识、社会意识、政策意识、市场意识、效益意识、品牌意识、企业文化意识、"因企制宜"意识、与时俱进意识。

（3）职业操守评价要素包含 6 个评价项目：坚守职业、敬业履职、诚实守信、遵纪守法、社会担当、竞业避止。

（4）职业作风评价要素包含 6 个评价项目：求真务实、艰苦奋斗、多谋善断、包容宽厚、公道正派、廉洁自律。

（5）职业心理评价要素包含 4 个评价项目：心理状态、心理潜质、心理偏好、心理缺陷。

（6）企业领导能力及技能评价要素包含 7 个评价项目：统领驾驭能力及技能、战略谋划能力及技能、管理决策能力及技能、组织协调能力及技能、实施执行能力及技能、团队建设能力及技能、变革创新能力及技能。

（7）企业业务管理能力及技能评价要素包含 6 个评价项目：综合分析能力及技能、市场开拓能力及技能、成本控制能力及技能、识人用人能力及技能、管理创新能力及技能、风险与应急管理能力及技能。

（8）自我提升的能力及技能评价要素包含 2 个评价项目：拓宽更新已有能力和增加新能力的方法和技巧、灵活运用已有能力的方法和技巧。

（9）企业领导知识及技术评价要素包含 7 个评价项目：企业领导理论知识及技术、经济学和管理学知识及技术、法律基础知识及技术、科技创新知识及技术、国际商务知识及技术、社会公共管理知识及技术、经济社会发展的方针政策知识及技术。

（10）企业业务知识及技术评价要素包含 10 个评价项目：战略管理知识及技术、市场营销知识及技术、人力资源管理知识及技术、财务金融管理知识及技术、信息网络知识及技术、生产运营知识及技术、安全生产管理知识及技术、质量管理知识及技术、生态环保知识及技术、有关创新与创业的知识及技术。

（11）自我学习的知识及技术的评价要素包含 2 个评价项目：拓宽更新知识的认知和手段、灵活运用知识的认知和手段。

本指引对 13 个评价要素未设置评价项目，这 13 个评价要素如下：从事企业工作的经历，从事其他社会工作的经历，接受工商管理教育和培训的经历；个人从事企业经营管理工作的业绩，个人从事其他社会工作的业绩，个人担任企业或部门负责人的企业或部门纵向比较的业绩，个人担任企业负责人的企业与区域内同行业、同类型、同等规模企业横向比较的业绩；企业所在行业需要的特殊能力及技能；企业所在行业需要的特殊知识及技术；企业治理结构特点的适配，企业工作特殊要求的适配，企业文化生态的适配，与企业法定代表人行为风格的适配。试点工作中可根据实际情况，增设这些要素的评价项目。

企业所在行业需要的特殊能力及技能、企业所在行业需要的特殊知识及技术参考《国民经济行业分类》（GB/T 4754—2017），企业所在行业门类划分暂定为：采矿业，制造业，电力、热力、燃气及水生产和供应业，建筑业，批发和零售业，交通运输、仓储和邮政业，住宿和餐饮业，信息传输、软件和信息技术服务业，金融业，房地产业，租赁和商务服务业，居民服务、修理和其他服务业，文化、体育和娱乐业等行业。

这些行业内包括的一些有特别要求的子行业企业经理人所需要的能力及技能、知识及技术可根据行业评价要求增加相关的评价项目。

五、评价项目的内容

职业经理人才职业资质社会评价工作是对评价项目及细目内容的评价。《社会评价工作指引（2018 年）》未做明确规定的评价内容，待在试点工作中充实完善。已确定的 72 个评价项目其具体评价内容如下：

（一）职业关系认知的评价内容

（1）尊重雇主的地位和权利的理念：明确选聘经理职位是雇主的权力；在工作中，尊重和服从雇主的意志，维护雇主合法利益，依据雇佣合同正确处理与雇主的关系；从维护企业的根本利益出发，积极主动向雇主提出自己的建议和意见。

（2）懂得决策与执行区别的理念：尊重出资人和董事会作为企业决策者的地位和拥有的决策职能，经理层必须贯彻执行和落实公司决策，充分履行执行职能。

（3）明白经理是执行机构首脑的理念：在企业的高层管理人员中，经理是首席高管人员；副经理、财务负责人是由经理提名才能获得任免的职位，是在经理领导下，按照经理层的分工，协助经理负责企业经营管理工作的高管人员。

（4）明确执行机构实行的是首长负责制的理念：经理层实行首长负责制，在执行决策的过程中，每位成员应充分发表个人的意见和建议，在经理形成决策后，成员应服从决策并积极贯彻执行；经理对企业生产经营活动的实施过程和结果负全部责任，副经理、财务负责人按照分工承担其相应责任。

（5）明晰班子与团队相互协作关系的理念：发挥经理班子整体的作用，调动班子成员的积极性；充分发挥企业管理团队的作用，调动员工的积极性；努力体现企业负责人的带头示范作用。

（6）认识依法履职与依法维权关系的理念：按照法律、企业的章程和管理制度，规范自身履职行为与职责，实施履职权利与义务；依照法律、劳动合同及企业的相关规定，维护自己的合法权益。

（二）职业工作意识的评价内容

（1）人本意识：树立以人为本发展的认识，保障客户利益，促进企业与社会和谐；关心员工，尊重员工的价值追求，促进员工个人职业生涯与企业发展有机结合。

（2）创新意识：树立创新发展的认识，具有强烈的改革创新精神，把握创新规律，掌握创新方法，营造创新环境，建立企业创新管理体系，培养培育创新人才；大胆实践，努力开拓，不断突破企业发展瓶颈，使企业充满发展活力。

（3）生态意识：树立绿色发展的认识，不以牺牲生态环境为代价片面追求企业利益。

（4）国际意识：适应经济发展的国际化、区域化的趋势，能够自觉地、迅速地、深入地了解国际社会与企业发展相关联的国际经济发展状况，敏锐地洞察影响企业经营活动的国际因素，快速做出反应并采取适当的措施。

（5）合作意识：树立同企业利益相关方开展合作的认识，积极探索合作方式和模式，兼顾各方参与企业经营活动的利益诉求，共享企业经营与发展成果。

（6）科技意识：清楚认识到"科技是第一生产力"，也是企业发展的根本动力；积极推进企业科学研究和技术创新，不断提升管理技术和管理手段创新，促进企业创新发展。

（7）人才意识：树立"人力资源是第一资源"的认识，适应企业经营、管理与发展，善于发现、识别、评估、培养、使用、激励人才，为人才搭建事业舞台，尊重人才特性，促进人才健康成长成才。

（8）法制意识：认识到企业是法人实体，企业生产经营活动和个人履职必须在国家法律法规、企业章程和制度范围内行事，做到违法必究、违纪必惩。

（9）社会意识：认识到企业是社会细胞，是社会的组成部分，勇于履行社会义务、承担社会责任。

（10）政策意识：了解党和国家为实现一定历史时期的路线和任务而制定的方针政策，并能够预测政策对市场和企业可能产生的影响。

（11）市场意识：明确企业是市场主体，能够把握市场规律，适应市场、利用市场和创造市场，开展企业经营与管理工作。

（12）效益意识：认识企业是经济组织，从事的是投资获利的经营活动，不断探索以尽可能少的投入，获取尽可能大的产出，实现经济效益、社会效益、生态效益的最大化，追求企业长期可持续发展。

（13）品牌意识：对企业生产的产品、建设的工程、提供的服务，注重品牌建设、商标权益维护、知识产权保护，不断提高企业的市场形象和竞争力。

（14）企业文化意识：塑造具有本企业特征的企业文化，增强员工认同感和凝聚力，促进企业持续和谐发展。

（15）"因企制宜"意识：认清企业经营环境的差异性、行业的区别性、企业组织形式的多样性和企业发展阶段的特殊性，能够根据实际情况制定企业经营与管理方案，并组织有效实施。

（16）与时俱进意识：准确把握时代发展特征和经营环境变化趋势，坚持解放思想、实事求是，不墨守成规、不因循守旧，发扬改革创新和开拓进取的精神，促进企业不断发展。

（三）职业操守的评价内容

（1）坚守职业：尊重并信守"职业经理"这一特定社会工作职业身份。

（2）敬业履职：专心致力于企业经理职位的工作，主动履行企业经理职位的职责。

（3）诚实守信：说真心话，干实在事，讲求信用，兑现承诺。

（4）遵纪守法：遵守国家法律和公司章程及制度，依法经营，按章办事。

（5）社会担当：维护社会公众利益，依法保护消费者权益，维护员工的合法利益，敢于承担责任，勇于为企业分忧。

（6）竞业避止：禁止在企业任职期间和离职后的一定时期内，从事与任职或已离职企业具有营业竞争性质的行为。

（四）职业作风的评价内容

（1）求真务实：思想坚定，信服真理，讲究实际，追求实效。

（2）艰苦奋斗：不畏困难，不怕挫折，坚持到底，目标执着。

（3）多谋善断：在决策中能够听取各种意见，善于比较各种方案并归纳形成符合实际的决策意见。

（4）包容宽厚：为了坚持既定的目标，着眼于企业发展全局，倾听各方诉求，理解各利益方的不同意见。

（5）公道正派：秉公行事，公平处事，公正断事，公私分明。

（6）廉洁自律：品行端正，清廉无私，行事自律，生活俭朴。

（五）职业心理的评价内容

（1）心理状态：职业经理人在一定时间段里表现出来的与职业活动相关的心理活动表征。

（2）心理潜质：目前尚未明显表现出来的，但是可以预测到的与职业活动相关的职业经理人心理素质。

（3）心理偏好：表现出的与职业活动相关的，极具个人特质的一种心理情感和倾向。

（4）心理缺陷：在职业活动中表现出的，与同类人群相比，个人心理方面的欠缺及不足。

（六）企业领导能力及技能的评价内容

（1）统领驾驭能力及技能：能够统一领导团队的行动，果断决策；善于驾驭全局，协调各方关系、化解矛盾并解决问题，实现既定的目标。

（2）战略谋划能力及技能：善于从全局视野和企业根本利益出发，深入思考企业内外部的环境和条件，制定企业的发展战略。

（3）管理决策能力及技能：制定企业战略实施计划及管理制度并组织实施，识别关键问题，善于把握时机，进行科学决策并承担决策风险。

（4）组织协调能力及技能：根据工作目标要求，善于协调各方的关系、调动各方的积极性、整合各方的资源，及时处理和解决实现目标过程中的各种问题，促进工作的顺利开展和目标的达成。

（5）实施执行能力及技能：能够准确理解出资人的意图，在职权范围内制定实施目标和任务，并对任务进行分解、控制和纠偏，确保目标和任务的完成。

（6）团队建设能力及技能：围绕企业发展目标，选择适宜人才组建精干的团队，组织带领团队实现企业发展任务和要求，及时调整团队人员，不断增强团队的履职能力。

（7）变革创新能力及技能：适应新形势、新环境的要求，主动吸收新思想，积极开展新业务，敢于尝试新方法，及时实施调整优化、转型升级等举措。

（七）企业业务管理能力及技能的评价内容

（1）市场开拓能力及技能：密切关注公司的产品市场，发现和创新客户的需求，善于捕捉商机；积极建立和开拓市场渠道，做好技术、产品、营销开发工作，提升企业的营销能力和客户服务能力。

（2）成本控制能力及技能：在保证企业正常运营的前提下，通过加强核算、优化流程、技术革新等手段控制和降低成本，提高资金使用效率。

（3）识人用人能力及技能：通过有效识别和发掘人才，将合适的人才放在合适的岗位上，注重发挥人才的优势，做到人尽其才。

（4）创新管理能力及技能：建立企业创新管理体系，制定企业创新战略规划；设计开发创新项目，培养创新团队和创新人才；组织企业开展技术创新、管理创新、商业模式创新和事业创新等。

（5）综合分析能力及技能：对工作中的各种信息进行收集、归纳、概括，以认清其本质；对工作中的各种状况进行区分、剖析，搞清其性质、范围、特点、发展的程度、产生的原因及与其他各方面的相互关系等。通过综合分析，为制定决策和行动方向提供正确的意见和方案。

（6）风险与应急管理能力及技能：及时识别和评估生产、经营和管理的风险，掌握风险管理流程和内控体系设计；能够采取适当的措施来规避风险或减少风险的损失，为实现企业经营的稳健发展提供保障。

（八）自我提高的能力及技能的评价内容

（1）拓宽更新已有能力和增加新能力的方法和技巧。

（2）灵活运用已有能力的方法和技巧。

（九）企业领导知识及技术的评价内容

（1）企业领导理论知识及技术：了解现代企业领导理论，包括领导特质理论、领导行为理论、领导权变理论、情境领导理论等，掌握领导方式方法，提高领导素质和能力。

（2）经济学和管理学知识及技术：了解宏观与微观经济学基本原理，掌握市场经济运行规律，熟悉均衡分析、边际分析等分析工具与方法；了解管理学的基本原理和管理职能，掌握管理方法和手段。

（3）法律法规基础知识及技术：掌握宪法、公司法、劳动法、劳动合同法等相关法律法规、政府相关政策，使企业合法有效经营。

（4）科技创新知识及技术：了解新知识、新技术、新工艺、新生产方式和新经营管理模式等，为开发生产新产品、提供新服务奠定基础。

（5）国际商务知识及技术：了解和掌握国际商务的基本原理和方法，国际贸易的理论与政策措施及国际惯例。

（6）社会公共管理知识及技术：了解与社会公共事务相关的各方面基础知识。

（7）经济社会发展的方针政策知识及技术：了解党和国家有关经济社会发展的方针政策，用以指导企业经营管理活动，使企业的发展符合经济社会发展的基本方向。

（十）企业业务知识及技术的评价内容

（1）战略管理知识及技术：掌握战略管理的工具与方法，确定企业使命与愿景，设计、选择、控制和实施企业战略，实现企业发展目标。

（2）市场营销知识及技术：掌握市场需求分析工具与方法，了解营销渠道管理、产品定价、品牌管理等知识，制定有效的营销策略，提升企业产品的市场占有率。

（3）人力资源管理知识及技术：掌握现代人力资源管理、职业生涯管理的基本理论知识，了解管理思想、方法论、操作工具、企业实践知识等。

（4）财务金融管理知识及技术：清楚公司财务指标体系，掌握财务基本原则、财务报表分析、资本运营、投资管理等知识，提高企业经营过程中的资金使用效率。

（5）信息网络知识及技术：了解和掌握信息网络的基本原理和方法，如管理信息系统、电子商务、大数据应用等。

（6）生产运营知识及技术：了解和掌握生产运营的基本原理和方法，如供应链管理、库存管理、质量管理、项目管理等。

（7）安全生产管理知识及技术：了解和掌握安全生产管理的基本原理和方法，如监督检查、工艺技术管理、设备设施管理、作业环境和条件管理等。

（8）质量管理知识及技术：了解和掌握质量管理的基本原理、方法、质量方针政策等。

（9）生态环保知识及技术：了解和掌握生态环保的基本原理和方法，如环境评价、监测、环境保护与环境污染治理等。

（10）创新与创业管理知识及技术：了解和掌握企业创新理论与创业管理的基本原

理和方法等内容，如创新激励、创新流程、创业管理概念框架、创业流程管理等。

（十一）自我学习的知识及技术的评价内容

（1）拓宽更新知识的认知和手段。

（2）灵活运用知识的认知和手段。

六、评价方法及评价结论

（一）评价方法

职业经历、职业业绩主要采用自我陈述和重点内容核实等方法进行评价。

职业素养主要采用调查、评估和重点内容核实等方法进行评价。

职业能力及技能评价主要采用测评（如面试和评价中心技术）和重点内容核实等方法进行评价。

职业知识及技术评价主要采用考试和重点内容核实等方法进行评价。

职位适配度评价主要采用面试和心理测试与分析等方法进行评价。

（二）评价结论

职业经理人才职业资质社会评价不是对申请人整体资质的评价，而是对申请人选择的评价项目的逐项评价，评价结论由单项评价结果汇集组成。

评价分为申请人员的评价和入评人员的评价。

（1）申请人员的评价是判断其基本条件是否符合入评人员的要求，评价的结论为同意参评或不同意参评；

（2）入评人员评价的结论分为两类：特征性描述、水平性描述。

①职业经历、职业业绩的评价结论按照客观实际进行描述。

②职业素养的评价结论可以是欠缺、尚可或合格、不合格，也可以是描述性的概括。

③职业能力及技能的评价主要是水平评价，其人才市场评价子系统的评价结论主要可分为（不含企业所在行业需要的特殊能力及技能）：

一级，即相当于小微型企业经理班子成员的能力水平。

二级，即相当于中型企业经理班子成员的能力水平。

三级，即相当于大型企业经理班子成员的能力水平。

四级，即相当于超大型企业经理班子成员的能力水平。

高科技类型或新型企业能力及技能标准的划分，根据试点地区的实际情况另行制定。

职业能力及技能评价是按评价项目分级的，并非所有评价项目都按照同等层级划分。

评价结论为某一个项目处于某级水平。

④职业知识及技术的评价主要是水平评价，其人才市场评价子系统的评价结论主要可分为（不含企业所在行业需要的特殊知识及技术）：

一级，即相当于工商管理类中等专科学历的专业知识及技术水平。

二级，即相当于工商管理类大学专科学历的专业知识及技术水平。

三级，即相当于工商管理类大学本科学历的专业知识及技术水平。

四级，即相当于工商管理类硕士研究生学历的专业知识及技术水平。

五级，即相当于工商管理类博士研究生学历的专业知识及技术水平。

职业知识及技术评价是按评价项目分级的，并非所有评价项目都按照同等层级划分。

评价结论为某一个项目处于某级水平。

（三）评价结论的反馈

中职协将评价结论反馈给被评价人。如果被评价人有异议，需提供相应的材料，证明评价失实。如果没有异议或者有异议但无法提供相应的证明，中职协将采纳此次评价结论。

（四）评价结论的确认

中职协职业资质社会认定系统对评价项目评价结论进行认定。经过认定的评价结果，由中职协职业资质社会认定系统记录并提供查询服务。企业择人与职业经理人才队伍成员求职信息对接社会服务系统采纳的是经过认定的评价信息。

七、评价的程序

1. 入评申报及基本条件信息的核实

有意愿参加职业经理人才职业资质社会评价的人员，向中职协提出申请，承诺把担任"企业经理"作为长期职业选择，并提交由中职协规定的个人基本信息，中职协对申请人基本信息进行甄别核实。

2. 入评协议的签订及自我评价项目信息的提供

中职协经过核实，确定申请人符合入评人员的要求后，与其签订职业经理人才职业资质入评协议。申请人提供入评协议要求的资质评价项目相关信息及相应证明，承诺接受中职协的职业资质评价、认定和服务，申请人的信息即进入入评人员数据库。同时，入评人员与中职协授权的社会评价机构签订资质评价协议。

评价试点工作涉及的入评人员基本条件在试点方案中明确。

入评协议要求的职业资质自我评价项目包括：

职业经历、职业业绩维度所包含的评价项目及细目；

职业素养维度下职业关系认知要素所包含的全部评价项目，职业操守要素中的敬业履职、诚实守信、遵纪守法评价项目，职业作风要素中的求真务实、艰苦奋斗、廉洁自律评价项目；

职业能力及技能维度下企业领导能力及技能要素中的管理决策能力及技能、组织协调能力及技能、实施执行能力及技能评价项目，企业业务管理能力及技能要素所包含的全部评价项目；

职业知识及技术维度下企业领导知识及技术要素中的经济学和管理学知识及技术、法律法规基础知识及技术、经济社会发展的方针政策知识及技术评价项目。

3. 评价机构初评

中职协设定职业经历、职业业绩、职业素养、职业能力及技能、职业知识及技术等维度的全部评价项目及细目。入评人员可以自愿选择参评项目及评价顺序。

社会评价机构在自我评价信息的基础上，对入评人员自愿选择的评价项目及细目进行初评，并出具评价报告。

4. 中职协复核及确认

中职协对评价报告进行复核，评价程序符合规范的入评人员，由职业资质认定系统对评价结果进行确认。对获得确认的入评人员，纳入中职协职业经理人求职人员数据库。对获得确认并已获取企业经理职位的求职人员，纳入中职协职业经理人从职人员数据库。

八、评价的特点

（1）中职协组织开展的评价是对职业经理人才职业资质的社会化评价，是由具有行业管理职能的中职协，按照统一的标准，组织具有资质的社会评价机构开展的社会评价活动。

（2）中职协组织开展的职业资质社会评价主要是为企业择人与职业经理人才队伍成员求职服务的，是从人才的需求侧，而不是从人才的供给侧，着眼建立的评价系统与标准，强调人才市场和企业出资人的认可。

（3）中职协组织开展的职业资质社会评价是一个持续的过程，不是对被评价人资质一次性的、全面的、综合性的考量，而是根据评价系统完善的程度和被评价人的自愿选择，客观、有限、动态地反映被评价人的信息，供企业择人决策参考。

（4）资质评价是逐步完善的，根据试点探索过程中的经验和教训，不断丰富补充关于评价的认知、工作途径和方法。

九、评价试点工作推进流程

社会评价试点工作要与社会认定试点工作相配合，为社会认定试点工作提供认定信息。

（1）社会评价试点工作，从经济发达、市场化程度高、民营经济比重大、职业经理人需求旺盛的地区开始推动。以试点先行、以点带面为路径，根据试点情况，由中心城市逐步向周边地区拓展。

（2）中职协负责试点实施方案的顶层设计，有意向的评价机构、社会团体可以提出试点申请，中职协综合考察申请方的资质，经中职协认可的评价机构、社会团体与中职协共同制定试点实施方案，签署合作协议，开展试点工作。

（3）中职协牵头、制定和完善指导职业经理人才职业资质社会评价工作的指引，并根据评价的实际需要，制定相关的工作规范，明确选择评价机构的条件及办法。

十、评价机构资质及其管理

中职协制定《职业经理人才职业资质社会评价工作规范》和《职业经理人才职业资质社会评价工作管理办法》。

中职协根据《职业经理人才职业资质社会评价工作规范》，明确评价工作应遵循的原则，规范评价活动。

中职协根据《职业经理人才职业资质社会评价工作管理办法》，对申请从事职业经理人才职业资质社会评价工作的评价机构、社会团体，结合各申请方的业务特点进行评估，对通过评估的评价机构、社会团体，授权其开展职业经理人才职业资质部分维度、要素、项目的社会评价工作。

十一、《社会评价工作指引》的修订与实施

（1）《社会评价工作指引》由中职协归口管理，其解释权和修订权属于中职协。

（2）依据本指引将制定《职业经理人才职业资质社会评价工作实施纲要》。

（3）职业经理人才职业资质社会评价是一个新事物，有待在发展中探索。中职协将根据形势变化、理论研究和实践的新成果，对本指引进行修订和完善。

附件 1

承担《社会评价工作指引（2018 年）》有关课题的研究单位有：浙江大学、中国人民大学、天津大学、北京双高国际人力资本集团有限公司、北京经理学院、职业经理研究中心、诺姆四达集团、英格玛人力资源集团、江苏领航人才开发有限公司等。

参与《社会评价工作指引（2018 年）》有关课题研究与主持单位有：北京大学、武汉大学、南开大学、北京师范大学、东北大学、北京科技大学、中国政法大学、对外经济贸易大学、大连海洋大学、国务院发展研究中心、北京市领导人才考试评价中心、北京市人才素质测评考试中心、中国电子商会、中国农业产业化龙头企业协会、中国旅行社协会、中国商业史学会、中国南方人才市场、中国北方人才市场、有色金属工业人才中心、中国·三鼎控股集团有限公司、机械工业信息中心、北京北森云计算股份有限公司、北京中职盈泰教育咨询有限公司、中青郎顿（太湖）教育文化科技股份有限公司、国测信息咨询（北京）有限公司、北京国合点金管理咨询有限公司、北京岳成律师事务所、江苏省职业经理人协会、吉林省职业经理人协会、甘肃省职业经理人协会、湖南省职业经理人协会、江西省职业经理人协会、福建省职业经理人协会、河南省职业经理人协会、太原职业经理人协会、安徽省职业经理人协会、内蒙古职业经理人协会、济南市现代职业经理人协会等。

附件 2

职业经理人才职业资质社会评价维度、要素、项目

评价维度（6）	评价要素（24）	评价项目（72）
1. 职业经历	1.1 从事企业工作经历	
	1.2 从事其他社会工作的经历	
	1.3 接受工商管理教育和培训的经历	
2. 职业业绩	2.1 个人从事企业经营管理工作的业绩	
	2.2 个人从事其他社会工作的业绩	
	2.3 个人担任企业或部门负责人的企业或部门纵向比较的业绩	
	2.4 个人担任企业负责人的企业与区域内同行业、同类型、同等规模企业横向比较的业绩	
3. 职业素养	3.1 职业关系认知（6 项）	尊重雇主的地位和权利
		懂得决策与执行的区别
		明白经理是执行机构的负责人
		明确执行机构实行的是领导负责制
		注重领导与团队的协作关系
		要依法履职与依法维权

评价维度（6）	评价要素（24）	评价项目（72）
3. 职业素养	3.2 职业工作意识（16项）	人本意识
		创新意识
		生态意识
		国际意识
		合作意识
		科技意识
		人才意识
		法治意识
		社会意识
		政策意识
		市场意识
		效益意识
		品牌意识
		企业文化意识
		"因企制宜"意识
		与时俱进意识
	3.3 职业操守（6项）	坚守职业
		敬业履职
		诚实守信
		遵纪守法
		社会担当
		竞业避止
	3.4 职业作风（6项）	求真务实
		艰苦奋斗
		多谋善断
		包容宽厚
		公道正派
		廉洁自律
	3.5 职业心理（4项）	心理状态
		心理潜质
		心理偏好
		心理缺陷

评价维度（6）	评价要素（24）	评价项目（72）
4. 职业能力及技能	4.1 企业领导能力及技能（7项）	统领驾驭能力及技能
		战略谋划能力及技能
		管理决策能力及技能
		组织协调能力及技能
		实施执行能力及技能
		团队建设能力及技能
		变革创新能力及技能
	4.2 企业业务管理能力及技能（6项）	综合分析能力及技能
		市场开拓能力及技能
		成本控制能力及技能
		识人用人能力及技能
		创新管理能力及技能
		风险与应急管理能力及技能
	4.3 企业所在行业需要的特殊能力及技能	
	4.4 自我提升的能力及技能（2项）	拓宽更新已有能力和增加新能力的方法和技巧
		灵活运用已有能力的方法和技巧
5. 职业知识及技术	5.1 企业领导知识及技术（7项）	企业领导理论知识及技术
		经济学和管理学知识及技术
		法律法规基础知识及技术
		科技创新知识及技术
		国际商务知识及技术
		社会公共管理知识及技术
		经济社会发展的方针政策知识及技术
	5.2 企业业务知识及技术（10项）	战略管理知识及技术
		市场营销知识及技术
		人力资源管理知识及技术
		财务金融管理知识及技术
		信息网络知识及技术
		生产运营知识及技术
		安全生产管理知识及技术
		质量管理知识及技术
		生态环保知识及技术
		有关创新与创业管理知识及技术
	5.3 企业所在行业需要的特殊知识及技术	
	5.4 自我学习的知识及技术（2项）	拓展更新知识的认知和手段
		灵活运用知识的认知和手段

评价维度（6）	评价要素（24）	评价项目（72）
6. 职位适配度	6.1 企业治理结构特点的适配	
	6.2 企业工作特殊要求的适配	
	6.3 企业文化生态的适配	
	6.4 与企业法定代表人行为风格的适配	

附录 2

中国职业经理人协会
职业经理人才职业资质社会培养工作指引
（2018 年）

前　言

中国职业经理人协会（以下简称"中职协"），为了贯彻中共中央、国务院有关建立职业经理人制度、建设职业经理人队伍、建造职业经理人才市场的方针政策，落实《国家中长期人才发展规划纲要（2010—2020 年）》和《企业经营管理人才队伍建设中长期规划（2010—2020 年）》提出的任务要求，在总结社会各界探索中国职业经理人事业的经验与教训、综合提炼"职业经理人发展项目"的有关研究成果的基础上，提出《职业经理人才职业资质社会培养工作指引（2018 年）》（以下简称《社会培养工作指引（2018 年）》）。

社会培养工作指引

一、范围与目标

参照中职协《职业经理人才职业资质社会评价工作指引（2018 年）》（以下简称《社会评价工作指引（2018 年）》）的相关要求，《职业经理人才职业资质社会培养工作指引（2018 年）》明确了职业经理人才培养的含义、主体、对象、结构、层级；社会培养的内容、方式、方法；培养教材编制、培养机构资质、培养工作管理的要求，旨在指导职业经理人才队伍培养工作，目标是建设全国范围的规范适用的职业经理人才培养体系，建立服务于择人求职需求的职业经理人才社会培养制度，推进中国职业经理人才培养工作规范化，促进中国职业经理人事业发展。

本指引适用于中职协组织开展的全国统一管理的职业经理人才职业资质社会培养工作。

二、制定指引的政策依据

1. 《中共中央　国务院关于进一步加强人才工作的决定》（中发〔2003〕16 号）

"着重培养造就大批适应改革开放和社会主义现代化建设的高层次和高技能人才，带动整个人才队伍建设"。

"大力扶持能够整合生产要素、利用社会资源和聚集各类人才积极创业的经营管理人才"。

2. 《国家中长期人才发展规划纲要（2010—2020 年）》（中发〔2010〕6 号）

"适应产业结构优化升级和实施'走出去'战略的需要，以提高现代经营管理水平和企业国际竞争力为核心，以战略企业家和职业经理人为重点，加快推进企业经营管理人才职业化、市场化、专业化和国际化，培养造就一大批具有全球战略眼光、市场开拓精神、管理创新能力和社会责任感的优秀企业家和一支高水平的企业经营管理人才队伍"。

3. 《企业经营管理人才队伍建设中长期规划（2010—2020 年）》（中组发〔2011〕15 号）

"着眼于全面提升企业经营管理人才的能力素质，以培养造就具有世界眼光、战略思维、创新创业精神的优秀企业家为引领，以推动经营管理人才职业化、专业化、国际化发展为重点，拓宽人才培养渠道，创新人才开发模式，建立健全符合企业经营管理人才特点的培养开发体系"。

"统筹开发利用国内国际多种教育培训资源，探索建立一批企业经营管理人才素质提升培训基地，形成布局合理、特色鲜明、优势互补的教育培训体系"。

4. 《中共中央关于全面深化改革若干重大问题的决定》（2013 年 11 月 12 日）

"加快现代职业教育体系建设，深化产教融合、校企合作，培养高素质劳动者和技能型人才"。

5. 《国务院关于加快发展现代职业教育的决定》（国发〔2014〕19 号）

"推进人才培养模式创新"。

"积极发展多种形式的继续教育"。

"引导社会力量参与教学过程，共同开发课程和教材等教育资源"。

"开展校企联合招生、联合培养的现代学徒制试点，完善支持政策，推进校企一体化育人"。

6. 《中共中央关于深化人才发展体制机制改革的意见》（中发〔2016〕9 号）

"创新人才教育培养模式"。

"积极培育各类专业社会组织和人才中介服务机构，有序承接政府转移的人才培养、评价、流动、激励等职能"。

"加大对新兴产业以及重点领域、企业急需紧缺人才支持力度"。

7. 习近平：决胜全面建成小康社会夺取新时代中国特色社会主义伟大胜利——在中国共产党第十九次全国代表大会上的报告（2017 年 10 月 18 日）

"人才强国战略"。

"突出抓重点、补短板、强弱项"。

"人才是实现民族振兴、赢得国际竞争主动的战略资源"。

"完善职业教育和培训体系，深化产教融合、校企合作"。

"支持和规范社会力量兴办教育"。

"办好继续教育，加快建设学习型社会，大力提高国民素质"。

8.《国务院办公厅关于深化产教融合的若干意见》（国办发〔2017〕95 号）

"鼓励企业以独资、合资、合作等方式依法参与举办职业教育、高等教育"。

"鼓励教育培训机构、行业企业联合开发优质教育资源，大力支持'互联网+教育培训'发展"。

"推动探索高校和行业企业课程学分转换互认，允许和鼓励高校向行业企业和社会培训机构购买创新创业、前沿技术课程和教学服务"。

9. 中共中央办公厅、国务院办公厅印发《关于分类推进人才评价机制改革的指导意见》（2018 年 2 月 26 日）

"健全以市场和出资人认可为重要标准的企业经营管理人才评价体系，突出对经营业绩和综合素质的考核。建立社会化的职业经理人评价制度"。

三、基本术语与定义

（一）通用术语与定义

1. 社会职业身份

人们长期从事某种固定职业，逐步形成社会认同的该职业从业人员应该具备的特定职业资质，从而享有的一种广为受人尊重的社会地位。

2. "企业经理"社会职业

"企业经理"是指从业人员以担任企业经理职位的收入为主要生活来源的一种社会工作类别，是《中华人民共和国职业分类大典（2015 年版）》职业小类"企业负责人"之一、职业细类"企业经理"，其职业编号为 1-06-01-02。

3. 职业经理

具有社会职业身份的企业经理人获得的一种反映其职业化程度的"人才市场品牌"的称谓。

4. 职业经理人

长期从事"企业经理"社会职业，具有职业经理人的职业特征，具备社会公认的职业经理人才职业资质，享有全国职业经理人才市场统一认定的"市场品牌"社会身份的企业经理人。

5. 职业经理人的职业特征

（1）企业的顶层雇员。由公司董事会、独资企业的业主及合伙制企业的普通合伙人直接选聘、辞退和管理。

（2）主持或者协助主持企业生产经营管理工作的企业法人层面的核心高级管理人员。

（3）以担任企业经理职位的薪酬、奖金和补贴等收入作为其主要生活来源的企业经理人。

（4）在不同的区域或行业内，具有一定知名度和社会公信力的企业负责人。

（5）可以由人才市场独立配置，具有较好市场口碑、较高市场价值的企业高端人力资源。

6. 职业经理人才

职业化的企业经理人身上体现出的一种特殊的人力资源，它包括职业化的企业经理人群共同含有的资源即职业素质和个体特有的资源即职业资历，以及企业经理人任职时这种资源发挥的程度即职位适配度。

这种资源具有特有的人才职业属性，不仅在职业化的企业经理人身上存在，而且在担任"企业经理"职位或从事企业经营管理工作的从业人员，以及接受过相关的素养、能力、知识培养的人员身上也存在。

7. 职业经理人才的职业属性

（1）有较长从事企业经营管理工作的职业经历。

（2）从事过企业不同岗位的工作，有一定的职业业绩。

（3）以担任企业经理职位为长期的职业选择，有与其担任的职位相应的职业素养、职业能力及技能、职业知识及技术。

（4）不断推进身份职业化，自愿参加社会化的职业经理人才职业资质评价与认定，并在全国性职业经理人行业管理社会组织登记注册，接受其职业经理人才资质管理与服务，成为中国职业经理人才队伍的成员。

8. 职业经理人才队伍

具有职业经理人才人力资源，以担任企业经理职位为长期职业选择的从业人群，分为三类人员：职业经理人人评人员、职业经理人求职人员、职业经理人从职人员。

（1）职业经理人入评人员。

承诺把担任"企业经理"作为长期职业选择，自愿向具有职业经理人社会行业管理职能的中职协，申请进行全国统一的职业经理人才职业资质社会评价与认定，如实提供职业资质自我评价信息，经中职协核实符合入评人员的基本条件，并愿意接受中职协对其职业资质实施持续管理服务的人员。

（2）职业经理人求职人员。

职业经理人入评人员中，已经进入中职协组织的全国统一的职业经理人才职业资质社会评价工作流程，某些资质评价项目已获得中职协的认定，并继续寻求更多评价项目获得认定，坚持以担任企业经理职位为职业选择，但仍未获得企业经理职位的人员。

（3）职业经理人从职人员。

职业经理人求职人员中，已经获得了企业经理职位的人员；或者是已经担任企业经理职位的人，坚持以担任企业经理职位为职业选择，自愿向中职协申请进行全国统一的职业经理人才职业资质社会评价与认定，进入中职协的职业经理人才职业资质社会评价工作流程，经中职协核实，自我评价信息符合职业经理人入评人员基本条件，某些资质评价项目已获得认定，并继续寻求更多评价项目获得认定的人员。他们又是谋求担任更高层次企业经理职位的求职人员。

9. 职业经理人才职业资质

职业经理人才队伍成员所具备的职业资历、职业素质等禀赋，以及择人求职的职位适配度的总和。职业资质包括职业资历、职业素质和职位适配度。职业资历包括：职业经历和职业业绩；职业素质包括：职业素养、职业能力及技能、职业知识及技术。

10. 职位适配度

寻求新的企业经理职位的求职者，与已确定择人倾向企业的治理结构特点、工作特殊要求、企业文化生态、企业法定代表人行为风格等方面的适应程度。

11. 职业经理人才职业资质社会评价

具有全国性职业经理人社会行业管理职能的中职协，组织有关社会服务机构按照《社会评价工作指引（2018 年）》的规范和要求，开展的对职业经理人才职业资历、职业素质以及职位适配度的评价。

12. 职业经理人才职业资质社会认定

具有全国性职业经理人社会行业管理职能的中职协，对职业经理人才职业资质社会评价机构评价的项目内容结果予以确认，并在中职协认定信息管理系统记录和公布，体现的是社会对评价项目内容具体结果的共识。

13. 职业经理人才职业资质社会培养

适应企业择人求才、职业经理人才队伍成员择业求职需求的差异性和社会对职业经理人才职业资质与时俱进的要求，中职协组织开展的，体现"市场及出资人认可"原则，由具有资质的社会机构长期实施的社会教育和社会锻炼活动，以不断提高职业经理人才的职业资质。

14. 全国职业经理人才市场

在政府的宏观调控下，发挥市场机制配置人力资源的决定性作用，通过职业经理人才队伍成员的流动，在全国范围内实现职业经理人才配置的人力资源服务体系。

15. 职业经理人才社会服务体系

由为职业经理人才队伍提供的职业资质社会评价、职业资质社会认定、职业资质社会培养、职业资质管理服务、择人求职信息对接社会服务、全国集中统一的诚信管理信息服务等人力资源服务系统构成的、相互联系的有机整体。

16. 企业择人和职业经理人才队伍成员求职信息对接社会服务

发挥职业经理人才市场在全国范围配置人才的作用，主要依靠互联网技术搭建的平台，通过与择人方、求职方沟通，采取匹配、撮合等方式，实现企业招聘信息与职业经理人才队伍成员求职信息互相衔接的一种人力资源社会服务。

（二）专业术语与定义

1. 社会教育

社会培养的方式之一是社会教育，即由具有资质的社会组织进行的，或者是自我进行的具有职业教育特征的学习活动。

2. 社会锻炼

社会培养的另一种方式是社会锻炼，是由社会组织实施的，针对被培养者所要从事的企业经理职位工作的要求，进行的模拟或实际训练，包括岗位实习、代职锻炼、轮岗锻炼、职位或职业转换训练等社会实践形式。

3. 短板与弱项

职业经理人才通过职业资质评价，发现在某些评价维度、评价要素和评价项目上有所欠缺，有可能影响到本人的职业追求。在维度和要素上的欠缺称为短板，在项目或细目上的欠缺称为弱项。

四、培养的内涵与特点

培养包括社会教育和社会锻炼。社会教育是广义的教育，其定位为非学历教育；是职业教育中的职后教育；是以提高职业资质为目的的继续教育；是以求职为主要目标的再教育；是在确定职业选择后的阶段性的终身教育；是文化程度、专业水平参差不齐的从业人员的成人教育。社会锻炼是广义的锻炼，其定位为从业人员在确定职业选择后的终身锻炼；是由社会组织开展或自我进行的，以提高职业资质为目的，以求职为目标的阶段性、持续提升的锻炼。

1. 社会培养的意义

职业经理人才是一种特殊的人力资源。从业人员需要接受专门的、长期的培养和社会实践才能提升这种资源禀赋。依据《社会评价工作指引（2018 年）》的要求和规范，建立中国特色职业经理人才培养模式，为被培养者提供学习和实践机会，提升职业经理人才队伍职业资质，从整体上提高中国企业经营管理水平和国际竞争力。

2. 社会培养工作的任务

推动建立以职业资质培养为核心的社会培养体系，提高职业经理人才队伍的职业资质水平和经营管理能力。

3. 社会培养的内容

（1）基础性培养内容。

在职业经理人才职业资质评价前，对培养对象进行的有关职业资质的普遍培养。

（2）个性化培养内容。

在职业经理人才经职业资质评价后，对不同的被评价人员进行的补短板、强弱项的培养。

（3）企业特殊需要的内容。

特定企业的经理职位要求的特殊资质内容。

（4）行业特殊需要的内容。

企业所在行业要求经理应当具备的特殊资质内容。

4. 培养对象

有志于成为职业经理人才，自愿接受职业资质培养的人员。

5. 培养的特点

（1）需求导向，实施培养。

按照职业经理人才实现择业求职、企业实现择人求才的社会需要，坚持"以市场和出资人认可为核心"的原则，实施培养。

（2）教育与锻炼兼顾。

培养包括教育与锻炼两部分内容，两者不可相互取代，各有自身的特点和要求，但又相互联系、相互促进。

（3）评培结合，增强补短。

以职业经理人才职业资质评价为基础，实施"增强补短"培养，提高其择业求职能力。

（4）立足求职，提升资质。

培养着眼于从需求侧角度出发，提升被培养者的职业资质，实现职业经理人才的知识更新与技能提高。

（5）因人制宜，定制培养。

达到职位适配度的要求，根据职业经理人才的评价结果和企业择人求才的特殊需要，针对培养对象进行个性化培养。

（6）动态管理，持续培养。

紧密结合职业经理人才的职业生涯发展，实施持续培养。

五、培养工作思路

1. 工作目的

针对社会的不同需求和不同层次的培养对象，按照《社会培养工作指引（2018年）》的要求和规范，组织并进行社会化的培养活动，提升培养对象职业资质水平，增强其择业求职能力，促进其职业生涯发展。

2. 工作目标

建立系统的培养体系，培养一支符合新时代要求的高素质职业经理人才队伍。

3. 工作任务

推动建立新的培养体系和培养模式，编写系统的培养大纲和培养教材，建立适合培养工作需要的人才队伍。

4. 工作途径

（1）建立培养工作框架体系。

依据《社会评价工作指引（2018年）》和《社会培养工作指引（2018年）》的要求，编制《职业经理人才社会培养工作实施纲要》；制定培养大纲和培养方案；编写教育教材、拟订锻炼方案，建立起培养框架体系。

（2）建设培养机构体系。

充分利用高等院校、高职院校、科研院所、"双创"基地、社会培训机构、企业等不同社会资源，建立并形成社会培养机构体系。

（3）试点先行，逐步推广。

发挥中职协的引领、协同、管理和服务作用，先从试点开始，探索社会培养的工作思路，逐步形成系统的总体方案，有步骤地推向全国。

六、培养方式、形式及方法

（一）培养方式

根据《社会评价工作指引（2018年）》的评价结果，依据《社会培养工作指引

（2018 年）》的规范，按照教育锻炼兼顾、增强补短原则，因人制宜，设置和选择培养方式，组织对被培养人进行社会教育和锻炼。

（二）培养形式

1. 外在培养形式

被培养者根据资质项目评价结果，接受具备资质的社会培养机构实施的教育与锻炼。

2. 自我培养形式

被培养者根据资质项目评价结果，自我进行的教育与锻炼。

（三）培养方法

培养的方法主要包括：知识学习、实验、实习、现场模拟、任职、挂职、岗位交流等方法。

七、培养工作实施

培养工作由中职协指导，具备中职协设定资质要求的社会培养机构实施培养。

1. 培养教材建设

中职协成立职业经理人才职业资质培养教材编写委员会，统筹教材的编写工作。

教材的类别：

（1）中国职业经理人制度建设综合教材。

（2）职业经理人职业素养教育与锻炼教材。

（3）职业经理人职业能力及技能教育与锻炼教材。

（4）职业经理人职业知识及技术教育与锻炼教材。

（5）职位适配度教育教材。

2. 培养师资队伍建设

中职协组建职业经理人才职业资质培养师资专业委员会，制定《职业经理人才培养机构资质及其管理办法》，建立培养师资信息库，进行师资资质管理；社会培养机构按照中职协制定的管理办法，进行师资队伍建设。

3. 培养工作机构建设

中职协依照《职业经理人才培养机构资质及其管理办法》，推动职业资质培养工作机构的建设和资质管理。

4. 培养实施

（1）培养机构根据《社会评价工作指引（2018 年）》《社会认定工作指引（2018 年）》《社会培养工作指引（2018 年）》规范和要求，按照中职协提供的评价与认定的信息，制定教育与锻炼方案和计划。

（2）培养机构根据教育与锻炼方案和计划，组织开展教育与锻炼活动。

八、培养工作监督

（1）中职协接受政府主管部门对社会培养工作的监督。

（2）中职协对社会培养机构实施监督。

（3）培养机构对教育与锻炼实施过程监督，并不断改进完善。

九、对培养效果的评价

在实施培养一定阶段后，按照《社会评价工作指引（2018年）》，对培养人员进行职业资质再评价，判断短板弱项的改进或提升情况。

十、培养工作治理结构

1. 行业行政管理

职业经理人才培养属于继续教育范畴，依照国家有关的法律法规和政策规定，接受国务院有关主管部门的管理。

2. 行业社会管理

中职协负责全国职业经理人才培养工作的行业社会管理，进行统筹协调指导。

3. 协办单位

中职协会同有关行业协会、商会和其他有关社会团体、专业组织及致力于推进中国职业经理人事业的组织或个人，开展职业经理人才培养工作。

4. 实施机构

具备职业经理人才培养工作资质，开展职业经理人才培养的高等院校、职业院校、专业培训机构、专业服务机构、其他社会组织和企业以及致力于中国职业经理人事业的其他组织和个人等。

十一、《社会培养工作指引》的修订与实施

（1）《社会培养工作指引》由中职协归口管理，其解释权和修订权属于中职协。

（2）依据本指引将制定《职业经理人才职业资质社会培养工作指引工作实施纲要》。

（3）职业经理人才职业资质社会培养是一个新事物，有待在发展中探索。中职协将根据形势变化、理论研究和实践的新成果，对本指引进行修订和完善。

附　件

承担《社会培养工作指引（2018年）》有关课题的研究单位有：中关村华美职业经理研究院、北京经理学院、北京双高国际人力资本集团有限公司、全国经济管理干部教育研究会、北京市领导人才考试评价中心、中国商业史学会等。

参与《社会培养工作指引(2018年)》有关课题研究与支持单位有：中国人民大学、山东大学、北京航空航天大学、北京理工大学、北京经理学院、职业经理研究中心、中国电子商会、中国农业产业化龙头企业协会、中国旅行社协会、赛迪顾问股份有限公司、北京中职盈泰教育咨询有限公司、中青朗顿（太湖）教育文化科技股份有限公司等。

附录 3

中华人民共和国国家标准
（GB/T 26998—2020）

《职业经理人考试测评》
Examination and assessment for professional managers

国家市场监督管理总局、国家标准化管理委员会
2020 年 7 月 21 日发布施行

1 范围

本标准规定了职业经理人考试测评（以下简称"考评"）工作的原则、对象、内容、工具、工作人员以及流程等方面的要求。

本标准适用于从事职业经理人考评的各类机构。企业经营管理人员内部考评可参照使用。

2 规范性引用文件

下列文件对于本文件的应用是必不可少的。凡是注日期的引用文件，仅注日期的版本适用于本文件。凡是不注日期的引用文件，其最新版本（包括所有的修改单）适用于本文件。

GB/T 26999 职业经理人相关术语

3 术语和定义

GB/T 26999 界定的以及下列术语和定义适用于本文件。

3.1 考试 examination

通过笔试和面试，考查职业经理人的知识和能力的方式。

3.2 测评 assessment

采用科学的测量工具和评价技术，对职业经理人素质进行测试和评估的过程。

3.3 结构化面试 structured interview

预先设计面试问题与答案，并按统一设计的程序和时间进行的一种面试形式。

3.4 非结构化面试 unstructured interview

围绕预先设计的面试问题，在一定时间内可随机提问，无固定程序的一种面试形式。

3.5　文件筐测验　in-basket test

通过模拟企业所发生的实际业务和管理环境，让考评对象以管理者身份，在限定条件内对提供的多种文件进行现场处理的测评工具。

注：用于考察考评产对象计划、授权、组织和决定等能力。

3.6　角色扮演　role playing

让考评对象模拟企业经营活动中的某一角色，并处理与该角色有关问题的活动。

注：用于考察考评对象角色适应能力。

3.7　即席演讲　presentation

让考评对象根据现场提供的素材当众陈述自己观点的一种测评工具。

注：用于考察考评对象思维、表达和应变等能力。

3.8　管理游戏　management game

采用游戏方式让考评对象模拟企业经营管理活动中某项管理工作的一种测评工具。

注：用于考察考评对象组织、指挥、沟通和协调等能力。

3.9　人格测验　personality test

测量和评估考评对象的气质、性格、兴趣和动机等稳定的、一致的个性心理特质的一种心理测验方式。

3.10　能力测验　ability test

考察考评对象完成某项工作所具备的稳定的个性心理特征的一种心理测验方式。

3.11　案例分析　case analysis

通过考评对象对企业经营管理活动案例的分析阐述，考查其知识、经验、分析能力、判断能力和解决实际问题能力等的测评工具。

3.12　无领导小组讨论　leaderless group discussion

将一定数量的考评对象组成任务小组，并在不指定领导的情况下，针对给定的任务开展讨论的一种测评工具。

注：可以观察小组成员之间相互作用和相对差异，用于考察考评对象某些特定能力和心理特质。

4　考评原则

4.1　公平性

考评时对相同的考评对象应使用统一内容、统一工具、统一流程、统一标准。

4.2　针对性

考评内容、工具、流程和标准应与职业经理人的职业特点相匹配。

4.3　科学性

考评工具应具有较高的信度和效度。

4.4　保密性

考评工作人员应对所接触的考评信息保密，不得泄密。

5　考评对象

5.1　适用对象

在企业从事各类经营管理工作、以职业经理为职业定位、以取得职业经理人资质为目标的人员。

5.2　报考条件

包括报考人员的学历、工作经历、从业年限等条件。

不应设置歧视性条件。

5.3　考评对象分级

依据考评对象的资历、学历、素质、能力和经验，分为职业经理人和高级职业经理人两个级别，其中，高级职业经理人为职业经理人的最高级别。

5.4　考评对象分类

依据考评对象报考的不同类别，分为运营总监、财务总监、市场总监等，以及生产经理、市场经理、行政经理等不同职位（参见附录 A）。

6　考评内容

6.1　职业道德

职业道德应包括以下基本内容：

a）恪守诚信；

b）公正履职；

c）社会责任；

d）竞业避止。

6.2　职业素养

职业素养应包括以下基本内容：

a）合规经营；

b）协作共赢；

c）直面挑战；

d）国际视野。

6.3　职业知识

6.3.1　不同级别、不同职位的职业经理人，应不同程度地掌握以下但不限于以下的职业知识：

a）战略管理；

b）市场营销；

c）生产管理；

d）财务金融；

e）人力资源管理；

f）技术管理。

6.3.2 应对不同级别、不同职位职业经理人的职业知识掌握程度提出不同要求。

6.4 职业能力

6.4.1 通用能力。

6.4.1.1 所有级别、所有职位的职业经理人，应具有但不限于以下的通用能力：

a）团队领导能力；

b）经营决策能力；

c）风险管控能力；

d）变革创新能力；

e）沟通协调能力；

f）目标执行能力。

6.4.1.2 应对不同级别职业经理人的通用能力水平提出不同要求。

6.4.2 专业能力。

应根据不同级别，每个职位分别确定相应的专业能力。

7 考评工具

7.1 工具的类型

7.1.1 笔试要求。

7.1.1.1 笔试应包括客观题、主观题和案例分析题。

7.1.1.2 客观题应包括是非题、选择题等；主观题应包括论述题、论文题等。

7.1.1.3 客观题的题意以及指示语应完整、明确、简练，易于理解，无歧义；名词术语、图表格式、数据规范；答案统一。

7.1.1.4 主观题应表述明确、没有歧义，提供的资料完整；论题的形式是开放式的；计分规则明确。

7.1.1.5 案例分析题的选材应真实、典型，符合职业经理人的岗位和级别特点；案例中的事件具体、明确，能够完整地提供回答问题所需的信息；计分规则明确。

7.1.2 心理测验要求。

7.1.2.1 职业经理人适用的心理测验应包括能力测验和人格测验。

7.1.2.2 能力测验结果应具有相应的常模解释，信度不低于 0.85。

7.1.2.3 人格测验结果应具有相应的常模解释，信度不低于 0.70。

7.1.2.4 心理测验应与职业经理人的级别和类别相匹配。

7.1.3 面试要求。

7.1.3.1 面试应根据考评对象的级别和类别选用结构化面试、非结构化面试或半结构化面试。

7.1.3.2　面试试题设计应以职业经理人的职位为依据，反映与其专业相关的内容。

7.1.3.3　面试试题应包括面试指导语、面试要素、面试问题和计分方法等。

7.1.4　评价中心技术要求。

7.1.4.1　评价中心技术应模拟真实的管理情境，体现特定级别和特定职位的职业经理人工作中的关键事件。

7.1.4.2　评价中心技术应针对不同级别的职业经理人选择使用。

7.1.4.3　无领导小组讨论是最常采用的一种评价中心技术，小组人数宜控制在5~8人。

7.1.5　脑象图人才智能测评技术要求。

7.1.5.1　脑象图人才智能测评技术应测量脑区优势、思维偏好等指标。

7.1.5.2　应采用专业的脑象图测试仪，由相关技术人员按照规定流程进行操作。

7.2　工具的使用

7.2.1　职业素养宜采用心理测验和评价中心技术进行测量；职业知识宜采用笔试进行测量；职业能力宜采用心理测验、面试和评价中心技术进行测量。

7.2.2　应根据考评对象的不同级别和类别，组合多种考评工具配合使用，从多角度全面考评。

7.2.3　笔试、面试应有1套以上同质性的备份试卷。

7.2.4　应对试卷题量作出明确要求。

7.2.5　应根据考评对象不同，明确各种考评工具的权重。

7.3　题库

7.3.1　考评机构应建立题库，并有专人维护。

7.3.2　题库试题应技术参数完备、分类严谨、结构层次清楚、检索方便、易于维护更新、保密性强。

7.3.3　题库贮备的题量应达到每个职位至少可组合出50套试卷。

7.3.4　应定期组织专家对题库使用效果进行分析，对试题进行更新和完善。

7.4　考评工具的信息化

7.4.1　综合采用网络在线知识测试、心理测验、远程面试等信息化考评手段，应确保实施过程的标准化。

7.4.2　题库管理信息化应包括试题组卷、试卷分析、检索和打印。

7.4.3　考评管理信息化应实现在线考试、阅卷、成绩管理和成绩分析等功能。

8 考评工作人员

8.1 基本要求

各类考评人员应具有良好的道德素质，遵守考评职业规范、保密规定及相关纪律。

8.2 命题人员

命题人员应符合下列要求：

a）具有相关专业本科以上学历，或者具有中级以上职称；

b）掌握考评工具、方法和理论，了解国内外企业管理的现状和趋势；

c）掌握相关考评工具的命题技巧；

d）具有相关命题工作经验。

8.3 考官

考官应符合下列要求：

a）具有相关专业本科以上学历，或者具有中级以上职称；

b）了解国内外企业管理的现状以及相关考评方式的应用情况；

c）沟通能力较强；

d）担任相关考评考官 2 年以上。

8.4 考务人员

考务人员应符合下列要求：

a）具有大专以上学历，了解相关的考评工具背景知识；

b）沟通能力较强；

c）具有相关的考务工作经验。

9 考评流程

9.1 考前培训

9.1.1 考评工作人员培训。

应针对命题人员、考评考官、考务人员分别进行职责、业务和纪律等方面的培训，签订有关协议。

9.1.2 考评对象培训。

9.1.2.1 考评对象可针对性地参加有关考评内容等方面的培训。

9.1.2.2 培训学时应不少于 60 小时。

9.2 报名审查

查验报考对象是否符合其申报的级别所要求的报考条件。

9.3 考评实施

9.3.1 考评场地。

9.3.1.1 考评场地应光线充足、通风良好、环境安静，温度在 18℃ ~ 26℃。

9.3.1.2　笔试考评对象座次间距 80 厘米以上。

9.3.2　考评组织。

9.3.2.1　对每名考评对象，应使用相同的操作顺序和指导语。

9.3.2.2　笔试的监考与考评对象人数配比大于或等于 1∶30。

9.3.2.3　面试应保证每名考评对象至少对应 2 名面试考官。

9.3.3　考评纪律。

9.3.3.1　应根据考评工具的不同类型，确定考评对象可携带及禁止携带的文具及资料。

9.3.3.2　应对作弊行为明确惩戒规定。

9.4　评分和复核

9.4.1　应按照规定的计分方法进行评分。

9.4.2　评分结束后，应组织复核小组，对成绩核查，杜绝差错。

9.5　综合评价报告

应针对多种考评工具的考评结果，进行综合分析，形成综合评价报告。

9.6　分数登记、存档和查询

应对考评对象的考试成绩等信息进行统一登记、存档和查询。

9.7　考评结果反馈

9.7.1　反馈对象。

应将考评结果反馈给考评实施单位和考评对象。

9.7.2　反馈内容。

反馈内容可包括：

（a）职业素养报告；

（b）职业知识成绩；

（c）职业能力成绩或报告；

（d）综合评价报告。

9.7.3　反馈方式。

9.7.3.1　应采用个别面谈和信函等方式反馈。

9.7.3.2　可通过职业经理人资质证书反馈结果。

9.7.4　反馈要求。

9.7.4.1　反馈信息时，应尊重考评对象的人格，用明确、简练的语言或文字准确表达。

9.7.4.2　指导考评对象发挥自身优势，对低分者应谨慎解释。

9.7.4.3　反馈测评结果时应做好保密工作。

附录 A
（资料性附录）
职业经理人职位分类

高级职业经理人和职业经理人所包含的职位分类见表 A.1。一般由市场广泛认可的权威机构组织开展职业经理人考评。

表 A.1　职业经理人职位分类

分级	分类	资质证书
高级职业经理人	包括且不限于首席执行官、运营总监、财务总监、人力资源总监、行政总监、企划总监、生产总监、市场总监、项目总监、技术总监、营销总监、销售总监、信息总监、物流总监、采购总监等职位	中国高级职业经理人
职业经理人	包括且不限于运营经理、财务经理、发展规划经理、人力资源经理、行政经理、生产经理、技术经理、质量经理、安全经理、设备能源经理、项目经理、营销经理、市场经理、销售经理、客户经理、品牌经理、企业文化经理、社会责任经理、国际贸易经理、物流经理、采购经理、审计经理、投资经理、基金经理、证券经理、期货经理、信息经理、法规经理、公关经理等职位	中国职业经理人

参考文献

[1] 鲁桐，仲继银，孔杰．公司治理：董事与经理指南 [M]．北京：中国发展出版社，2008.

[2] 吉尔·所罗门，阿瑞斯·所罗门．公司治理与问责制 [M]．大连：东北财经大学出版社，2006.

[3] 杰弗里·摩尔（Moore. G. A.）．公司进化论：伟大的企业如何持续创新 [M]．陈劲译．北京：机械工业出版社，2007.

[4] 小约翰·科利（John L. Colle，Jr）等．什么是公司治理 [M]．北京：中国财政经济出版社，2004.

[5] 宁向东．公司治理理论 [M]．北京：中国发展出版社，2005.

[6] 金波．职业经理概论 [M]．北京：高等教育出版社，2004.

[7] 小艾尔弗雷德·D. 钱德勒．看得见的手：美国企业的管理革命 [M]．北京：商务印书馆，2016.

[8] 焦斌龙．中国的经理革命——企业家的政治经济学分析 [M]．北京：经济科学出版社，2003.

[9] 周景勤．国有企业内部管理制度改革研究——以邯钢经验为例 [M]．北京：企业管理出版社，2001.

[10] 伊迪丝·彭罗斯．企业成长论 [M]．上海：上海人民出版社，2007.

[11] 奥利弗·E. 威廉姆斯，西德尼·G. 温特．企业的性质：起源、演变与发展 [M]．姚海鑫等译．北京：商务印书馆，2010.

[12] 徐耀强，李瑾．企业文化力 [M]．北京：中国电力出版社，2015.

[13] 彼得·德鲁克．管理的实践 [M]．北京：机械工业出版社，2006.

[14] 魏杰．中国企业制度创新 [M]．北京：中国发展出版社，2006.

[15] 谢志华．竞争的基础：制度选择——企业制度分析与构造 [M]．北京：中国发展出版社，2003.

[16] 杨瑞龙，周业安．企业的利益相关者理论及其应用 [M]．北京：经济科学出版社，2000.

［17］周景勤．管理创新 23 讲［M］．北京：北京大学出版社，2006.

［18］马国忠．中国职业经理人研究［M］．成都：四川人民出版社，2017.

［19］李锡元，李云．中国职业经理人的成长——现状、理论与机制［M］．北京：科学出版社，2011.

［20］约翰·科特．总经理［M］．李晓涛，赵玉华译．北京：华夏出版社，1997.

［21］毛为．中国经理职业化趋势：经理革命［M］．北京：中国城市出版社，1998.

［22］C. I. 巴纳德．经理人员的职能［M］．北京：机械工业出版社，2013.

［23］樊峰宇．公司政治：左右公司命运的隐性力量［M］．北京：中国纺织出版社，2004.

［24］高程德．现代公司理论［M］．北京：北京大学出版社，2006.

［25］牛国良．现代企业制度（第二版）［M］．北京：北京大学出版社，2006.

［26］洪虎．关于职业经理人认知的概述［M］．北京：中国宇航出版社，2020.

［27］木瑞·约拉姆·温德（Jerry Yoram Wind），杰里米·梅恩（Jeremy Main）．变——新世纪最佳公司的制胜之道［M］．吴振兴译．哈尔滨：哈尔滨出版社，2004.

［28］赵凡禹．管理基本功［M］．北京：企业管理出版社，2003.

［29］袁凌．职业经理人薪酬体系设计［M］．长沙：湖南人民出版社，2007.

［30］W. J. 邓肯．伟大的管理思想——管理学奠基理论与实践［M］．贵阳：贵州人民出版社，1999.

［31］斯图尔特·克雷纳（Stuart Crainer）．管理百年［M］．邸琼等译．海口：海南出版社，1999.

［32］克里斯托弗·博根等．竞争性标杆管理［M］．滕新凤等译．北京：经济科学出版社，2004.

［33］林邵斌．管理问题解决方案［M］．北京：中国商业出版社，2003.

［34］王守安．企业发展要素论［M］．北京：企业管理出版社，2000.

［35］彼得·德鲁克.21 世纪的管理挑战［M］．朱雁斌译．北京：机械工业出版社，2006.